中华民族文化大系

[达斡尔族]

开拓之鹰

主编 毅 松

总顾问单位 国家民族事务委员会

上海锦绣文章出版社
上海文化出版社

中华民族文化大系

总顾问单位
国家民族事务委员会

指导单位
中共上海市委宣传部

编委会主任
杨振武　王仲伟

编委会副主任
高韵斐　房剑森

总主编
乌丙安（蒙古族）
中国民俗学会荣誉会长、国家非物质文化遗产保护专家委员会副主任、辽宁大学教授
郝苏民（回族）
中国少数民族民俗研究中心荣誉主任、国家非物质文化遗产保护专家委员会委员、西北民族大学教授
葛剑雄
教育部社会科学委员会历史学部委员、中央文史研究馆馆员、复旦大学教授

策划单位
上海故事会文化传媒有限公司
上海市国际文化传播协会
上海文坊文化传播有限公司

策划人
冯　杰　俞惠煜　吴　铁

策划执行
叶维义　杨　婷

《开拓之鹰——达斡尔族》

主 编
毅松（达斡尔族）内蒙古自治区社会科学院研究员

撰稿专家（按章节顺序排列）
德红英（达斡尔族）内蒙古自治区社会科学院民族研究所研究员
毅松（达斡尔族）内蒙古自治区社会科学院研究员
金洁（鄂温克族）内蒙古自治区社会科学院民族研究所副研究员
孟荣涛（达斡尔族）内蒙古自治区社会科学院民族研究所副研究员
苏媛媛（鄂温克族）内蒙古自治区社会科学院民族研究所助理研究员
张天彤 中国音乐学院研究生院教授
娜仁其木格（蒙古族）内蒙古自治区社会科学院民族研究所研究员
吴伊娜（达斡尔族）内蒙古自治区社会科学院俄罗斯与蒙古国研究所副研究员

九曲清江，达斡尔族人的家园（供图/宝音）

中华民族文化大系
编委会成员（按姓氏笔画排列）

马少青（保安族）	马成良（东乡族）
马成俊（撒拉族）	马沛霆（保安族）
马宗保（回族）	马居里（回族）
王　睿	王阿章（基诺族）
王国荣	王学萍（黎族）
王清华	王新华
乌丙安（蒙古族）	玉罕娇（布朗族）
石朝江（苗族）	龙耀宏（侗族）
卡米力·库尔马尤夫（塔塔尔族）	叶维义
田　甜	田兆元
白　兰（鄂伦春族）	白永芳（哈尼族）
白志红	冯　杰
刘　江	刘劲荣（拉祜族）
齐木德道尔吉（蒙古族）	孙　颙
孙一兵	杜玉亭
李　平	李　欣
李东红（白族）	李志民
李金明（独龙族）	李绍恩（怒族）
李晓斌（白族）	杨　婷
杨小林	杨国才（白族）
杨福泉（纳西族）	
吾尔买提江·阿布都热合曼（乌孜别克族）	
肖卫红	吴　铁
吴　锴	何　林（彝族）
何　明	何承伟
汪冬梅	沙马拉毅（彝族）
张　岚	张　玥

张　翠	张锦鹏
陈　倩	陈　徽
陈丹正	陈勤建
罗春寒（水族）	和少英（纳西族）
金黎燕（景颇族）	周亚成
周志军	周国茂（布依族）
周艳梅	郑继强（仡佬族）
房剑森	孟旭彦
赵卫星	赵昌平
郝苏民（回族）	胡文明（普米族）
段　超（土家族）	俞惠煜
姜复生	姜逸青
袁晓文（藏族）	都永浩（朝鲜族）
贾合甫·米尔扎汗（哈萨克族）	夏　蒙
夏一鸣	热依拉·达吾提（维吾尔族）
铁穆尔（裕固族）	徐　炯
徐艺乙	高志英（纳西族）
高韵斐	郭　锐（佤族）
郭志超（回族）	郭建斌
黄永松	曹先强（阿昌族）
鄂崇荣（土族）	康南山（傣族）
彭卫国（土家族）	葛剑雄
蒋澄澜	傅爱明
街顺宝（彝族）	童翔蔚
蓝炯熹（畲族）	赖永良（德昂族）
蔡武成（傈僳族）	阚宁辉
樊人龙	滕春华（俄罗斯族）
颜莹舫	毅　松（达斡尔族）

达斡尔族男子（图/苏伟伟）

弘扬优秀民族文化
打造传世文化精品

前言

中国自古就是一个统一的、多民族的国家，各民族之间交往频繁，相互依存，相互融通，血肉相连。上下五千年的中国史，就是各民族交往交流交融的历史，各民族的交往交流交融也是中华民族自我完善发展的强大推力。我国各民族都是中华民族大家庭中的成员，各民族团结进步是中华民族的生命所在、力量所在、希望所在。只有加强各民族交往交流交融，在共同生产生活和工作学习中加深了解、增进感情，才能促进各民族和睦相处，像石榴籽那样紧紧抱在一起，在中华民族大家庭中守望相助、和谐共生。

文化是民族的精神血脉，积淀着民族深沉的精神追求，代表着民族独特的精神标识，文化自信是国家发展更基本、更深层、更持久的力量。中华文化是一个有机的整体，优秀的民族文化是中华民族深厚的历史文化和丰富的人文风情的重要组成部分。中国56个民族的文化尽管个性纷呈，但是它们都深深根植于整个中华民族文化的丰厚土壤里，既特色多元又融为一体，"各美其美，美美与共"，共同创造了源远流长、灿烂辉煌的中华文化，对延续和发展中华文明、促进人类文明进步，发挥着非常重要的作用。

各民族优秀的文化事项和文化元素，不仅是各民族的文明精华，更是今天整个中国文化大发展的源头和根基。我们要坚持辩证唯物主义和历史唯物主义，不断赋予新的时代内涵和现代表达形式，不断补充、拓展、完善，使中华民族最基本的文化基因与当代文化相适应、与现代社会相协调、与时代需求相结合。优秀的民族文化元素一旦与现代理念和技术相结合，必将焕发出勃勃生机，有利于中华文化在今天的世界多元文化中彰显出自己的特色与个性，有利于促进新一轮的中华文化大发展。

习近平总书记在中央民族工作会议上指示："让各族人民增强对伟大祖国的认同、对中华民族的认同、对中华文化的认同、对中国特色社会主义道路的认同。我们越是接近民族复兴的目标，就越需要汇聚全民族的磅礴之力。"民族问题是事关国家长治久安的核心和要害问题，民族团结是实现中华民族伟大复兴中国梦的基石和"助推器"，向广大民众展示、解读、传播、弘扬各民族优秀文化，促进各民族相互了解、相互尊重、相互包容、相互欣赏、相互学习、相互帮助，具有十分重要的意义，是非常必要、非常迫切的任务。只有加强民族之间的相互了解，才能消除偏见和误会，让民族团结之花常开长盛，共建美好的中华民族大家园。

上海故事会文化传媒有限公司、上海市国际文化传播协会、上海文坊文化传播有限公司多年来一直致力于中华民族优秀传统文化的弘扬及其创造性转化和创新性发展，取得了诸多成果。由三家单位策划的这套"中华民族文化大系"大型丛书汇集众多民族文化研究成果，集聚一流的民族文化专家学者，解读各民族悠久灿烂的文化，展示中华民族共同的精神家园，极大丰富了国民的文化认知。为配合做好新形势下的民族工作，出版这类既有主体观、本土观，也有他者观、国家观，既立足于学术，又为群众喜闻乐见的普及型著作，可谓恰当其时。这套丛书虽然是一部以传统纸质印制的图书，但又不拘泥于纸张，利用现代理念和技术进行文化整合创新，使传统图书与各种新兴媒体表现手段有机结合，在可读性、大众化方面进行了独具中国特色和当下风格的内容表达与视觉呈现的探索，以期让读者获得更完整、更全面的阅读体验。

我国众多民族与周边各国的民族和人民之间有着千丝万缕的联系，而民族文化具有独特的魅力以及广泛的文化传播力，尤其是与"一带一路"国家战略高度契合。希望这套丛书可以推动中华优秀文化的国际传播，推动中外文化的交流互鉴，成为中国民族文化"走出去"的力作。同时，这套丛书也将以令人信服的内容成为世界准确客观了解中国的窗口，并回答国际社会对我国民族问题的关切和期待。

2016年12月29日，习近平总书记致信祝贺《大辞海》出版暨《辞海》第一版面世80周年，对出版工作作出了"坚定文化自信，坚持改革创新，打造传世精品"的重要指示，作为富有责任感、使命感的出版文化工作者，我们更有义务做好弘扬优秀民族文化、打造传世精品的工作，讲好中国故事，谱写中国篇章，宣传中国文化，担当中华优秀文化的传承者和守卫者。

本书编委会

2017年6月

目录 CONTENT

前言 弘扬优秀民族文化 打造传世文化精品 …………………… 6
序言 达斡尔族，祖国北疆的开发建设者 ………… 毅松 …… 15
　　　🎵《忠实的心想念你》………………………………………… 15
民族概况 达斡尔族 …………………………………………… 22
本书导读示意图 ………………………………………………… 26

第1章 依山傍水好家园 人文地理 29

苍莽兴安岭，蜿蜒嫩江水 …………………………………… 30
爱山乐水、因地制宜的达斡尔族人
　　共同进退的狩猎文化 ………………………………………… 31
　　好猎手"莫日根" …………………………………………… 31
　　《寻鹰歌》：失鹰之痛的叙事民歌 ………………………… 32
　　山神崇拜"白那查" ………………………………………… 33
　　就地取材的达斡尔族传统服饰 ……………………………… 34
　　达斡尔族的母亲河：嫩江 …………………………………… 35
　　柳蒿芽，达斡尔族人的清香记忆 …………………………… 36

临江近河，田园宜居 ………………………………………… 38
达斡尔族人比邻而居，用朴拙的传统房屋构筑温情的日常生活
　　井然有序的村落布局 ………………………………………… 38
　　朴拙实用的北方民居 ………………………………………… 39
　　搭屋建房，构筑生活的细节 ………………………………… 41
　　菜畦花圃的园田生趣 ………………………………………… 42
　　达斡尔族村名的文化内涵 …………………………………… 44

渔猎农林，协调发展 ………………………………………… 49
达斡尔族的生存之道
　　渔猎：从人类与环境的本源出发 …………………………… 49
　　汉语和达斡尔语的鱼名对照表 ……………………………… 51
　　冬季凿冰捕鱼 ………………………………………………… 52
　　耕种：高纬度地区的北方民族农业 ………………………… 55
　　农作物生长周期表 …………………………………………… 56

目录　CONTENT

　　　　用于交换的狩猎 ···················· 56
　　烟叶变身"琥珀香" ···················· 57
　　烟叶是数百年来达斡尔族农业园田耕作的代表物产
　　　　精耕细作，晾晒烘焙 ················ 58
　　　　烟叶上的达斡尔族文化 ·············· 60
　　　　敬烟礼节多 ······················ 62
　　达斡尔族人放排出山 ·················· 63
　　大棹一摇山退后，你追我赶争上游。大棹一摆水让路，迎风踏浪好风流
　　　　智慧和胆量的结合 ················ 64
　　　　放排中的交易关系 ················ 65
　　大轱辘车转贸易来 ···················· 66
　　达斡尔族人的专业化商品生产，也是与其他民族的贸易手段
　　　　甘珠尔庙会：草原上的商贸盛会 ········ 66
　　　　达斡尔族人的庙会主角——大轱辘车 ···· 66
　　　　没有一根铁钉的纯手工技艺 ············ 68
　　　　达斡尔族经济的当下和未来 ············ 69
　　　　千里跋涉的大轱辘车之旅 ·············· 70

第2章
与自然和谐共生
经济
47

第3章
有序守礼的
社会传统
氏族和社会组织
73

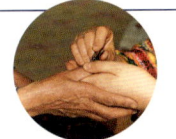

　　古老父系氏族的标志：哈拉和莫昆 ········ 74
　　哈拉、莫昆是达斡尔族人姓氏的来源
　　　　哈拉：源自居住地 ················ 75
　　　　莫昆：更亲近的血缘关系 ············ 75
　　　　子孙承继：哈拉、莫昆的繁衍方式 ······ 76
　　　　齐齐哈尔达斡尔氏族宗屯一例 ········ 76
　　水重有源，人重氏族 ·················· 77
　　规约内在品质，规范外部言行——哈拉莫昆制度的内聚力量
　　　　禁止同哈拉、同莫昆通婚 ············ 77
　　　　缮修家谱 ························ 78
　　　　氏族经济权利的维护 ················ 78
　　　　慎终追远 ························ 79
　　　　组织竞技比赛 ···················· 79

目录　CONTENT

同宗、同脉、同源的哈拉情怀 …………………… 80

父系核心，"家""族"同构 …………………… 81
达斡尔族习惯法，家庭伦理和社会秩序的维护和规范
　　达斡尔族传统习惯法 …………………… 81
　　父子恩，夫妇顺 …………………… 82
　　家庭结构和亲属关系 …………………… 82
　　传统达斡尔族社会的约束和惩戒 …………………… 85

敬老守礼，扶贫助弱 …………………… 86
达斡尔族人的礼仪道德，是社会秩序良好运转的润滑剂
　　请安礼 …………………… 87
　　装烟礼 …………………… 87
　　达斡尔族传统女性之隐忍美德 …………………… 88

第4章
走过生命的旅程，共度快乐的时光
人生礼仪和节日风俗
91

人如四季，生生不息 …………………… 92
达斡尔族的人生礼仪，人性的温情涓涓流淌其中
　　诞生——庆贺新生的开始 …………………… 92
　　达斡尔族人的摇篮"达日德" …………………… 93
　　达斡尔族妇女孕期的禁忌 …………………… 93
　　达斡尔族摇篮诞生记 …………………… 95
　　养育——打下良好的品格底色 …………………… 96
　　成熟——重情重礼的达斡尔族婚礼 …………………… 97
　　婚俗祝吉拢篝火 …………………… 99
　　婚俗中的禁忌 …………………… 100
　　温馨喜庆的婚礼 …………………… 101
　　逝去——对生命离开的尊重 …………………… 103

浓情厚谊，凝聚人心 …………………… 104
热烈喜庆的达斡尔族人的节日民俗
　　喜庆祥和的年关："阿涅" …………………… 104
　　春节期间的禁忌 …………………… 105
　　愉快戏谑的抹灰节 …………………… 106
　　"额莫·乌都日"（药日） …………………… 107

目录　CONTENT

连接传统和现代的节庆：斡包节、库木勒节 …… 107
传承文化，凝聚情感：达斡尔族节日的意义 …… 112
走进达斡尔族斡包节 …… 114

第5章 精彩与趣味同在 游艺民俗
117

千年一击，全民同乐 …… 118
达斡尔族曲棍球运动兴盛蓬勃，是民族团结振奋精神的体现
曲棍球的历史渊源 …… 119
强健体魄，团结协作：曲棍球的健身价值和民族文化价值 …… 122
现代曲棍球之乡的奥运缘分 …… 123
射箭、骑马、摔跤：凸显达斡尔族男儿本色的竞技 …… 125

充满趣味的儿童游艺 …… 127
承载温情，让成长有更多的欢乐记忆
"萨克"：北方民族儿童共同的"骰骨" …… 127
发现自我，儿童游戏的目的和意义 …… 127
温情记忆的承载：萨克 …… 129
"哈尼卡"：达斡尔族女孩过家家 …… 130
模拟狩猎的游戏 …… 131
走向世界的达斡尔族剪纸：哈尼卡 …… 132

第6章 心灵之声，世代相伴 音乐
135

《达斡尔人》 …… 135

扎恩达勒，达斡尔族最古老的民歌 …… 136
可抒情，可叙事，扎恩达勒是达斡尔族人表达情感的音乐途径
无词扎恩达勒与有词扎恩达勒 …… 136
山野扎恩达勒与庭院扎恩达勒 …… 137
讷耶、呢耶：扎恩达勒唯一的衬词 …… 137
无词扎恩达勒 …… 137
达斡尔族传统音乐的体裁分类和特点 …… 138
何德志的《心上人》：扎恩达勒演唱的最高成就 …… 139
《心上人》 …… 140
山野中的扎恩达勒：男子劳动时的即兴高歌 …… 141

目录 CONTENT

庭院里的根格乌道:达斡尔族妇女心声的低吟 …… 142
　《出嫁的女儿》 …… 142
叙事扎恩达勒:唱个故事给你听 …… 143
质朴情感的真诚流露:达斡尔族儿歌与摇篮曲 …… 143
　《摇篮曲》 …… 143

古老的说唱音乐"乌钦" …… 144
达斡尔族自己的曲艺,民族记忆的背影

古老的达斡尔族曲艺说唱艺术 …… 144
乌钦表现了丰富多彩的民俗生活 …… 145
乌钦记忆着波澜壮阔的历史情景 …… 145
　《少郎和岱夫》 …… 146
乌钦里有鲜活生动的民间语言 …… 147
乌钦的音乐类型 …… 147
悠久的乌钦,伟大的歌者 …… 148
乌钦的结构和旋律特点 …… 148
　《打鱼》 …… 149
歌舞相融的舞蹈音乐 …… 149
人神沟通的祭祀音乐 …… 150

乐器相伴,歌舞不停 …… 151
民族交融中的达斡尔族音乐特色

《玫瑰曲》:新疆风格的达斡尔族民歌 …… 151
敦卜日:达斡尔族人的冬不拉 …… 152
融合当地特色的达斡尔族音乐 …… 152
达斡尔族人的四胡:华昌斯 …… 153
达斡尔族作曲家通福和他的《敖包相会》 …… 154
内心情绪的抒发:木库连 …… 156
音乐是达斡尔族文化的根脉之一 …… 157

生活处处皆可入舞 …… 160
从细节追溯达斡尔族舞蹈的渊源

竞技:骨子里流淌的热血和激情 …… 161
"笊篱姑姑来跳舞":关于舞蹈来历的传说 …… 161

目录 CONTENT

第7章 森林草原深处的舞动 舞蹈 159

美感:千载流传的艺术魅力 …………………… 162
快乐:舞蹈的本质是尽情娱乐 …………………… 162
释放心灵,为自我而舞蹈 ………………… 163
传统舞蹈鲁日格勒,达斡尔族女性渴望完美的自我投射
 什么是鲁日格勒? …………………… 163
 鲁日格勒起源的其他可能 …………………… 164
 像鹰一样自由——鲁日格勒舞蹈动作的另一种解读 …… 164
 一起跳鲁日格勒舞吧 …………………… 165
 《鲁日格勒舞》 …………………… 167
花开数朵,源自同根 ………………… 168
颇具特色的各地达斡尔族民间舞蹈
 开朗的齐齐哈尔哈库麦勒 …………………… 168
 敦卜日伴奏的新疆达布舞 …………………… 169
 鲁日格勒、哈库麦勒,达斡尔族舞蹈的姐妹花 …… 170
 近年来达斡尔族舞蹈获奖情况一览表 …… 172

第8章 爱国进取,勇往直前 历史 175

辗转流徙的契丹后裔 ………………… 176
族源研究,探索一个民族独立尊严的起点
 达斡尔族先民发源地 …………………… 176
 洮儿河,达斡尔族称来源之一 …………………… 177
 风流云散,交汇和交融是民族发展的主题 …… 180
 达斡尔族学者从1833年起探索族源研究一览表 …… 180
 印证:达斡尔族与契丹的深密关系 …… 180
 12世纪的金代边壕:先祖萨吉哈尔迪汗的传说与古谣
 …………………… 184
 蒙古同源还是室韦分支?众说纷纭的达斡尔族源 …… 186
愿得净土护家园 ………………… 187
元明清初的达斡尔族人,与外界的抗争中,民族气质特征逐渐定型
 广袤大地,黑龙江北岸休养生息 …………………… 187
 捍卫尊严,索伦部的反抗斗争 …………………… 187
 从未有一人投降,抗击沙俄守卫家园的达斡尔族人 …… 189
 英勇的达斡尔族首领博穆博果尔 …… 190
 达斡尔族的"花木兰"傲蕾·一兰 …… 191

目录 CONTENT

民族交往交流交融的典范,索伦部三民族的关系及文化复合 ……… 192

千里迁徙,万里戍边 ……… 194
千山万水阻隔不断的民族亲情
　从黑龙江到嫩江的南迁之路 ……… 194
　达斡尔族人在嫩江流域择地建村 ……… 195
　1649—1667年达斡尔族南迁建屯简表 ……… 195
　追思祖源,传唱精奇里江的美 ……… 196
　众志成城,繁荣共存:达斡尔族人与齐齐哈尔城 ……… 197
　编佐、入旗、巡边、戍边,达斡尔族人的豪情和乡愁 ……… 199
　　贡貂,沉重的盘剥 ……… 199
　　布特哈八旗,融入清代军事社会组织的正式标志 ……… 200
　　不断的文化血脉,西北边陲的达斡尔族人 ……… 201

不惧强敌,永不妥协 ……… 203
20世纪上半叶的达斡尔族,为自由的新生活而战斗
　为勇气歌唱:少郎、岱夫农民起义 ……… 203
　兴办教育,渴望民主,20世纪初达斡尔族人的先行者 ……… 204
　寻访20世纪初达斡尔族代表人物郭道甫 ……… 204
　抗战烽火岁月中的草原猎鹰 ……… 206
　待硝烟散尽,重整山河 ……… 207
　马背谍影,抗日隐秘战线中的达斡尔族人 ……… 207

第9章
徜徉山水之间
走进达斡尔族
211

山奇水美,颐养心性 ……… 212
上苍是眷顾达斡尔族人的,给予他们优美的环境和丰富的资源,让他们拥有果敢的性情和淳朴的品格
　以山为名 ……… 212
　热闹兴旺的尼尔基 ……… 214
　达斡尔民俗博物馆 ……… 217
　亲近自然,悠闲度假 ……… 218
　欢腾的库木勒节 ……… 220

编后记 ……… 223

达斡尔族，
祖国北疆的开发建设者

序言

达斡尔族的历史、生活与山水不能割舍，是大自然的山与水哺育了达斡尔族，是大山和江河赋予了达斡尔族人民坚强勇敢的性格品质和勤劳智慧的创造能力。

毅松（达斡尔族）
内蒙古自治区社会科学院研究员

金秋，达斡尔族生活的田野，壮美辽阔（图/春雷）

《忠实的心想念你》
达斡尔民歌扎恩达勒的代表曲目，词曲固定，充满对爱人的想念和急切见面的渴望，体现了达斡尔族人民豪爽又充满激情的爱情观
扫描二维码，优美的音乐会在您耳边响起

肖像绘制/丁德武

» 达斡尔族是一个古老的民族，明末清初的历史文献中对达斡尔族开始有了较多的记述。17世纪中叶，沙俄侵略者野蛮入侵时，达斡尔族人民英勇抗击，浴血战斗，谱写了举世闻名的爱国主义篇章。清朝时期，达斡尔族被编入八旗，承担了应征参战、戍边、巡逻边境、驻守卡伦（哨所）等项职责，为守卫祖国北部边疆和维护国家统一做出了重要贡献。20世纪上半叶，达斡尔族积极投身于反帝反封建的民族民主革命斗争。抗日战争胜利后，在中国共产党的领导下，达斡尔族组织和参加革命武装，建立人民政权。达斡尔族将士还参加辽沈战役，为解放战争的胜利做出了贡献。中华人民共和国的建立，为达斡尔族的发展开辟了阳关大道。

» 达斡尔族主要聚居在大兴安岭、嫩江流域和呼伦贝尔草原，达斡尔族的历史、生活与山水不能割舍，是大自然的山与水哺育了达斡尔族，是大山和江河赋予了达斡尔族人民坚强勇敢的性格品质和勤劳智慧的创造能力。正是在这高山峻岭、纵横江河、茂密森林、肥沃土地间，达斡尔族人创造了特有的建立在农牧渔猎经济基础上的文明，成为大兴安岭、嫩江流域和呼伦贝尔草原的开发建设者。在历史上，达斡尔族从大兴安岭和嫩江流域走到呼伦贝尔、爱辉、呼兰和新疆的伊犁、塔城等地，驻守边疆，开发建设。

》"达斡尔"这个族称，是达斡尔族人的自称。尽管这个称呼在明末清初才较多地记载于史籍，但是，在此之前相当长的时间内，达斡尔族就已经生息、繁衍在中国北方广袤的土地上了。达斡尔族是一个具有久远历史文化的民族。关于达斡尔族的族源，从清代以来就一直受到历史研究者们的关注，提出了多种达斡尔族族源的观点，其中得到较多论述并占主导地位的观点，是契丹后裔说。

》在达斡尔族人的眼光里，大自然是多彩的。大自然如同慈祥的母亲，给予了人类多种多样的恩惠。然而，人们必须通过劳动实现与自然的沟通，并获得自然的赐予。达斡尔族人用自己的勤劳、勇敢和智慧，开掘出了生存与发展的源泉，他们的方式，就是多种经营的经济。达斡尔族居住的地方，有茂密的山林、肥沃的土地、众多的江河、辽阔的草原。达斡尔族人充分利用依山傍水的自然条件，不仅从事作为主要食物来源的具有一定规模的农业，还从事以获得奶、肉、役畜为目的的定居畜牧业，从事各种获得野生动物毛皮、肉类为目的的狩猎业，从事改善饮食生活的渔业、采集业，并且从事以商业交换为目的的放排业、运输业、烧炭业、大轱辘车制造业，形成了综合利用自然资源，各业相互促进，适于对外交换的比较优化的产业结构。这是达斡尔族传统经济的一大特色和优势。在此基础上，形成了达斡尔族内涵丰富、底蕴深厚、风格独特的民族文学艺术、礼仪民俗、节日游艺。

用斧头把砸苏子，传统达斡尔族妇女的家务活（选自《达斡尔族文物图录》）

嫩江江畔的开拓者雕塑，表达了达斡尔族是经营农业较早的北方民族（图／毅松）

》 达斡尔族的传统社会组织是指历史上以血缘、地缘关系建立起来的社会组织。达斡尔族曾有"毕日吉""斡尔阔"的社会组织称谓,但是已经难以说清楚它们的具体状况,它们对达斡尔族的社会生活影响很小。

》 达斡尔族早已进入了父系社会。但是,从达斡尔族宗教信仰、亲属称谓和习俗方面,还能看出一些母系社会的遗存。自清代以来,对达斡尔族社会生活影响很大的社会组织是"哈拉""莫昆",也是达斡尔族主要的社会组织。达斡尔族的传统社会组织在维护达斡尔族社会的正常秩序和社会伦理、组织生产、对外交往等许多方面发挥了良好的作用。

》 达斡尔族的文学艺术丰富多彩,有着传统的民间神话、故事、传说、乌钦(叙事诗)、民歌等民间文学,以及民间的绘画、剪纸、雕刻、刺绣、编织、桦树皮用具等造型艺术,达斡尔族更是能歌善舞,在节日和闲暇的时候举办歌舞晚会、民间故事会。

》 达斡尔族历来把开展体育活动作为培养自身勇敢、强健、敏捷优良素质的有效途径,以利于民族成员增强体质、锻炼技能、培养品德、振奋精神。在达斡尔族山村,每年祭斡包(即敖包)时举行体育比赛,青少年组织开展的体育活动更是十分活跃。体育在达斡尔族人的生活中早已是人们欢聚同乐和发展自身的方式。达斡尔族有多种多样的体育运动项目,这些体育活动用的器材简单,场地随意,娱乐性强,大家比体力、赛技艺、争荣誉,其乐融融。达斡尔族因为从事传统曲棍

荷包,两面均为飞蝶花朵图,技法为平绣加少量堆绣(图/苏伟伟)

赛马(图/鄂雪峰,供图/宝音)

球运动,而成为新中国曲棍球事业的开拓者和中坚力量。

» 达斡尔族信仰萨满教。萨满教是以万物有灵为思想基础,以自然崇拜和祖先崇拜的多神信仰为内容,以一定的祭祀活动为表现形式的原始多神教。

» 原始社会生产力落后,人们征服、利用自然和维护自己生存的能力低弱,把整个自然界都看成是有着神秘的力量支配的,形成了万物有灵的观念。万物有灵思想发展的结果,人们产生了对与生活紧密相关的一些自然物的崇拜,这就是自然崇拜。达斡尔族人崇拜山神,认为山洞、古树、石崖等是山神栖息的地方,认为天有着创造万物和人类的巨大威力,崇拜火、太阳、月亮和北斗七星等。在母系氏族社会时期,出现了祖先崇拜和专掌氏族宗教事务的"雅德根"(萨满)。这个时期,达斡尔族的萨满教日渐形成和完善起来。达斡尔族的萨满教信仰,一方面是对自然界强大威力感到疑惑、恐惧的结果;另一方面人们又想借助萨满教,达到征服自然、控制自然的目的,具有一定的积极意义。

» 自20世纪以来,由于整个社会经济和环境的巨大变化,达斡尔族氏族组织在经济社会各方面的作用减弱,传统的以一村或几村相邻而居并且形成有许多习惯法规的氏族日趋解体,所以,萨满教在氏族中的影响也随之削弱。尽管如此,萨满教作为一种由来已久的信仰,却仍然以其他形式继续保留着。

» 达斡尔族有自己民族的语言,达斡尔语属于阿尔泰语系蒙古语族,分为布特哈方言、齐齐哈尔方言、海拉尔方言和新疆方言四种,各方言之间可以通话交流。达

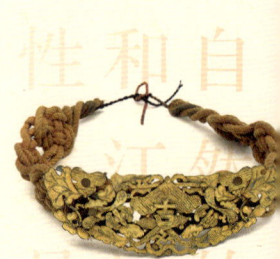

铜质吉祥百花纹镂空妇女头饰(图/苏伟伟)

嫩江流域生态美好,动物与达斡尔族人和谐相处(图/陶贵水)

斡尔语以丰富的语汇记录了达斡尔族人对于高山、草原、江河的依恋，叙述了民族的岁月沧桑和文化创造。千百年来，达斡尔语联结、维系了达斡尔族人民的思想感情、生产生活和历史文化，说达斡尔语成为达斡尔族人感到骄傲和自豪的事情。在文字方面，达斡尔族在清代主要使用满文，20世纪以后使用汉文、蒙古文，新疆地区的达斡尔族也使用哈萨克文和维吾尔文。

》 中华人民共和国成立以后，达斡尔族获得了新生，成为我国各民族大家庭中平等、团结、互助、和谐和共同繁荣的一个成员。据2010年第六次全国人口普查，达斡尔族人口有13万多人，主要分布在内蒙古自治区、黑龙江省和新疆维吾尔自治区，大陆31个省市自治区都有达斡尔族人口分布。在达斡尔族聚居地方成立了内蒙古莫力达瓦达斡尔族自治旗、黑龙江省齐齐哈尔市梅里斯达斡尔族区和11个民族乡镇，保障了达斡尔族当家作主的权利。在党的民族政策正确指引下，随着改革开放和现代化建设事业的发展，达斡尔族发扬勤劳智慧和开拓进取的精神，在经济、教育、文化各项事业中取得很大成就，人民的物质文化生活水平日益提高。

》 通过对达斡尔族的介绍，我们对于达斡尔族人民以自己的勤劳、勇敢和智慧创造的悠久历史和丰富文化有所了解，认识到达斡尔族是具有爱国主义传统的英雄民族，是善于多种经营、各业兴旺的民族，是文化底蕴深厚、能歌善舞的民族，是尊老敬长、讲究礼仪的民族，是注重教育、人才辈出的民族，是真诚质朴、开放进取的民族，是与各兄弟民族团结互助、共同发展的民族。

达斡尔族萨满头饰（图/苏伟伟）

晚霞中的达斡尔族曲棍球手（图/春雷）

民族概况

达斡尔族

人口与分布

达斡尔族人口有131992人（2010年第六次全国人口普查），主要分布在内蒙古自治区的莫力达瓦达斡尔族自治旗、阿荣旗、扎兰屯市、鄂温克族自治旗，黑龙江的齐齐哈尔市梅里斯达斡尔族区、富裕县等地和新疆维吾尔自治区的塔城市、霍城县。

环境与资源

达斡尔族聚居的嫩江流域、呼伦贝尔草原和阿尔泰山南麓的丘陵地带，位于北纬45度到50度之间的高寒地带，从11月结冰到翌年4月解冻，冰冻期长达半年，最低温度在零下35摄氏度至零下45摄氏度之间。嫩江中上游大兴安岭支脉构成的山区和丘陵地带，有鹿、驼鹿等走兽和天鹅、飞龙等飞禽。地下埋藏着煤、铁、沙金、云母等矿产，具有巨大的开发利用价值。黑龙江、嫩江盛产鳇鱼

和鲟鱼，远近闻名。嫩江中下游平原和新疆塔城地区土质肥沃，四季分明，气温适中，适合农业。呼伦贝尔草原有丰美的牧场。

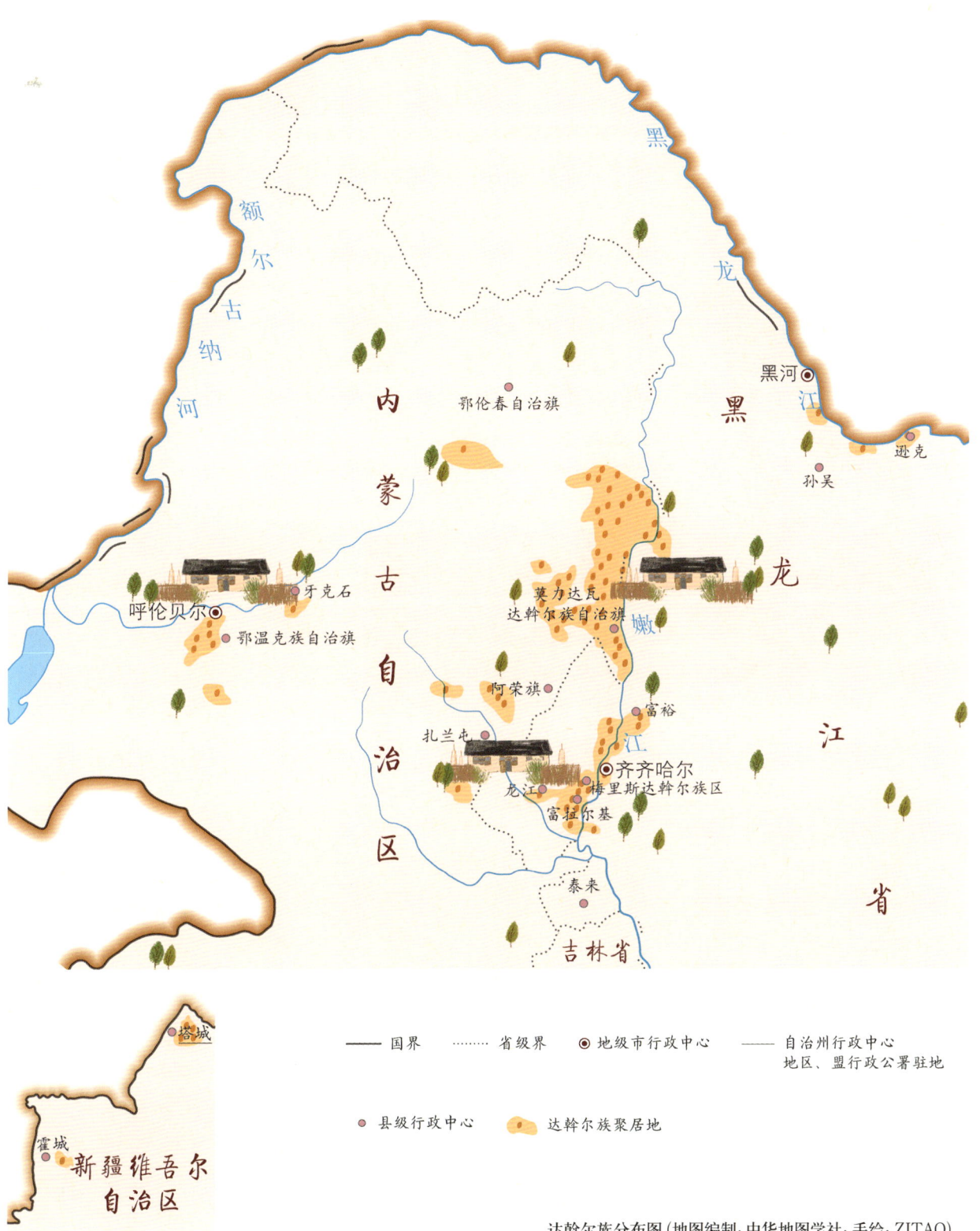

达斡尔族分布图(地图编制:中华地图学社;手绘:ZITAO)

文化艺术

达斡尔族素来重视教育,从清初在达斡尔地区创办满文学堂起,至20世纪中叶,达斡尔族中出现了几代知识分子,为本民族的文化事业尽心尽力。达斡尔族丰富的民间故事、激昂的叙事诗乌钦,悠扬的民歌扎恩达勒和民间歌舞鲁日格勒、哈库麦勒,反映了达斡尔族人的生产和生活。世代相传的美术、剪纸和刺绣等,是民间艺人和妇女的杰作。

每到节日或喜庆的聚会,女

子欢聚一起载歌载舞,男子举行射箭、摔跤、赛马和曲棍球赛。达斡尔族曲棍球运动员在国内外比赛中屡立战功,莫力达瓦达斡尔族自治旗被誉为"曲棍球之乡"。

风俗习惯

达斡尔族服饰具有本民族特点,过去男子夏季多穿白色单袍,冬季穿棉衣或皮袍,妇女穿蓝色为主的长袍,脚穿绣花鞋。

达斡尔族传统的主食是加牛奶的小米饭和荞麦面条、苏子馅荞面饼。肉食以羊肉为主,蔬菜有白菜、豆角和萝卜等,喜吃手

语言与文字

达斡尔语属于阿尔泰语系蒙古语族,内部分为布特哈方言、齐齐哈尔方言、海拉尔方言和新疆方言四种方言,互相能通话。达斡尔族没有本民族文字,清代时使用过满文。20世纪以后使用汉文和蒙古文,在新疆塔城地区的达斡尔族还使用哈萨克文和维吾尔文。现在达斡尔族人用达斡尔语记音符号来记录、研究达斡尔语和创作文艺作品,并出版了相关词典和教学读本,其字母形式与读音和汉语拼音方案基本相同。

抓肉和炖菜。

达斡尔族的村落独具风格,多建在依山傍水的阳坡上。村落内各家排列整齐,高大的"介"字形土木结构的住房坐北朝南,内壁、隔扇和天棚多有装饰,房屋的南墙有敞亮的窗户。

达斡尔族婚姻实行一夫一妻制,恪守氏族外婚制原则。结婚分提亲、认亲、迎亲等仪式。

春节是达斡尔族最大的节日。除夕夜晚,每家都在大门外点燃火堆,冉冉的烟火持续数日。初一清晨,按长幼顺序在氏族内拜年。

过去,达斡尔族实行土葬,死者葬于氏族或家族墓地,长者的葬礼十分隆重。

宗教信仰

达斡尔族信仰的萨满教,是集自然崇拜和祖先崇拜之大成的原始宗教,供祭天神、山神、火神、雷神、水神、各种动物神。祭司萨满,分为氏族萨满和非氏族萨满两种,其职能是为本氏族或村落祈求免灾平安和生产丰收,或为病人祭神治病。

萨满每隔数年举行的"奥米南"祭典是最大的宗教活动,旨在提高萨满的神术和为民众求福。

国家级非物质文化遗产名录

传统舞蹈
达斡尔族鲁日格勒舞

曲艺
达斡尔族乌钦

传统体育、游艺与杂技
达斡尔族传统曲棍球竞技

传统音乐
达斡尔族民歌(达斡尔扎恩达勒、罕伯岱达斡尔族民歌)

民俗
婚俗(达斡尔族传统婚俗)
祭敖包(即斡包,达斡尔族沃其贝)
达斡尔族服饰

本书导读示意图

专题标题：以虚实结合的文字概括各民族的某一重要文化事项。

专题段落标题：揭示这一重要文化事项的不同断面，分层切入，条分缕析，引你直抵现象背后的文化之核。

正文

民族经典纹样

图片：既有近百年来中外著名学者亲历现场所拍摄的第一手影像资料，也有当代摄影家极尽巧思的唯美大片，涵盖面广泛，于文本之外，自成一个独立的图片系统。

拓展阅读：与专题相关的名词解释、背景知识、人物小传、田野实录等的延伸阅读，为你构建多维度、多侧面的全息专题文化影像。

生活处处皆可入舞
从细节追溯达斡尔族舞蹈的渊源

▶ 竞技：骨子里流淌的热血和激情

达斡尔族人很多都是好猎手，划船打鱼本领都很强，战争英雄也不计其数。所以，达斡尔族人自强的个性也体现在舞蹈中。齐齐哈尔的"哈库麦勒"舞表演程式中，第一段以歌为主以舞为辅，可称"赛歌段"，两人对舞对唱，一方问一方答："什么山最高？""五台山最高。""百鸟中什么鸟的声音最好听？""百鸟中百灵鸟的声音最好听。"这里是比赛谁的唱词多，谁回答得准。第二段由慢速转中速，边舞边呼号，模仿各种动物的叫声，进行比赛。"各古、得齐、乐谁"等，这些鸟叫

河边跳舞真痛快（图/郭伟忠，供图/宝音）

"笊篱姑姑来跳舞"：关于舞蹈来历的传说

传说，很早以前有位能歌善舞的美丽姑娘，过春节吃饺子，她从别人家借笊篱回家的路上，经过西牛圈时被冻牛粪块绊倒而死。后来，姐妹们十分怀念她，把她奉为舞神，跳舞时人们把笊篱打扮起来，将画着姑娘头像的白布包在笊篱上面，给"她"戴上头饰，安上木腿，穿上华丽的长袍，然后把打扮好的笊篱带到西牛圈，人们祈求着："笊篱姑姑（姑娘的意思）回来吧！回来和我们一起跳鲁日格勒吧！"再把笊篱姑姑请进屋后，由两位妇女扶着笊篱在桌子上跳起舞来，有时甚至将木腿跳折。其他人也围着打扮的笊篱跳起鲁日格勒舞，边唱边跳边呼，尽兴而归。

达斡尔族—160

图片说明：拒绝标签式的大白话图片说明，每一段解读，或长或短，都经撰稿专家反复推敲，发图片画面之所未发，读图时代，仍然需要如此点睛之笔的助力。

多媒体技术的全新运用和呈现：音（视）频链接为你直观展现民族文化的某个片段。从此，纸质经典不再是一位沉默的朋友。

一起跳鲁日格勒舞吧　（图/苏伟伟）

达斡尔族民间舞蹈的动作中，压腕、双手叉腰摆胯、拖步是三大基本要素。

开始跳舞时，大家围成圆圈，有一两个人起头，大家跟着唱，平举两臂，随着脚步的节奏朝左右摆动。脚落地时，膝部稍往里屈，要很自然地扭动起来。又由于手臂柔软地上下起伏，就像荡漾的水波或随风摇曳的麦浪。模仿"柳树在风中飘动"舞蹈动作是双手在头上上下摆动；模仿"嫩江流水"动作是双手在身两侧上下摆动；也有采山丁子、柳蒿芽的动作。

在达斡尔族传统庭院内准备就绪的老人们。跳鲁日格勒时有领跳者，呼"新贝"开始跳，脚上动作大致是以蹭脚为主，舞蹈动作大方、有力。

鲁日格勒舞

专家简介：为你介绍各章撰稿专家的学术背景、学术成就，在作者与读者之间搭建起一座信任之桥，论世需要知人，论著也当知人。

近年来达斡尔族舞蹈获奖情况一览表

舞蹈名称	编舞	获奖情况
嬉水姑娘	朱朝霞	1982年在内蒙古乌兰牧骑成立25周年文艺汇演中获优秀创作奖、优秀表演奖；1983年在全国乌兰牧骑文艺汇演中获优秀节目奖；1989年应邀在深圳、珠海主办的国际艺术节上演出；1990年作为优秀节目参加中国北方少数民族艺术团赴荷兰、瑞典、芬兰、苏联巡回演出
鲁日格勒		1982年在内蒙古乌兰牧骑成立25周年文艺调演中获创作表演奖
欢腾的山村		1983年在全国文艺汇演中获演出奖，并获内蒙古艺术创作"萨日纳"奖

扫描二维码
欣赏动人的鲁日格勒

撰稿专家

娜仁其木格，蒙古族，内蒙古自治区社会科学院民族研究所所长，研究员。参与编写2部著作，出版合著2部，发表论文、调查报告等约30篇。代表作有《走出森林草原——达斡尔族人口城市化研究》（合著）、《探讨达斡尔族传统文化传承途径》等。

《走出森林草原——达斡尔族人口城市化研究》

扫描二维码，阅读专家代表著作的电子版

代表性论著链接：扫描二维码可阅读该专家代表作，并可进一步在中华民族文化经典学术著作数据库中阅读其他民族文化学术著作。

表格：删繁就简，将大段枯燥的学术性表述华丽转身为一目了然的图表，文明演进的过程、文化现象的罗列，由此变得简洁明了。

映山红盛开,达斡尔族人世居大兴安岭东南麓,这里重峦叠嶂,河流纵横,美不胜收(图/陶贵水)

第1章

依山傍水好家园
人文地理

本章主撰稿人：内蒙古自治区社会科学院民族研究所研究员　德红英

圆圆的树生长得茂盛，苏雀成群盘旋飞翔真好看。

弯弯的树生长得茂盛，乌鸦成群盘旋飞翔真好看。

樟子松生长得茂盛，苍鹭成群盘旋飞翔真好看。

落叶松生长得茂盛，雄鹰成群盘旋飞翔真好看。

——达斡尔族民歌《森林之美》歌词摘选

家园是一个民族安身立业所在、心灵的归宿，也是一个民族世代延续的方舟。守望家园，就是守望与我们血肉相连的生存空间，更是守护我们绵延不绝的民族根脉。

北中国重峦叠嶂，河流纵横，有千姿百态的自然景观和丰富多样的文化类型，是自然和人文的丰厚积淀之处。大兴安岭既是中国北方游猎部族和游牧民族的发祥地，也是东胡、鲜卑、契丹、蒙古等民族起源的摇篮。在这片沃土上，至今还生活着蒙古族、鄂温克族、鄂伦春族、达斡尔族、锡伯族、满族、朝鲜族、俄罗斯族等民族，中国唯一的莫力达瓦达斡尔族自治旗、鄂温克族自治旗、鄂伦春自治旗、俄罗斯族民族乡均设立在此。达斡尔族先民以大兴安岭、黑龙江、嫩江流域和呼伦贝尔草原为世居之地，以渔猎、放牧、农耕为生，达斡尔族人创造和形成了独特的衣食住行物质文化，别具风格的风俗习惯、文学艺术、伦理道德等精神文化，创造了在北方民族当中独具特色的璀璨文明。

苍莽兴安岭，蜿蜒嫩江水

爱山乐水、因地制宜的达斡尔族人

不论是嫩江流域的平原与丘陵，还是大兴安岭的山区和丛林，向来都是野生动物生存的乐土。在兴安岭繁茂的林海中，植物丰茂，有许多食草兽类，如狍子、獐子、马鹿、野猪等，其中狍子最多；潮湿而阴凉的森林，树洞很多，植被茂盛，有利于灰鼠等啮齿动物的生长；丘陵地带的大型食肉动物，有赤狐、狼、猞猁、豹和黑熊等；在山谷和林间的溪涧或河旁，栖息着水獭等食鱼类动物；驼鹿是林中巨兽，鹿科中体形最大，主要分布在大兴安岭主脉，喜居于有茂密桦树林的地方。小兴安岭针阔混交林带，有啮齿类长尾黄鼠狼和梅花鹿；食肉类动物有东北虎、金钱豹等，现存数量已经很少了；鸟类中，以松鸡和雉两科为主，其中尤其以飞龙（榛鸡）和野鸡数量最多，分布最广。据统计，仅大小兴安岭地区就有各种珍禽异兽50多种，堪称野生动物的巨大宝库。如此丰富的野生动物资源为从事狩猎生产提供了条件。

捕获，达斡尔族猎人把一年分为四个猎称，很有意思。春为"落毛之猎"，主要猎取狍子，用它的皮制作夏季服装；夏为"茸角之猎"，利用草深林密，猎取鹿茸；秋为"冬衣之猎"，此时野兽毛皮厚实，做成行装防寒保暖；冬为"过年之猎"，雪深过膝，追捕猎物售卖后置办年货（图/陶贵水）

雪地沙鸡（图/敖拉·赛林）

达斡尔族人冬季有驱赶沙鸡的狩猎习俗，雪后原野上动物觅食困难，把筒网放在野禽经常出没之地，在网的最里面撒一些米，等野禽走进网准备吃米时，远处的人呼喊并挥动双臂，受惊的野禽闻声跑向网深处，野禽自然就被扣住了

历史上的达斡尔族，虽然已经有了粗放的农业和较为发达的畜牧业，但仍以狩猎生产为传统的生计方式之一。南迁嫩江流域以后，达斡尔族的狩猎生产仍然十分兴盛，飞禽走兽之肉是餐桌上不可或缺的野味珍馐，野兽之皮大多用于制作服饰，少量出售。

共同进退的狩猎文化

狩猎业曾经是达斡尔族古老、重要的生产活动之一。在长期的生产实践中，达斡尔族人积累了许多狩猎方面的方法、知识与经验，如下套子、设陷阱、放地箭、围猎、鹰猎等等。20世纪初，在铅子单响枪和钢子步枪等狩猎工具传入达斡尔族地区之前，弓箭和扎枪是猎民们狩猎生产最主要的工具，这些工具原始、简陋。为了提高狩猎生产的效率，达斡尔族人便逐渐摸索，形成了众人集体围猎的狩猎方式。这种方式多以"哈拉"（氏族）为单位，由一名经验丰富的"阿围达"（围猎长）统一指挥进行。具体方法就是参加围猎的众人按圆形分布，把预定的猎场包围后，慢慢搜索前进，逐步缩小包围圈，最后将被围困的貂、狍、鹿、野猪等动物射杀。联合围猎所获的猎物，由阿围达分成几大堆，分给各个莫昆。

好猎手"莫日根"

达斡尔族民间流传的神话传说、民间故事大量取自狩猎生产生活内容，尤其是莫日根（达斡尔语，猎人的意思）已经成为达斡尔族民间文学中的特殊形象。故事中的莫日根（猎人），个个骑术高强、膂力非凡、性格豪放、嫉恶如仇，反映了达斡尔族勤劳、勇敢、雄健、尚武的性格特征和思想品质。

古代的莫日根是"力、义、勇"的典型代表。随着社会的发展，达斡尔族口头文学中的人物形象，具有大公无私、助人为乐、主持正义、尊老扶幼等传统美德和高尚品质，作品多表现达斡尔族人民秉持的真、善、美定会战胜假、恶、丑的信念和顽强的斗争精神。

鹰猎是达斡尔族的一种非常有效的狩猎方式，多在雪后的清晨进行。届时猎人身跨骏马，左臂托举猎鹰，巡游于雪野山林之中。发现野鸡、野兔等小型动物

扛滑雪板进山的达斡尔族猎人（图/敖拉·赛林）

猎鹰捕猎野兔的瞬间

通常，春季是猎人展网捕捉刚刚学会飞翔的雏鹰的好时机，之后雏鹰被带回家进行专门的训练，直到学会在猎人的管理下进行捕猎。出猎前，猎人会饿上猎鹰几顿，因为有饥饿感的猎鹰，在捕猎时才会全力以赴。猎人在猎归后会让猎鹰饱餐一顿

猎鹰尾上的饰铃（图/苏伟伟）

后，便令猎鹰迅速出击，准确而有效。鹰猎的收获量虽然不大，但它既是一种生产劳动，又是一项饶有风趣的娱乐活动，因而深受达斡尔族人的喜爱。从事鹰猎的多是生活比较优裕或家有其他劳动力的人。拥有一只聪明伶俐、敏捷强悍的猎鹰也会让猎人备感骄傲与自豪。

（本节文字摘自丁石庆《达斡尔族早期狩猎文化的母语重建》）

《寻鹰歌》：失鹰之痛的叙事民歌

文/丁石庆

达斡尔族人中至今还广泛流传着的《寻鹰歌》具有一定的代表性，歌中反复吟唱达斡尔族猎手丢失爱鹰的心痛之情：

兄弟俩在黑龙江上游/捉到了一只猎鹰/带回家去精心喂养/和它建立起朋友般的感情/夏天的三个月里/用田鼠肉喂那心爱的鹰/秋天的三个月里/用狗肉喂那心爱的鹰/冬天的三个月里/用谷糠为它拌食/我骑着马儿去放鹰/肩托爱鹰到荒甸儿/草棵里窜出一只兔/蹦蹦跳跳跑过去/"哗啦"一声鹰飞起/"嗖"的一声追过去/我跑着跳着跟下去/一直追到杏树下/沿途查巡到黄沙岗/跑东跑西左右看/追寻猎鹰到河滩/高声呼叫我心爱的鹰/追到崖边不见鹰。

是不是嫌我狐狸皮手套太破烂/你飞到山丁子树上去了/是不是嫌我貉皮手套太埋汰/你飞到柳树里去了/是不是嫌我羊皮手套味太膻/你落到桑树林里了/我找了你三天/累坏了我那三岁马/我找了你四天/累坏了我那四岁马/我找了你六天/累坏了我那六岁马。

我那心爱的鹰/钩钩嘴修长的脖子/身上有七十二个斑点/十二支尾翎是那样漂亮/腿上的金铃是熊皮绳绑的/五彩的绒穗随风摆动/送给我消息的人/我要送他七两银/帮我找到鹰的人/我要给他五两银/找不到爱鹰的苦闷/心中的悲哀向谁诉/把我的心绪编成歌/姑娘媳妇们传着唱吧！

猎鹰是达斡尔族猎人的好帮手。达斡尔族古老谚语中说，训练出来的骏马，调教出来的猎鹰。猎鹰调驯得越精，狩猎的能力越强。受驯的猎鹰成为猎人的臂膀。在不少达斡尔族的男人看来，失去老婆子伤心，丢了猎鹰更伤心。这首短小活泼的叙事

猎人和猎鹰（图/敖拉·赛林）

民歌，通俗流畅地描绘出达斡尔族人的猎鹰由得而失的过程，通过捕鹰、喂鹰、放鹰、失鹰、寻鹰等一系列情节，表现了鹰与猎人之间唇齿相依、须臾不可分离的伙伴关系。

达斡尔族人信奉的山神"白那查"——"白那查"即山神,绘或刻于森林的树上(图/敖拉·赛林)

山神崇拜"白那查"

在达斡尔族的传统文化中,蕴涵着十分丰富的狩猎文化内容,无论是风俗习惯,还是宗教信仰,无论是民族语言,还是文学艺术,都可以见到狩猎文化的丰富积淀。达斡尔族人崇拜的"白那查"即山神,是"白音阿查"(富裕的爸爸)的变音。在达斡尔族人的传说中,"白那查"是位须发银白、和蔼慈祥的老人,他隐居于山林之中,助人为乐,从不无端地加害于人。"白那查"还被视作山林的主人,无论是广阔的森林,还是飞禽走兽,都是它养育和管理的财产。至于人们入山猎获的丰歉、伐木的多寡及旅行者的安危,也都由"白那查"的意志来决定。因此,在早年达斡尔族人入山打猎或伐木时,看见高山、深沟、奇石和怪树就认为是"白那查"的住处,无不虔诚地叩拜和祭祀。当他们在野外餐饮时,

达斡尔族人传统诸神(木雕)(图/苏伟伟)

要先行献祭之礼,并以手指向空中弹酒三次,以示先请"白那查"品尝,然后才可以吃喝。若是猎人,要把猎获的第一只野兽供祭给"白那查"。有时,进山的人们在大树的根部削去树皮,画一老翁形象,当作"白那查"的象征进行祭拜。

在达斡尔族人中,还流传着狐狸为人们提供粮食、帮助人们度过饥荒的传说。过去,达斡尔族人对狐狸普遍存在敬畏心理,忌讳直呼其名,称狐狸为"沙热巴尔肯"(黄色之神)。在达斡尔族的萨满教中,有许许多多的动物神灵(鬼),除狐狸和鼬鼠外,还有熊、虎、豹、蛇、梅花鹿、山羊……几乎涉及到达斡尔族在狩猎过程中所能接触到的所有飞禽和走兽。于是,也就产生了与之有关的诸多禁忌。例如:达斡尔族人称虎为"诺音古热斯"(官兽或兽之王),而不能直呼它的本名"塔斯格"(虎)或"巴日"(虎);在山里发现虎的足迹后要绕着走,否则会激怒老虎,导致老虎伤人。

狩猎文化在达斡尔族萨满教中有着丰富的积淀,深深影响着达斡尔族人的情感和价值观。

(本节文字摘自谷文双《达斡尔族传统狩猎文化考述》)

就地取材的达斡尔族传统服饰

文/谷文双,摘自《达斡尔族传统狩猎文化考述》

《黑龙江志稿·物产志》记载:"索伦达呼尔人尝反披狍服,黄毳蒙茸。"达呼尔即今之达斡尔族,这说明清代的达斡尔族人传统服饰仍然明显地带有狩猎民族的典型特点。实际上,直到20世纪50年代以前,达斡尔族人仍然很少穿布制服装,尤其是男性劳动者,他们主要以不吊面的皮袍皮裤,度过一年四季。一方面,由于受商业和手工业发展水平的局限,当时的达斡尔族人既不能从事棉纺织业的生产,又不能通过交换大批量地引进纺织品以供日常生活之所需;另一方面,通过狩猎生产获得的大量兽皮在一定程度上满足了达斡尔族人对服装原料的需要。因此,达斡尔族人的服装长期以兽皮为主要制作原料。狍子皮、鹿皮、驼鹿皮、狐狸皮、猞猁皮、貂皮、鼬鼠皮和狼皮都是达斡尔族人制作服装的上好原料。

在漫长寒冷的冬季,男子们通常穿"布贡奇德力",这是一种采用兽皮或牲畜皮制作的长袍。外出行猎者多穿"果罗贡",这是一种毛朝外的皮袍,可以用作迷惑和引诱野兽的伪装。达斡尔族人的冬季服装通常采用立冬至春节前后猎取的兽皮制作。严冬时猎取的动物毛皮具有绒毛较密、毛质结实不易脱落、皮板厚重能耐寒等特点。春秋两季,男子们穿的皮袍叫"哈日密",这种皮袍长至膝盖,采用春、夏或秋初猎取的狍皮制作。无论是"布贡奇德力"还是"哈日密",其前后下摆正中均有开衩,将开衩一端掖在腰上,以便于骑马和劳动。

达斡尔族民族服饰设计比赛中展示的"果罗贡",一种毛朝外的皮袍(图/苏伟伟)

"米亚特·玛格勒"达斡尔族人的兽头帽(图/苏伟伟)

这是将野兽头皮整只剥下来做成的帽子。《黑龙江志稿·地理志》记载,索伦达呼尔以狍头为帽,双耳挺然,如人生角。这种皮帽通常采用狍头皮,很少用狐狸头皮、狼头皮或猞猁头皮为原料制作,并绣出动物的耳目口鼻和各种装饰图案,其效果生动逼真,不仅保暖耐用,而且也是猎人们用于接近野兽的一种伪装。

上图:五指手套,妇女用得比较多,多用于礼仪场合。用狍子短毛皮制作,手套腰边多装饰黑边,口沿镶狐狸或者猞猁皮,手背正中多绣圆形纹样,五指上多绣指甲关节图案,关节与指甲绣花间用一波浪线串连,寓意手指上的血脉(图/苏伟伟)

下图:狍子皮做的袜子(图/苏伟伟)

达斡尔族的母亲河：嫩江

嫩江，达斡尔语称作"纳文慕仁"，古称"难水""那河""脑温江"，清初称"诺尼木伦"（蒙古语，"诺尼"为"碧绿"之意，"木伦"为"江"），清代中期称"嫩江"。嫩江发源于大兴安岭的伊勒呼里山，上游行于深山峡谷之间，河水清澈碧透。嫩江干流流经黑龙江省的嫩江县、讷河市、富裕县、齐齐哈尔市，内蒙古自治区的莫力达瓦达斡尔族自治旗与吉林省的大安市，全长1370千米，流域面积为29.7万平方千米。

嫩江是我国东北地区一条十分重要的河流，它既属于黑龙江流域的水系，也是该流域松花江水系中的最大支流。嫩江发源于大、小兴安岭夹角山地，由北向南流并与北流的松花江干流、东流的洮儿河分别在今黑龙江省的肇源县与吉林省的大安市汇合，形成了松嫩平原。

在众多高耸的山峰之间向东南倾斜的河谷中流淌着嫩江的水源大小支流。由于这里处在大、小兴安岭山脉接合部的茂密森林区，水源充沛、河床狭窄，河体的坡度较大，水流湍急。进入嫩江县城附近的嫩江河床受到甘河下游流域与嫩江左岸较为平缓的丘陵地带的影响，开始平缓而曲折地向南流淌。由黑龙江的嫩江县城到内蒙古莫力达瓦达斡尔族自治旗的尼尔基镇为嫩江的中游段。整体地貌是山地到平原的过渡地带，两岸多低山丘陵，地势较上游段平坦。

虽然捕鱼不是达斡尔族人最主要的生产方式，但是爱辉地区的达斡尔族人从事渔业生产历史较为久远，他们以爱辉镇为中心沿江聚居，在黑龙江上捕鱼。此外，嫩江及其支流河流纵横，泡沼星布，盛产鱼类，有时捕鱼可一次性捕到千斤以上。达斡尔族人有较丰富的捕鱼经验，因季节、鱼的种类、水面条件的不同，他们

嫩江的东花园 (图/陶贵水)
嫩江是松花江最大支流。有观点认为无论从长度、流量还是流域面积看，嫩江都应为松花江正源，只因发源于长白山天池的松花江吉林段在中国清代被奉为松花江的正源，故正源之说延续至今。嫩江有4个月冰期，江轮可航至齐齐哈尔。嫩江流经坡度很缓的松嫩平原，有许多湖泊、沼泽

都有相应的捕鱼方法和工具。

嫩江水养育了达斡尔族人,也塑造了达斡尔族人忠诚、勇敢、刚正不阿的品质。自古以来达斡尔族人赞颂嫩江的歌曲就有很多,如《嫩江四季歌》《纳文江渔歌》等。"纳文江水(呦)向东流,清清的江面上荡渔舟,达斡尔人(呦)撒开了千张网,鱼儿满舱乐悠悠,乐悠悠,讷悠耶,讷耶勒尼悠耶,我们的生活比蜜甜,唱起了扎恩达勒不离口……"悠扬的歌声在嫩江之畔传唱至今。

达斡尔族充分利用依山傍水的自然条件,不仅从事农业、牧业、猎业、渔业、采集业、手工业,而且从事以交换为目的的放排业、大轱辘车制造业、烧炭业和运输业,具有综合利用自然资源,各业相互促进,适于对外交换的农牧为主,多种经营并存的经济结构。达斡尔族在此经济基础之上,形成了内涵丰富、独具特色的婚姻、丧葬、饮食、服饰、居住、交通、禁忌、节庆、礼仪、宗教信仰、游艺、文学、歌舞、造型艺术等底蕴深厚的文化和习俗。

凿冰叉鱼(图/陶贵水)

柳蒿芽,达斡尔族人的清香记忆

文/娜日斯,摘自《论达斡尔"柳蒿芽"文化》和齐齐哈尔新闻网《"库木勒":达斡尔人心中永远的旋律》

柳蒿芽,达斡尔语称"库木勒",是达斡尔族人从小酷爱食用的野菜。一提起柳蒿芽,人们很自然地会想到达斡尔族,说它是达斡尔族人的象征。清代西清的《黑龙江外纪》写道:"野菜有名柳蒿者,春日家家采食,味初不甚鲜美。"可见微苦清香的柳蒿芽为达斡尔族人食用至少有300多年历史。

柳蒿芽生长在我国北方江沿、河边、湿地、沼泽地段,尤以嫩江岸边为最,属菊科,叶形似柳叶,整株像艾蒿,但是艾蒿表皮发白有绒毛,柳蒿表皮水嫩鲜绿,表面明净光滑,株高40厘米左右。其茎枝翠绿明亮,狭长绿叶边缘如小锯齿状,顶端长叶盛开似菊花,其出土6厘米左右的嫩茎叶芽称为柳蒿芽,可食用。其全

柳蒿芽(图/苏伟伟)

株含芳香油,对人体大有补益。

达斡尔族人常说:"没有江河的地方,达斡尔不安家;没有流水的地方,不长柳蒿芽。"达斡尔族人放牧、种田、打猎,吃惯了生长在河边江沿的柳蒿芽。春天先于其他蔬菜而长,远看很像艾蒿,但柳蒿芽表皮光滑明净,翠绿水灵。如果过了端午节,枝干便开始梗硬,就过了采期。达斡尔族人掌握它的生长规律,每年春末夏初,由老妇人事先同村里人约定统一时间,带领姑娘、媳妇带上麻袋、大小柳条筐,三五结伙赶着大轱辘车到野外摘采。妇女们呼吸着春天的气息,共叙家常,互诉衷肠,心中的话儿、嘴上的歌儿随着鸟语花香飘荡在原野上。在这种场合,谁不心旷神怡,开怀说笑啊。

达斡尔族人的集体主义观念和荣誉感是较强的。不同莫昆(部族)的人碰到一块采要互相谦让。如果不遵守规矩,会受众人责怪。因此人们共同遵守本族规矩,以团结为重。达斡尔族这种传统习惯是民族心理素质的外在表现之一,这种自我

教育和管理的良俗，一直得到继承和发扬。

不仅如此，达斡尔族人还赋予了柳蒿芽以丰富内涵，围绕着柳蒿芽，有了一个节日叫库木勒节，达斡尔族人载歌载舞，呼朋引伴，在滚滚流逝的嫩江边，在芳草萋萋的草地上欢聚，穿着各色服饰的达斡尔族人成群结队来到这里，唱着小曲，采摘着一根根柳蒿芽。嫩嫩的柳蒿芽，迎风飘舞，曼妙的身姿犹似达斡尔姑娘优美的舞姿。这些舞者从指尖到脚下，流淌着的都是沁着柳蒿芽清香的旋律……

关于柳蒿芽的故事传说，有很多版本，其中不乏类似于18世纪那个英勇无畏、不怕牺牲的英雄画家第一个品尝西红柿的故事情节，然而，总也离不开贫困拮据年代里，柳蒿芽救活了千万个达斡尔族人性命的这个中心。没有了青菜可下饭，它可以替代；没有食粮可以下锅，它可以充饥，或者凉拌，或者和嫩江赐予的各种野生鱼类一起炖食。在柳蒿芽那浓香微苦的味道里，饱含着多少达斡尔族人的苦难与欢乐啊。达斡尔族人对它的真挚感情是从苦难的历程中培植起来的，是不可磨灭的。

吃柳蒿芽曾经是苦涩生活中的节日。如今，达斡尔族人生活富裕、文化生活丰富，可是，对柳蒿芽的情思却没有减少。达斡尔族人家的冰箱里随处可见柳蒿芽的身影，他们把柳蒿芽锁在了春天。

但是，不管是苦涩的年代，还是如今甜蜜生活中，吃柳蒿芽不能没有烈酒，不能没有山歌扎恩达勒，不能

春初柳蒿芽叶密枝嫩，是采集的好季节（图/郭伟忠，供图/宝音）

没有舞蹈哈库麦勒，少了这些，柳蒿芽就失去了光泽，就像达斡尔族人心中苍鹰没有了飞翔的翅膀一样。每当在达斡尔族同胞家中做客，酒饮半酣，一碗纯正的柳蒿芽汤摆上餐桌，一股沁人心脾的清香让人酒醒了一半，第一口有点苦，第二口有点蒿草味，第三口却是满满的清香，闭上眼，就像是在茫茫的草原上贪婪呼吸那里苍天赐予的柔和的风。男主人展开了粗犷的歌喉唱起达斡尔族《祝酒歌》："嫩江水长流/嫩水酿美酒/醉了歌喉/醉了心头/醉不倒的是朋友/高举金杯/为了相逢的时候/亲爱的朋友/请你干上这杯酒……"

过去远离家乡出征的士兵，母亲常把晒干的柳蒿芽搓碎装进布口袋，让儿子随身携带。他在想念家乡或酷热难当时，冲水喝下，缓解了思乡的感情，心中和身上的燥热也消除了。达斡尔族人尊崇柳蒿芽，姑娘们还把它装在自己精心绣制的荷包里送给情人，做定情信物。达斡尔族儿童们从学会用筷子起就开始吃柳蒿芽。老人给孩子们讲述柳蒿芽的故事，教唱采柳蒿芽的民歌。孩子们从小就跟着大人们去野外采柳蒿芽。柳蒿芽在达斡尔族人心中占有不可动摇的位置，人们对它的感情随着年岁的增长而日益加深。柳蒿芽养育了达斡尔族人，在他们的心里扎下了根。达斡尔族人离不开柳蒿芽。

晾晒柳蒿芽。柳蒿芽晒干后便于储存，也可随身携带，是游子思乡的情感寄托（图/张柏青，供图/宝音）

临江近河，田园宜居

达斡尔族人比邻而居，用朴拙的传统房屋构筑温情的日常生活

人类在适应自然环境的过程中，选择自然条件比较优越的地区居住，向来是一种带有普遍意义的居住模式。

达斡尔族人的屯落选址重视有山有水的地方，便于自给自足。依山可以伐木、狩猎，并且资源丰富；傍水可以打鱼，经济结构多元，生活富足。古老的达斡尔族屯落坐落在山的阳面，靠着江河畔的平地，耕种庄稼。

井然有序的村落布局

在历史上，达斡尔族自然村落以哈拉（氏族）为单位形成居住区域。民国年间，开始了不同氏族姓氏杂居现象，但这种杂居的多数人家之间仍有亲属关系。由于外来人口和达斡尔族的频繁迁移，原来的一部分达斡尔族村落已没有达斡尔族人居住，达斡尔族原来的以哈拉、莫昆建村居住的传统也日趋削弱。

达斡尔族的自然村从几户到几十户都有。各家各户排列整齐，村中以东西为干线形成纵横的车马道路，通向村外。整个村落的设置规整有序。村与村距离近的只有五六里，远的有几十里。在20世纪上半叶，村中除了各

达斡尔族屯落，选址重视有山有水（图／苏伟伟）

依山而建的达斡尔族房舍（图/苏伟伟）

家住房外，在较大的村里还有"阿勒比·格日"，即公房，用于传达公务和村中聚会。为了防止土匪的侵扰，布特哈地区的一些村建造了有一丈高围墙的"炮台"。围墙内有三间公房，院子很大，能聚集全村人。在围墙的四角有可以瞭望和射击的炮台。这一公共建筑的设立，对于维护村民安全起到了很大作用。有一些村还有"阿勒比·霍列"，即公共畜圈，建在村边的高坡处，在全村统一放牧时，用于夜里圈住所有的牲畜。

朴拙实用的北方民居

达斡尔族的传统房屋以木料为承重结构、土坯为保暖措施，房顶铺盖苫房草，四周墙抹黄泥，这种建设房屋的方法，20世纪一些农村仍在使用。

由于达斡尔地区的草高而密，有韧性，再加上黑土的土质黏，适于筑墙。"草屋南向者，三楹或五楹，皆以中为堂屋，西为上屋，唯富有者有瓦房。"（《黑龙江外纪》）屋内南北西三面用土坯砌火炕，在南北炕头起上灶，用以烧饭菜来暖炕，炕上垫芦席和毛毡。以南为尊（老人住），北为卑，按长幼次序各占一面炕，室内无桌椅，有炕桌。这种屋内设计主要与当地气候寒冷，室内

达斡尔族人的传统住房，三开间结构的主房（图/郭伟忠，供图/宝音）
达斡尔族人的生产方式从狩猎发展到农耕为主、渔猎为辅，其民居建筑形式也经历了古老的帐篷式建筑"柱克查"（达斡尔语）、半地下式地窖子房以及类似汉族马架子房的"乌如格·格日"。随着农耕生活的稳定，出现桦树皮铺房脊的木房，之后是起脊草木房和平顶土房

活动多在炕上进行有关。由于"久烧之炕，炕洞中集有烧炱，往往随烟冒出，燃烧庐舍，故炕必须一岁一掏，谨修之乃无患"，这样既防止火灾，又好烧蓄暖。南面和西面有窗，外糊厚纸，房的四周立木栅，叫障子。冬季为了防御寒冷，人们采取糊窗户纸、储备木桦子等措施，这种做法在现今的农村仍在延续，特别是木材丰富的地区，很长时间内都用木桦子烧炉灶。

东屋与西屋的门多为四扇屏的雕花油漆门（多用桐油刷成），平常只有中间两扇门可以对开。雕花门又分为门扇和门楣两个部分，门扇又可分为上下两个部分，其上部多为窗格式结构，下部为雕花木板屏式结构。

达斡尔族人的传统房屋有两处很有特色的地方。

一个是烟囱建在房屋外的地上。达斡尔族人的房子两侧有一个或两个竖立的像炮筒一样的建筑，连着房屋，这就是达斡尔族人特别的烟囱。烟囱通过烟道和炕洞连接屋里的炉灶。烧火做饭和冬季取暖烧柴的烟顺着烟道炕洞从烟囱冒出来，炉灶的热量也传到炕里，起到了取暖的作用。为了火烧得更旺，也避免发生火灾，烟囱建在离房墙两三米远的地方。烟囱耸起的部分用草坯垒起来，或是立起的空心木头。烟囱后面铺上小石子，当作温苗床。

另一个是开西窗户。房子西面开窗是达斡尔族人传统房屋的一个特点。为了采光和通风良好，达斡尔族传统房屋开很多扇窗户，一个三间房的窗子就有10扇，还讲究开西窗户。房子西墙开两扇窗，便于午后采光和通风，这也是为什么达斡尔族人会在房子西边开辟个小花园的原因。达斡尔族传统住房的窗户是木制的窗框和窗扇，窗扇由相距10厘米的细窗棂纵横交错而成。整个窗户是分成上下两扇的，要开窗时上扇可以从下沿支起来，下扇扣在窗框上，需要的时候向上抬起就能拿下来了。西窗户处于代表尊贵的西边位置，所以在西窗上放了木板做的神龛，供奉达斡尔族人信奉的神。

达斡尔族人过去房舍外的烟囱，有的用枯木做成（图/苏伟伟）

达斡尔族传统民居美丽的窗台（图/苏伟伟）

达斡尔族的传统住房以多窗著称，如果是两间房屋，西屋南墙3扇窗户，西墙2扇窗户，外屋房门两侧各1扇窗户，共7扇窗户。3间房则加上东屋阳面3扇窗户，共10扇窗户。每扇窗户以横竖交错的窗棂为架，裱糊窗纸，再喷上豆油，以增强其亮度，也可以防潮

搭屋建房，构筑生活的细节

达斡尔族仓房的"人"字形屋顶（图/苏伟伟）

吉祥喜庆的雕花图案（图/吴双泰）
以文房四宝或八仙的象征物如宝葫芦、芭蕉扇、荷花等为主。下部木板面上多雕有宝瓶。在隔扇门门楣上也多雕花瓶或五福捧寿等题材的图案。有的人家则雕满文、汉文的福、禄、寿、喜文字，在上面漆桐油

土木结构的房屋建筑格局细节，西屋都有三根东西向的横梁，中间的粗梁叫"肖洛布"，用来挂婴儿的"悠车"（摇篮）（图/苏伟伟）

达斡尔族人的室内装饰图案（图/吴双泰）
以狩猎场面和飞禽走兽形象居多。有些人家直接用雉羽和野兽的毛皮作为居室的点缀，十分醒目。这是狩猎民族实物装饰传统的遗留，同时也表明了达斡尔族人对狩猎丰收的祈盼

上图：柳条篱笆庭院（图/宝音）
下图：柞木障子用于院落外墙（图/苏伟伟）

菜畦花圃的园田生趣

达斡尔族人的院落是各家独立的生活空间，院子的围墙是封闭的。因周围柳条和柞木较多，取用方便，所以达斡尔族人用柳条篱笆、柞木障子围起庭院。柳条编的篱笆叫"库谢"，柞木围成的障子叫"巴勒木勒"。达斡尔族民居基本秉承了传统中国民居的中轴对称性格局，院落为南北狭长的长方形，中间以柳条篱笆区分为主院和副院，主院在北，中轴线正中为正房，两间或三至五间，面南。副院有一条路沿中轴线通向外面的门，院内有马厩和牛圈，各自有通行的门，有柴垛或者牛圈。人畜分开而且距离较远，防污防噪，是达斡尔族民居院落配置特有的民族个性。

院子在南面开门。比较简易的院门用两根粗木做门柱。达斡尔族人常用的交通工具大轱辘车停放在院

达斡尔族人的仓房,温暖厚实的家(图/伟勇,供图/宝音)
木制阁楼式仓房,左侧仓库底部悬空约0.6米,通风干燥,宜于储藏毛皮、谷物、肉食等,在仓库正面还建有0.8—1米宽的晾台,可晾物品。右侧的木制房是工具房,可以收纳农具、猎具和渔具等

子里,所以门柱之间相隔的距离较大,给大轱辘车进出留出了足够的宽度。门柱上有两三个门闩孔,关门的时候用木杆横穿过去就可以。

除了居住,一些生产活动也在院子里做。院子中间是居住的房子,房子南面的西侧建仓房,以便于采光,在那儿晾晒干菜,存放种子、皮张等。达斡尔族人的仓库建筑是比较有特点的。为了避免粮食谷物和其他物品浸水受潮,建仓库时都特意把仓库底加高,有的离地面高出约1米。为了存放农作物的种子,还有一种特别的高柱仓库,用4根粗木柱子架起2米多高,去仓库拿东西要架上梯子爬上去才行。

除了村周围开垦的大片田地,达斡尔族人还在院子周围留出空地,开辟菜园。菜园一般开在院子的东西北三侧,因为达斡尔族人的牛羊散养,怕牛羊吃菜园里的菜,所以用柳条篱笆围着园田。这个菜园供应达斡尔族人的日常蔬菜瓜果,种着豆角、土豆、茄子、角瓜、倭瓜、青椒等,还有达斡尔族人平时抽的烟叶。有的人家园田里还种上山丁子树和稠李子树,果子当作零嘴吃。菜园平时由妇女打理。

达斡尔族人的院落格局中有一处非常有特色的地方,那就是达斡尔族人开辟的花园。达斡尔族人喜欢花草,喜欢美的事物。房子西窗户外面有一小片地会种上各种好看的花,郁金香、扫帚梅、凤仙花、牵牛花、豆角花等等,各式各样的花从春天开到夏天。五彩的花园和翠绿的菜园把达斡尔族人的生活映照得生机勃勃。

达斡尔族村名的文化内涵

文/毅松

村名是人类重要的文化现象。"一种牵动乡土情怀的称谓",体现了人们的情感和向往。对于达斡尔族来说,村名是民族历史、文化的重要载体,是重要的历史文化资源。

在达斡尔族村名中自称占绝大多数,由建立和居住的人们命名,之后逐渐为更多的人所接受和广泛使用。村名大多数以达斡尔语命名,并且可以对其含义作出解读,很多村名反映了所在地域的自然地理特征。达斡尔族人在建村选址中要考虑依山傍水,周围的资源有利于生产生活,有利于对外交往。正是这种崇尚自然、取利于自然、与自然和谐相处的观念,促使达斡尔族人比较多地以自然地理特征来为村落取名。1.以山来取名。比如,特莫呼珠,因村西北的山像骆驼脖子而得名;额莫尔提,因村东山似马鞍形而得名;安特哈,因坐落于山的阳坡而得名;博克图,因在平川突起的山博克图的前后建村而取名;其热克勒,因在其热克勒山南建村而取名;博斯呼浅,因坐落于山阴坡而得名;怪勒,因村北有怪勒哈德(山崖)而取名。2.以水来取名。比如,富拉尔基,因坐落在红色江岸边而得名;多格浅,因坐落于江套子附近而得名;辉阿木斯尔,因坐落于辉河入伊敏河的河口而得名;昆果尔津,因坐落于昆果尔津河汇入讷谟尔河处而得名;音钦,是音河一带的人们的意思,因坐落音河附近而得名;特布联,因坐落于特布联河畔而得名。

村名也反映了居住地域的自然物产。1.以植物来取名。比如,哈列日图,指有野韭菜的地方;贵勒斯台,有杏树的地方;坤密尔提,有柳蒿芽的地方;率俄替,有蒿草的地方。2.以水产来取名。比如,凯阔,盛产鲫鱼的地方;扎如木台,有小白鱼的地方。3.以石料取名。比如,博尔齐,村边江岸有取火用的优质燧石。4.以动物取名。比如,宜斯尔,多蜥蜴的地方。

村名也反映了生产经济状况。历史上,达斡尔族从事农牧渔猎多种经营,这在村名中也有体现。比

达斡尔族乡村,山水秀丽,是宜居的田园(图/苏伟伟)

如，尼西坤，因该村人光膀子捕鱼而得名；布勒金格日，因该村人冬季凿冰眼点灯照明叉鱼而得名；白音华日克，因该村人下套子捕获猎物得名；昂昂溪，由在此地设狩猎营子得名；海牙，由于此处是放牧点得名；霍若提阿那格，由人们在高坡处搭窝棚放牧得名；新疆塔城的新肯坝克、满吉坝克，由于当地人修渠从事农业灌溉得名。

村名还反映了以氏族为主建村聚居的历史。达斡尔族传统社会组织是哈拉（父系氏族）、莫昆（氏族分支），不同的哈拉、莫昆各有自己的名称，人们把这些名称用于村名。比如，德都勒、多金、雅尔塞、哈仁浅、莫日登。

借用当地景观地名为村名。比如，霍日里，因村西北有霍日里绰罗（似烟囱的石头）而得名；乌尔阔，因村附近有金代边壕得名。

村落社会特征的村名。比如，达呼店，是达斡尔店(daur dian)音称，该村距齐齐哈尔48里地（约24千米），是往来海拉尔商人的食宿处，达斡尔族人在此开店供往来商人食宿而得名。梅里斯店，因梅里斯村的人在此经营大车店得名。烧锅屯，原村名是额莫德热，因曾有外来人在此开当铺兼营杂货，而得名当铺屯，达斡尔语称为danpil ail。以后又有人来此地烧锅造酒，所以也称烧锅屯。多布梯，祭祀求雨之地的意思，以达斡尔族人把老榆树下作为求雨的地方得名。

地名中反映人们对于安泰、祥和、兴旺生活的向往。比如：宜和德，有增强、兴旺的意思；尼尔基，有兴盛、繁荣的意思；满都呼浅，有向上、发达的意思；葛根台，有光明的意思。

刻花彩绘桦树皮盒，桦树皮制品是北方游牧民族共有的，达斡尔族的形制更大一些，跟定居生活有关（图/内蒙古博物院）

沿用迁徙之前原有的村名。这类村名一部分是沿用了达斡尔族人在黑龙江流域以北时期居住村落的村名，比如，雅克萨、登特科；另一部分是在20世纪上半叶从嫩江流域原建村落移民迁徙新建村落时，仍然沿用了原村名。比如，今天莫力达瓦达斡尔族自治旗境内的多金、阔奇、满乃、德都勒、库热浅、哈力、奎力浅，扎兰屯市的多布台，在建立新村时仍然沿用原来村落名称，是怀恋故土之情的表达。

撰稿专家

德红英，女，达斡尔族，黑龙江省讷河县人，内蒙古自治区社会科学院民族研究所副所长，研究员，文学博士。

主持国家课题1项，参加并完成国家课题3项、自治区课题3项。撰写出版了《达斡尔族莫力达瓦哈力村》（合著）、《走出森林草原——达斡尔族人口城市化研究》（合著）、《社区语言与家庭语言及相关分析——北京少数民族社区及家庭语言调查研究之二》（合著）、《新疆达斡尔族语言使用现状与发展趋势》、《城市达斡尔族语言生活调查研究》、《达斡尔语言使用现状调研报告》。撰写发表的论文有：《城市达斡尔族母语弱化的非线性思考》《达斡尔族民间故事中的女性形象》《达斡尔族民间故事中的萨满教色彩》《浅谈北方三少民族传统生态观》等20余篇。

《浅谈北方三少民族传统生态观》

扫描二维码，阅读专家代表著作的电子版

品尝烟叶琥珀香(图/宝音)

第2章

与自然和谐共生

经济

本章主撰稿人：

内蒙古自治区社会科学院研究员　毅松　　内蒙古自治区社会科学院民族研究所副研究员　金洁

达斡尔人家最勤劳，

黑土地上耕耘又收获。

雪野里猎鹰本领强，

激流里放排好气魄，

加喹加喹，加喹加喹则。

达斡尔人家最勤劳，

双手酿造好生活。

——达斡尔族歌谣

在达斡尔族人的眼里，大自然是多彩的。大自然如同慈祥的母亲，给予了人们生活中多种多样的恩惠。然而，人们必须通过劳动实现与自然的沟通，并获得自然的赐予。达斡尔族人用自己的勤劳、勇敢和智慧，开掘出了生存与发展的源泉，他们有一个令人称道的方式，就是多种经营的经济形态。

达斡尔族居住的嫩江两岸及支流流域，属大兴安岭东麓及嫩江平原地区，这里有茂密的山林，肥沃的土地，众多的江河，辽阔的草原。达斡尔族人充分利用依山傍水的自然条件，不仅从事作为主要食物来源的具有一定规模的农业，还从事以获得奶、肉、役畜为目的的定居畜牧业，从事获得各种野生毛皮、肉类的狩猎业，从事改善饮食生活的渔业、采集业，并且从事以商业交换为目的的放排业、运输业、烧炭业、大轱辘车制造业，形成了综合利用自然资源，各业相互促进，适于对外交换的比较优化的产业结构。这是达斡尔族传统经济的一大特色和优势。

达斡尔族独特的捕鱼方法,用罾子兜网捕鱼(图/郭伟忠,供图/宝音)

达斡尔族人的经济生活之所以农、牧、渔、猎、采集、放排等多种经济成分同生共存,有深刻的原因:"以上自盖建房屋、使用车辆以及一切梓人之业,达人皆能为之。唯无原料不能纺织;农耕不如汉民,狩猎不如鄂人,亦其原来非专之故也。如言其杂业,朝为农而暮为猎,今日为匠而明朝为渔,及善养畜类、能驯劣马等艺术,则他部人罕能及也。"(钦同普《达斡尔民族志稿》)无论是同周边的渔猎民族相比较,还是和相邻的游牧民族相对照,达斡尔族的传统经济结构明显具有多元化的特点,构成了鲜明的民族经济特色。

直到20世纪50年代之前,达斡尔族经济仍然保持着多种产业共同经营的格局,显示出结构的合理性与民族地域特色及优势。其后,随着时代的发展和社会条件的改变,这种格局也发生着相应的变迁。

内蒙古扎兰屯市的绿色田野,这里生活着4000多位达斡尔族同胞,目前的主业是种植粮食作物(图/郭伟忠,供图/宝音)

渔猎农林,协调发展

达斡尔族的生存之道

渔猎:从人类与环境的本源出发

达斡尔族繁衍生息的嫩江流域,群山连绵,江河纵横,水草丰美。

布特哈、齐齐哈尔、海拉尔达斡尔族生活的地区多河流,水资源丰富。其河流可分为嫩江水系和额尔古纳河水系。嫩江水系除其干流外,有甘河、诺敏河、阿伦河、雅鲁河、绰尔河、讷谟尔河、乌裕尔河。额尔古纳河水系与达斡尔族人有关的支流有海拉尔河、伊敏河。爱辉达斡尔族人分布的黑龙江中游南岸,其境内有坤河自东向西流入黑龙江。

莫力达瓦达斡尔族自治旗境内有纵横交错的56条河流,这些江河滋润了辽阔的大地,哺育了众多的生灵,为达斡尔族人的放排、捕鱼和交通提供了资源和便利。

嫩江敞开着雄浑、宽阔的胸怀从自治旗的东部向南流去,诺敏河充满着洒脱、激昂的力量穿越自治旗西南部。两条江河犹如母亲的两只臂膀,怀抱着莫力达瓦这块可爱的土地。嫩江、诺敏河是达斡尔族人的母亲河。在达斡尔族人创作的《嫩江,我心中的江》中唱道:

嫩江啊,嫩江
你这样胸怀宽广
你无私地滋润着广袤大地
肥沃田野稻谷飘香
啊嫩江,我心中的江

你是养育我们的摇篮
你是哺育我们的亲娘

在达斡尔族居住地附近的江河中,盛产有几十种鱼,有鲤鱼、哲罗鱼、细鳞鱼、草根鱼、狗鱼、鲫鱼、鲇鱼、鳇鱼等。傍江河而居的达斡尔族人对于这些鱼有特别详细的称谓,不但每一种鱼,而且不同大小的同一种鱼,都有不同的称谓,反映了达斡尔族具有悠久而发达的渔业历史。根据不同季节鱼的栖息和走向情况,达斡尔族人选择水域采取多种捕鱼方法。夏季里采用网捕、挡亮子、罩抓、放"洞"(盆形捕鱼工具)、钩钓、叉鱼等捕鱼方法,冬季则有凿冰围网、凿冰叉鱼、穿冰叉鱼的捕鱼方法,表现了达斡尔族人多样娴熟的捕鱼技术。过去,达斡尔族人编织的一片大网有约10米长、

狗鱼、铧子鱼和鲫鱼(图/苏伟伟)
撒下千张网(图/额博)

放"洞"（盆形捕鱼工具）
（图/苏伟伟）

4米宽，用于凿冰围网捕鱼的网，需接几片到十来片这样的大网而成。鱼多时，一次捕到的鱼能装满十几辆到五六十辆大轱辘车。使用大网凿冰捕鱼，是达斡尔族渔业技术较为发达的标志。为了保持渔业资源的永续利用，达斡尔族人也把每年农历四月定为禁渔期，在此期间人们自觉地不从事捕鱼活动。

达斡尔族的渔业是取之于自然水域鱼类的捕捞型渔业，是建立在具有丰富天然资源基础之上的。直到20世纪40年代，大部分达斡尔族农牧民都从事捕鱼，也有个别以渔业为主的人家。达斡尔族的传统渔业捕鱼方法多样，形成了一定的渔业组织、管理方式。渔业在改善达斡尔族的饮食生活，促进鱼类作为商品交换或出售方面发挥了积极作用。达斡尔族的传统渔业保持到20世纪五六十年代，随着达斡尔族聚居地方外来人口增多，渔业资源遭受破坏，传统的渔业生产已经不存在了。

汉语和达斡尔语的鱼名对照表

汉语名称	达斡尔语名称
鱼	jaos（照斯）
鳇鱼	aoruwu（敖如乌）
大哲罗鱼	holboor（霍勒伯热）
小哲罗鱼	holqaan（霍勒查恩）
细鳞鱼	jebeg（哲伯格）
鳝鱼	koymaal（阔特玛勒）
大鲤鱼	murwu（木如古）
小鲤鱼	mukqeen（木克晨）
大鲫鱼	kelteg（克勒特格）
小鲫鱼	kaiku（凯库）
最小的鲫鱼	keelbee（克勒伯）
大草根鱼	amuru（阿木如）
小草根鱼	onqool（闻楚勒）
刀子鱼	dorder（道日得日）
大鲇鱼	lag（拉格）
小鲇鱼	dullaatii（杜勒拉提）
幼鲇鱼	qipaatii（齐帕提）
小鱼	jaram（扎日莫）
大狗鱼	daoj（道吉）
小狗鱼	qooroldii（绰若勒迪）
狗鱼崽	quem（绰莫）
大马哈鱼	kiataa（克牙塔）
黑鱼	kuaar（夸热）
鳊花鱼	haihoo（海霍）
马口鱼	darbaalj（达日巴勒吉）
雅罗鱼	suagas（刷嘎斯）
鲟鱼	xired（希热伯）
嘎牙子	akoo（阿阔）
鳙，也叫胖头鱼	taku（塔库）
干鲦鱼	qequ（车楚）
黄姑子	buduu（布都）
大穿丁鱼	buduwu（布都乌）
穿丁子	morgor（莫日古日）
敖花鱼	abag（阿伯格）

冬季凿冰捕鱼

达斡尔族人在冬季里举行大型捕鱼活动。届时,村里组织二三十人的捕鱼队,据老人说曾有一百多人的捕鱼队。由捕鱼经验丰富的长者担任"阿围达",即捕鱼队首领。阿围达对哪个深潭有多少鱼,哪里的水深水浅,冰冻多厚,在哪里打冰眼下网会捕到鱼,都心中有数。若是在冰下布网时网被水中树枝刮住,他能测准故障位置,打冰眼及时排除。据达斡尔族传说,曾有一个叫巴克美的捕鱼人,圈入他的网里的一群鱼脱逃后逆流而上。巴克美追踪几十里后,在另一个村下的鱼网中认出这些鱼。经他说出有什么样的鱼、多少条后,另一个村的捕鱼队打出的鱼果然如此,就还了这些鱼给他,由此可见阿围达高超的捕鱼本领。这故事也说明了达斡尔族人认为在某人的鱼网中逃出的鱼,被他人捕获时,鱼仍归前者的渔业习惯法内容。

捕鱼队在阿围达带领下在村附近的江河中,或套上大轱辘车到其他水域捕鱼。到达渔场后,阿围达勘查选准鱼的群栖水域,用"得戈"(铁钩子)在冰上划出凿冰眼的位置,并且每打一个冰眼量一下水深。一般从江岸冰下有过膝深水的地方开始凿冰眼,每个冰眼直径约1.5米,约十来步远凿一个冰眼。这些冰眼形成横拦江面的大椭圆形。下网时,用一根称为"莫乌"的长木杆拴网绳,从"额格·希"(入网口冰眼)依次穿到每一个冰眼,每穿四个冰眼拉一次网,最后把两个网头汇集在收网口,围住江中的群鱼,收网口设在江河有浅滩的一侧。过去,达斡尔族人编织的一片大网有约10米长、4米宽,用于凿冰

1.凿冰眼。清晨,捕鱼者用冰镩子凿冰,凿出下网的冰眼

2.已经凿好的冰眼。凿开直径1-1.5米的冰窟窿作为下网口,即冰眼。冰眼选取在江河中鱼类聚集栖息的位置

3.整理网

4.起网

6.渔业兴旺的年代,每网捕获量少则几千斤,多则上万斤

捕鱼的围网,需接几片到十来片这样的大网而成。

经过紧张的凿冰眼和布网之后,就要开始收网了。这时,村里人手提酒、肉前来款待捕鱼的人们。中午,捕鱼队的"图瓦钦"(伙夫)还专门做馒头、烙饼,让大家吃饱了力气十足地投入捕鱼劳动。收网时,随着阿围达一声令下,人们排成两行,手握网纲往外拉网。随之大小各异的鱼被圈集聚在三四米直径的收网口,上下翻跃,欲挣欲脱。这时,几个人用长竿钩子不断地把鱼挑钩出水面。鱼在跳,钩在挑,水花飞溅,人声欢笑,不一会儿钩鱼的人就浑身是水,很快又结成冰。冰块在身上嚓嚓作响。此时,江岸上已经燃起篝火,钩鱼的人轮换着烤火烘干衣袍,再跑回去钩鱼。坐在篝火旁暂时休息的人们,吃着喷香的烤鱼,饮酒暖身,并高唱"扎恩达勒"歌调,一派繁忙热闹而又壮观的丰收景象。

一次较大的集体凿冰围网捕鱼活动,从清晨鸡叫前就开始凿冰眼,

5.人们手握网纲,往外拉网

7.捞鱼。几个人把围在网里的鱼捞出水面

8.鱼在跳,水花飞溅,人声欢笑

9.收获。被捞出的鱼很快冻结

一直到当天半夜才收完网。有时从黄昏开始起网，到第二天天亮才能收完。鱼多时，一次捕到的鱼能装满十几辆到五六十辆大轱辘车。

凿冰围网捕获的鱼，在参加劳动者之间平均分配，在自己村辖渔场进行大型捕鱼后，全村各户均有权为一股参加分配，各户股约占全部分配股的三分之一。渔业商品化以后，人们出的渔网、冰镩子、绳子、杆子等捕鱼工具，也都计算为股份参与分配。有的村里没有大网，也会请外村渔业队来自己村的渔场捕鱼。外村人来捕鱼时，经协商可三七或二八分成，剩下的所得收益由本村各户平均分配。达斡尔族以村为单位管理附近的水域、渔场，由村莫昆会议和阿围达负责具体管理事宜。

渔网、冰镩子、绳子、杆子等捕鱼工具（图／苏伟伟）

一次大型的凿冰围网捕鱼活动通常从天亮开始一直忙到太阳落山，甚至深夜

金秋的收获充满美感(图/陶贵水)

耕种：高纬度地区的北方民族农业

达斡尔族是在我国北方从事农业的少数民族，农业生产历史悠久。早在17世纪上中叶，达斡尔族居住在黑龙江中上游以北地区时，就已经开始耕种多种农作物。俄国人谢·弗·巴赫鲁申在《哥萨克在黑龙江上》一书中记载当时的达斡尔族人："定居在自己的乌卢斯（村落），从事农业和畜牧业。村落四周是种满大麦、燕麦、糜子、荞麦、豌豆的田地。他们的菜园作物有大豆、蒜、香瓜、西瓜、黄瓜，果类有苹果、梨、胡桃。他们会榨油。"

农业生产中凝集了许多达斡尔族人科学探索的结晶。在大田耕作中，从北方无霜期短的实际出发，达斡尔族人选择种植燕麦、荞麦、稷子、苏子、黑豆、大麦等成熟周期短的农作物。在种植燕麦、荞麦、稷子等农作物时，达斡尔族人采用漫撒籽的播种方法，这种方法在传统的多种经营生产中，有效地节省了劳动力和时间。19世纪下半叶以后，达斡尔族人逐渐引入内地的玉米、小麦、高粱、黄豆、谷子等农作物品种，改善了种植结构。农作物种植依节气进行，一般在清明以后种小麦，立夏之前种完谷子、黄豆，小满时种燕麦，然后种稷子、荞麦、大麦。为了合理利用地力，防止虫害，达斡尔族人在同一块耕地连续耕种时，实行不同农作物轮作。过去，达斡尔族地区可开垦的地较多，种地不施肥。因此，一块耕地连续种几年后，认为土壤养分不足时，就停止耕种。三年后，认为地力恢复时再翻地耕种。

达斡尔族人耕地时使用杠犁，

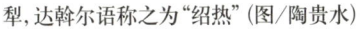

犁，达斡尔语称之为"绍热"(图/陶贵水)

达斡尔语称之为"达玛格",四牛抬杠,八角奋进。在翻地和耕种时用四头牛抬杠,蹚地时用两头牛。用四头牛时,前面的两头牛用9尺(1尺约等于33.33厘米)长的桦木轭杠,占4垄半宽,放在牛后颈上,用皮绳套连接犁辕。其中套在里侧的牛称为"达·额热格勒",即领头犍牛,套在外侧的牛称为"胡珠日·额热格勒",即外套犍牛。后面的两头牛用5尺(1尺约等于33.33厘米)长的轭杠,占2垄半宽,这两头牛称为"阔斜·胡库日",即帮套牛,可以用母牛或小牛。由一人用右手扶犁,左手牵动系领头牛的缰绳策鞭赶牛犁地。这种耕地方法,达斡尔族人在20世纪初还普遍使用,一直保留到20世纪50年代。

农作物生长周期表

农作物种类	生长期(天)
燕麦	100
荞麦	60
稷子	70
大麦	90
苏子	135

用于交换的狩猎

狩猎是达斡尔族的早期生产方式之一,在解决衣食来源和对外交换中有着重要作用。《龙城旧闻·民族》记载:"达胡尔本契丹种,辽亡徙黑龙江北境,为打牲部落。"在长期的狩猎过程中,素有"打牲部"之称的达斡尔族人使用弓箭、夹子、绳套、火枪等狩猎工具,采用伏击、追踪、引诱、围堵等狩猎方法,在不同的季节猎取狍子、野猪、鹿、驼鹿、灰鼠、狐狸、猞猁、熊、飞禽等不同的狩猎对象。

达斡尔族人遵循各种野生动物的习性、行踪和生息规律来狩猎。蹲碱泡子伏击鹿、驼鹿,用狍哨引诱狍子。为了猎取到较大的熊胆,采取先惹熊发怒,使其胆膨胀,然后再猎杀的方法。在鹰猎中,达斡尔族人设网捕鹰,将凶猛的鹰驯服,带猎鹰猎捕野鸡、兔等鸟兽。

20世纪初,狍皮仍然是达斡尔族人的衣袍、靴帽的主要原料。比较讲究的帽子和衣袍,也需用珍贵的狐狸、猞猁、水獭等动物皮毛制作。其他猎产品主要用于出售交换。传统的狩猎方法有箭射、扎枪刺、设地箭和鹰猎等。19世纪以后,开始使用火枪。

二牛杠犁,达斡尔族传统农业耕作方式,延续至20世纪50年代(图/陶贵水)

烟叶变身"琥珀香"

烟叶是数百年来达斡尔族农业园田耕作的代表物产

种烟是达斡尔族农业园田耕作的组成部分，在园田作物中管理最精细的就是烟叶。主要原因在于两点：其一，过去，达斡尔族成年男子和已婚妇女大多喜欢吸烟，达斡尔族礼节中还有敬烟礼；其二，烟叶种植是达斡尔族妇女的一项重要副业，出售烟叶能获取可观的收入。达斡尔族人世代对烟的厚爱，早已融入到民族的集体记忆中，民间流传着这样一则关于烟叶来历的故事：

相传在几百年前，有一对年轻的达斡尔族夫妇，丈夫突然生病，很快就去世了。妻子无法接受丈夫离世的事实，

晾晒烟叶（图/陶贵水）

园田栽培烟叶（图/苏伟伟）

非常伤心，每天都要去丈夫的坟头哭泣。妻子流出的眼泪浇透了坟地。春天来临，有一天，妻子突然看见丈夫的坟头上长出一棵嫩苗，她喜出望外。从那天起，妻子精心照料这棵嫩苗，给它松土、除草、浇水。这棵嫩苗渐渐变成了绿油油的大叶子。到了秋天，草的顶端长出了粉色的小花，花谢后又结出了籽，

精耕细作，晾晒烘焙

达斡尔族妇女在生活劳作中，年复一年以辛劳和汗水，在烟叶的种植、加工方面，创造出独特的方法和技艺，可谓是精耕细作。种烟的程序大致如下：首先，泡种催芽。把烟种子放在布袋里，每天经清水浸泡后挂在窗子通风处，几天后烟种子就会长出嫩芽。其次，在"敖如古"（育苗床）里育苗。立夏时把经催芽的种子种在"敖如古"里，"敖如古"要设在院里避风向阳的地方。育苗土壤选择筛过的松土，有的人家还特意取鼹鼠掏洞掘出的土。种入种子后，上面压河卵石。再次，园田里的栽培。待烟苗长成3厘米高、三四片叶子的烟苗时，即可移植到园田里。最后，摘收烟叶。白露时节，烟叶上长出蛤蟆纹时，人们根据茎上不同烟叶成熟的情况，分层摘收。烟叶的摘收分五次进行，大致顺序是：先摘"瓦勒·当格"，即烟茎底部的叶子；再摘"贝·当格"，即烟茎中部叶子；第三次摘"索多斯·当格"，即茎干杈子下面的烟叶；第四次摘"霍日·当格"，即茎尖的两片大叶子，这是极品烟叶；最后摘"萨列日·当格"，即枝杈最底下的烟叶。烟叶等次的高低，基本上是从烟茎自上而下确定的。

达斡尔族人很讲究烟叶的加工。将摘收的烟叶，以其等次的不同，分类铺在篱笆或苫草房上，覆盖艾蒿。四五天后，待烟叶变得软而不脆，用一尺多长的铁针和长麻线把烟叶穿成串晾晒在木杆搭的晒烟架上。晚上用苇帘子盖好，以防霜冻。烟叶晾到九成干后，放入柳条扁筐内，在沸水锅上蒸一下。将经过蒸的烟叶折叠放入木板制的模子"合伯"里，模子上面盖一块木板，木板上压石头。两三天后，烟叶被压实，成为约40厘米宽、5厘米厚的扁方形烟坨，将其存放在仓库的通风处。根据烟叶品级的不同，系红、蓝、白等不同颜色的小布条加以区别。这种用达斡尔族特定的工艺制作的成品烟叶，具有叶大面宽、色泽金黄、制型规整、味柔而香的特色。

种烟人收获的喜悦（图/伟勇）

叶子慢慢变黄了。妻子好奇地将叶子摘下，把一小片叶子放在嘴里嚼了嚼，嘴里发苦，她赶紧吐了出来。叶子枯萎后变干，妻子把叶子揉碎后用纸片包卷起来，点着吸了一下，真香啊！于是妻子把晒干的草叶摘下储存起来，心烦的时候就抽几口，越抽越香，心里也感到非常舒坦。第二年春天，妻子把结下来的种子种在园田中。精心耕种后，到了秋天又收获了更多的叶子。妻子每当思念丈夫时就抽草叶，从草叶上得到了安慰。其他达斡尔族人发现了草叶的香美，也效仿她种起这种草叶，这种草叶就是烟叶。从此达斡尔族人开始年年种烟叶。

故事略显凄婉，却能让人感受到烟叶给达斡尔族人带来的情感依托和对生活的希望。

左图：将晾到九成干后的烟叶在沸水锅上蒸（图/苏伟伟）

右上图：蒸过的烟叶折叠放入木板制的模子"合伯"里压成烟坨（图/苏伟伟）

烟叶是达斡尔族人用以出售的产品之一。关于达斡尔族农妇种植烟叶、在"楚勒罕"（集市）上出售"庹烟"情景的记述，在成书于清代嘉庆十五年（1810）的《黑龙江外纪》中有记载："人家隙里种烟草，达呼尔则一岁之生计也。自插秧至晒叶，胼胝之劳，妇女任之，皆自鬻于城市，富者坐牛车，贫者披裘放帽，踞地上，晓出暮归，无问风雪。"我国东北地区所产的烟草里，达斡尔烟享有"琥珀香"的美誉。烟叶无论自用、馈赠还是销售，都让达斡尔族妇女深深体会着劳动价值得以转化的快乐与满足。

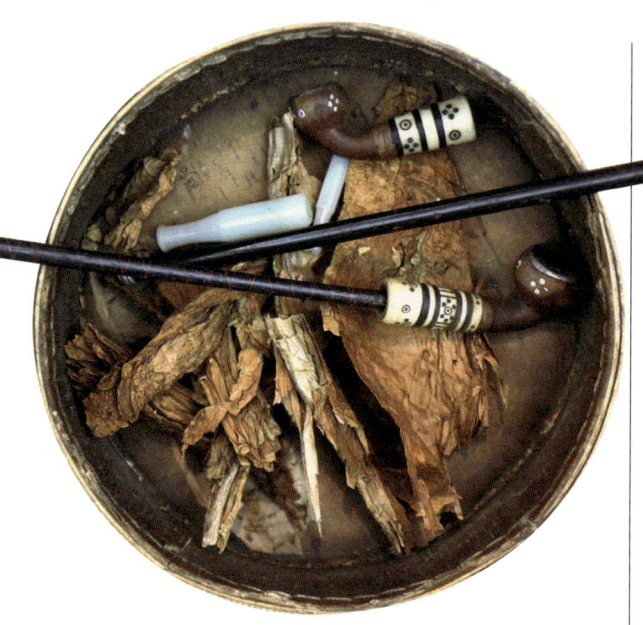

有"琥珀香"美誉的烟叶（图/苏伟伟）

过去多用狎角骨的圈箍，光滑洁白，耐久不裂，在上面刻有圆点、水纹、漩涡纹的简单图案。

达斡尔族以镶嵌花点和圈箍的多少，把烟袋锅分为两种：一种是"键提·艾革"，即花纹多的烟袋锅，多由妇女使用；另一种是"固乐·艾革"，即花纹少的烟袋锅，中老年男子使用。吸烟时用的盛烟叶的用具"玛塔"（盛烟盒）有两种：一种是用桦树皮做的盒，一般有三寸高，半尺左右的直径。讲究的"玛塔"周围和盖子上刻有花纹图案，有着古朴典雅的气息；另一种是用剥去皮的柳条编成的，是很精制的小笆箩。

烟叶上的达斡尔族文化

达斡尔族人对烟叶的经营与劳作，不仅满足他们物质上的需求，还直接影响着他们的精神文化生活，形成了颇具民族风格的烟具和用烟礼仪，构成了很有特色的民族文化现象。

达斡尔族传统的烟具包括"代热"（烟袋）、"玛塔"（盛烟盒）、"当格·布里"（包烟布）、"卡日特勒革"（荷包）、火镰等。其中，"代热"由烟袋嘴、烟袋杆和烟袋锅组成。烟袋嘴用玉石、玛瑙等材料制成。烟袋杆的长度，短的几寸（1寸约等于3.33厘米）、长的有二尺（1尺约等于33.33厘米）多，是用荆条和胡枝子制作的，中间烫出细的通气孔。

近几十年来，烟袋嘴和烟袋杆多从市场上买来，但烟袋锅始终保持了达斡尔族自己的制作传统和特色。制作烟袋锅的民间艺人在达斡尔族乡村远近闻名。烟袋锅多是用不易燃的杏树根制成的，在其锅口镶有铁边，烟袋锅上还镶嵌用兽骨做的花点、圈箍。

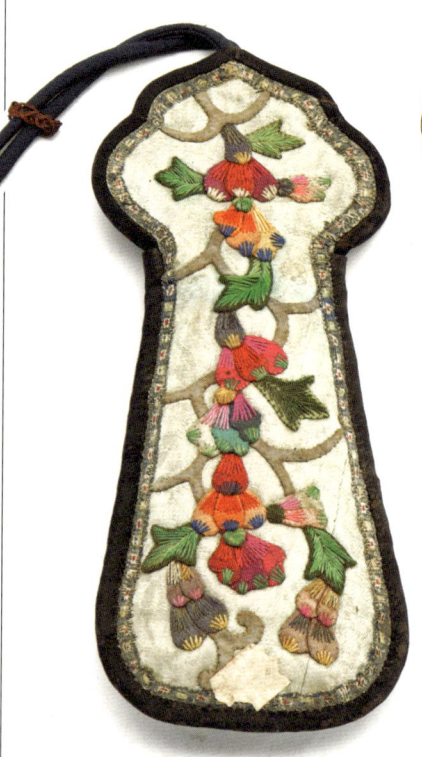

达斡尔族手工烟荷包（图/苏伟伟）

用兽皮做的荷包造型简朴，但讲究一些的会用窄皮毛拼出有变化的纹理，上半部多用黑布，绣有暗花纹，在粗犷中显出雅致。用布、缎做的荷包有葫芦形、如意形、石榴形、花瓶形等，多是用几层布的袼褙衬白、红、黄、蓝、黑各色布面，在面上刺绣各种图案。有双鸟嬉枝、蝶恋兰花、喜鹊登梅、菊花盛开、桥边翠柳、楼阁长亭等内容，绣线色调搭配也更加得当，朴实典雅、明快秀美

烟叶丰收了(图/宝音)

敬烟礼节多

达斡尔族人讲究敬烟,把敬烟称为"当格·特贝",是达斡尔族重要的日常礼仪。敬烟礼主要包括以下几种:(1)晚辈要给长辈装烟敬烟。在家里,儿媳或其他晚辈在长辈起床后或晚上入寝前,给长辈的烟袋里装烟或用纸卷烟。平日,只要长辈需要,就主动给装烟或卷烟。来了客人或自己出外做客时,晚辈也要主动给长辈装烟,等长辈点燃烟后,才能给自己装烟,以示对长辈的尊重。(2)平辈人相见时,要互相给对方装烟。(3)遇有丧事,如果死者生前吸烟,家里人则把其烟袋装满烟后放在灵位旁,以示悼念。(4)黑龙江省的达斡尔族人,在婚礼仪式上还有"装烟认大小"的习俗。新娘要在妯娌或嫂子的引荐下,一一拜见婆家长辈,给长辈们装烟、敬酒。

随着时代的发展,如今生活在村落里的达斡尔族人依旧保持着园田种植的生产习惯,各家房前屋后的园田还是精心打理,但种植烟叶的人家变得越来越少。现在收购烟叶的人越来越少,纸烟卷普及后,抽旱烟的人大为减少,在达斡尔族人中,也只有少数上了年岁的老人还有抽烟袋的习惯。据了解,近些年在莫力达瓦达斡尔族自治旗尼尔基镇宜卧奇村,开发建设了黄烟产业种植基地,而其他村落的园田里也在种植大豆、玉米。烟叶种植工序繁复、销量有限,劳动力投入大是减少种植的主要原因。从另一方面看,减少烟叶种植,也符合提倡身体健康的大趋势。

达斡尔族传统的烟具包括"代热"(烟袋)、"玛塔"(盛烟盒)、"当格·布里"(包烟布)(图/苏伟伟)

上图:"当格·特贝"(敬烟),是达斡尔族重要的日常礼仪(图/苏伟伟)

左图:精神矍铄的达斡尔族老太太(图/刘青林)

达斡尔族人放排出山

大棹一摇山退后，你追我赶争上游。大棹一摆水让路，迎风踏浪好风流

达斡尔族人居住地的西部、北部处于大兴安岭东麓支脉形成的浅山区，山峦叠起，连绵千里，南部是松嫩平原的北缘，平坦辽阔，铺向远方。莫力达瓦达斡尔族自治旗内有寒温性针叶林、典型落叶阔叶林、山地杨桦林、草甸草原、典型草原、沼泽草甸等多样化的植被类型。在崇山峻岭和江河谷地，生长着各种乔木、灌木。

放排是沿江河而居的达斡尔族重要的生产活动。达斡尔族人很早以来就为了解决自家房屋建筑、生产生活用具等所需木料，到江河上游的林区砍伐木材，把砍好的木材用大轱辘车运到河边，串成木排，穿过激流险滩，顺江河而下，把木材运到所在村落。嫩江放排是达斡尔族古老的生产生活方式。放排异常艰苦又伴随着危险，嫩江的风浪浸润着达斡尔族人悲壮的号子声，浇灌着达斡尔族人坚韧的性格。

清康熙二十七年（1688），达斡尔族人被征参加了墨尔根（今黑龙江省黑河市嫩江县）建城伐运木材的劳动。以后，建筑齐齐哈尔、拉哈、富拉尔基等城镇，达斡尔族人也把木材运送到这些城镇。20世纪上半叶，是

激流中放排好气魄（图/额博）

放排业走向商品化成熟发展的兴盛时期。在嫩江和诺敏河沿岸居住的达斡尔族,把放木排当作重要产业,在一些村屯,每百户人家里就有三十几户的劳动力参加放排生产。有资料显示,1947年莫力达瓦旗库如奇村有25.4%的人家从事放木排生产。对于他们来说,放木排是经济收入的主要来源。

歌在天上飞,

人在浪上走。

达斡尔人放排出山来,

万木江中流。

不怕险滩多,

不惧崖峭陡。

长杆一点走百里,

顶风踏浪好风流。

珠格热晤贵呐依耶,

……

——《达斡尔人放排出山来》

智慧和胆量的结合

河水上涨时是达斡尔族人的最佳放排时间。如果在早春出发,一年争取放排两次;如果春耕后出发,当年只能放排一次。一次放排大概需要一个月的时间。外出放排需组成七八人至十余人的"阿那格"(生产小组),由熟悉水路、放排经验丰富的长者担当"口业"(领头人),以年少或初次放排者充当"图瓦钦"(伙

1.凿眼(图/陶贵水)

2.立桩(图/陶贵水)

3.固定(图/陶贵水)

4.捆绑(图/陶贵水)

夫）。放木排路途遥远，露宿风餐、艰苦跋涉，走之前放排者要备好几个月的粮食。出发时，村里的亲朋邻里都前来送行。

出去放排，通常选择吉利的日子，希望放木排全程一切顺利，并能够收获丰厚。在去往山区伐木的途中，如遇到"白那查"（山神）神像，便磕头祭拜，祈求平安顺利。放排小组来到山区选好伐木场地后，也要在附近的丛林中选择一棵粗壮的大树，把树干外皮去掉，刻画白那查神像。由"口业"（领头人）带领，大家一起祭祀山神白那查。放木排者流送木排时，路过急流漩涡，都要叩头膜拜，祈求神灵保佑他们平安通过。

放木排是一项非常艰苦、繁重、惊险的劳动，主要包括伐木和放排两个步骤。首先是伐木，放排小组乘坐马拉大轱辘车，带上粮食，逆江河到上游林区。选择伐木场地要遵循两个条件，一是场地拥有大量可供砍伐的树木，二是场地距运输木料的河道不能太远。过去，达斡尔族人大多沿嫩江和诺敏河从事放木排劳作。采伐的木料，主要选建筑房屋能做柱、梁、檩、柁和椽子的松木、桦木等。其次是放排，砍倒的原木用马拉大轱辘车运送到江河岸边。把伐好的原木一根根推进河里，以十几根至几十根原木编成一个木排，待雨季江河水涨后放排。流送的过程充满艰险，有时遇到急流、礁石、漩涡等险情，轻则木排失散，损失了木料，重则危及到放排人的生命安全。等木排流到城镇附近，再把木排靠岸，从河里把原木运上岸。

达斡尔族人在江河中放木排（图／郭伟忠，供图／宝音）

放排中的交易关系

达斡尔族人最初是为自家房屋修葺所需木料而放排，各自按实际需要的数量编排，每个木排原木数量略有不同，相互并不计较。后来，达斡尔族人把木排顺水流运送到城镇出售，放排小组成员平均分配所得钱财。在流送过程中，如果某个小组成员的木排流失，可得到同组人的补助，以减轻其损失。清末民初，放排业成为达斡尔族人的一项专业性商品生产，出现了"安达""保交"等放排的交易关系。"安达"关系，即贫困户出劳动力，富裕户出畜力、车辆、口粮、锯、斧等生产工具，以及劳方外出期间其家属所需要的口粮，放排的收益双方平均分配。"保交"关系，是指出资方先按低价将木材的价款预付给劳方，如果当年因江河水流量小，没有将木排流送下来，预付的木材款将变为有息贷款，高额计息。

大轱辘车转贸易来

达斡尔族人的专业化商品生产,也是与其他民族的贸易手段

从清代中期开始,达斡尔族利用大兴安岭东麓丰富的黑桦木、柞木的资源,制作大轱辘车到呼伦贝尔草原甘珠尔庙会上交换蒙古族牧民的马匹,形成了达斡尔族的大轱辘车制造业专业化商品生产,推动了达斡尔族与蒙古族牧民的经济交往。这种商业交往活动持续到1949年以后。

甘珠尔庙会:草原上的商贸盛会

甘珠尔庙,位于今呼伦贝尔市新巴尔虎左旗政府所在地阿木古郎镇西北20公里,是呼伦贝尔地区建寺最早、规模最大的寺庙,建于清乾隆三十八年(1773),以乾隆皇帝所题"寿宁寺"之匾命名,后因该寺藏有《甘珠尔经》,得名甘珠尔庙。每年的农历八月,甘珠尔庙举行庙会和集市交易。据《甘珠尔庙外记》书中记载,甘珠尔庙的第一次庙会约在1785年,海拉尔汉族商人同喇嘛及蒙古族牧民一起拜佛,同时进行物物交换的商业活动。庙会集市自形成以来,前来庙会交易的人数逐渐增加。商人从仅有的海拉尔汉商,发展到来自内蒙古西部、东北及关内各省的汉商,甚至俄商也来参加。集市交易的货品包括蒙古族、达斡尔族、鄂温克族等民族百姓出售的牲畜、毛皮、车辆、木材,汉商、俄商所贩卖的各种食品、缎、布、衣物、日用杂货等。

集市上出现了许多店铺、摊床、饭店、娱乐场所。商品交易有简单的物物交换、物物交换与货币交易相结合、货币交易各种方式。据资料记载1925年的市场,是在甘珠尔庙西北十一里(5.5千米)的地方举办的,市场距盐湖约三里(1.5千米)远,整个商市占地面积约2平方千米。市场分三大部分,从西往东为木制品市、牲畜市和杂货商店。市场为东南偏西北向排成四道街。第一道街纵长约400米,左侧是木制品市,分三个单元,一单元主要出售大轱辘车、木料等,二单元有蒙古包"哈那"等有关木条、架子、穿杆、套马杆等,三单元有箱、柜、桶、碗、勺、盆等家居用品。第一道街右侧是牲畜市。第二道街长约700米,宽约40米,左侧是牲畜市,右侧是最热闹繁华的杂货商市,有铺面,有露天摊。很多商铺、摊位出售绸缎、布匹、佛具、马鞍具、铜铁器皿、锅碗瓢盆、床、药品、粮米、白面、挂面、点心等。另外还有修家具铺、修靴鞋铺、理发摊、饭店、酒馆及各类小吃铺。第三道街长约350米,宽约60米,左侧为汉商的商市,右侧为外国商街。其中俄商居多,主要出售地毯、多样式的男女衣帽鞋类和家具用品等,除此之外,还有日、德、英、美等国家的商铺。最后一道街左右两侧被称为娱乐街。整个市场呈椭圆形,人来人往,川流不息。

达斡尔族人的庙会主角——大轱辘车

达斡尔语把大轱辘车称为"达斡尔·特日格",是达斡尔族的传统交通工具,亦是达斡尔族人赴甘珠尔庙会进行交易的主要商品。它轻便、耐用,可套牛、马拉,适于在山区、草地上使用,不仅用于人乘,也能运载木材、庄稼、饲草等物品,因此深受达斡尔族、蒙古族、汉族等农牧民的喜爱。大轱辘车的制作不用一根铁钉,完全采用接榫的方法拼合,却非常坚固耐用,一般承载量

大轱辘车是达斡尔族人传统交通工具（图/苏伟伟）

都在1吨左右,使用时间长的可达十多年。在甘珠尔庙会集市上,达斡尔族用大轱辘车交换蒙古族牧民的马。大轱辘车的交易价格根据车的质量和市场需求量而定。一般情况下,两辆到四辆车能换一匹好马,销路好时,一辆车即能换一匹好马。也有少数人用车换牛、猎枪、羊皮等。商品交易的方法变成货币交易后,据《甘珠尔庙外记》书中介绍:"1952年销售勒勒车1262辆,平均每辆59.40元。"20世纪七八十年代,大轱辘车能卖70—80元。在甘珠尔庙会上,达斡尔族出售的车辆最多时达两千多辆。

大轱辘车主要分为三种:一种是普通车,达斡尔语为"杭盖·特日格";一种是苇厢车,达斡尔语为"卡日其木勒·特日格",在普通车厢的左右和后部三面,配夹苇子,以挡风雪;还有一种是篷车,达斡尔语为"木拉日·特日格",在苇厢上面用柳条设置半圆形棚顶架子后,包盖

苇厢车（图/敖拉·赛林）

桦树皮或苇席,以遮光御寒。后两种车是在普通车的基础上改进制成,有的还在木厢板上绘制花草图案。

在《呼伦贝尔志略》中,对达斡尔族的大轱辘车的记载说:"若各旗富者坐车,则轮辕坚固,上覆木棚,蔽

篷车模型,可以人乘,讲究时铺上毛毡、兽皮坐垫(图/苏伟伟)

以芦席或内毡外布,亦有绷以桦皮者,驾一马,与内地轿车略同。"普通的大轱辘车用于运输木材、庄稼、饲草等物品,苇厢车和篷车用于人乘,乘坐时车厢里还要放上毛毡或兽皮坐垫。昼夜赶路的人,有篷的大轱辘车就成了现成的寝卧之所。达斡尔族放排者在山里运送原木时,把原木绑在车轴上面,或把两个大轱辘车连起来装运原木。大轱辘车载重达千斤,具有轻便、耐用、易修和多用的特点,适宜在草地、山林中运输,也可在浅水处涉水过河。

没有一根铁钉的纯手工技艺

制作大轱辘车,在农历二三月树木发芽前采伐木料,然后将其彻底干燥。大轱辘车全部用木头做成,主要就是黑桦木和柞木。首先做车毂,车毂为中间粗、两头稍细的圆柱体,长约60厘米,将车毂中间打穿,呈一个直径10厘米左右的长孔,插入车轴,然后在车毂中部最粗处打一圈长方形小口。之后做车辋,把直径约10厘米、长有四五米的黑桦木,放到窑里用火烤,等变软以后,将其中一头放到一个木制Y形工具的丫口里,另一头用手慢慢使力,使木头弯曲成一定弧度的半圆,然后把两个半圆用榫口拼接起来,干燥以后车辋就做好了。在车毂的方形小口中插进车辐条的一头,另一头插到车轮圈上,车子的轱辘就做好了,一般直径都在1.5米左右。

以上主要程序完成之后,就要安上桦木车架,配上粗约15厘米、长达4米多的车辕,在车底编插柳条。这样,一辆大轱辘车就做成了。

制作大轱辘车(图/苏伟伟)

达斡尔族经济的当下和未来

之所以达斡尔族较早地实现定居，过上了稳定富庶的生活，源于达斡尔族特有的多元化传统经济结构，具有明显的发展优势，对经济和社会的发展产生了深远的影响。首先，有效地开发多种自然资源。达斡尔族有相应的产业对土地、草场、木材、水产等自然资源进行合理开发，相比较而言，经济结构单一的民族只重点开发当地自然资源中的某一部分。其次，满足生活多方面的需求。农业生产提供主要食粮和牲畜饲料，定居畜牧业取得奶、肉和畜力，狩猎业获取各种野生毛皮和肉类，渔业和采集业进一步改善饮食生活，手工业和建筑业方便、美化衣食住行，放排业、运输业、烧炭业、大轱辘车制造业等通过交换取得消费所需资金。第三，合理安排生产劳动时间。达斡尔族春种地、夏放排、秋采集、冬狩猎，有效地利用一年四季的时间从事多种经营。第四，丰歉互补，增强经济发展实力。通过加大对其他产业的劳动投入，来弥补当年某一产业歉收带来的损失，经济结构的多元化使达斡尔族抵御自然灾害的能力大为增强。

农牧渔猎多种经营的经济，曾是达斡尔族社会生活的物质基础。中华人民共和国成立以后，随着社会经济的发展，达斡尔族的生产经济方式发生了深刻的变化。首先，传统的多种经营经济被以农业为主的经济所取代，农业生产本身也发生了深刻的变革。狩猎、放木排、渔业、烧炭业、大轱辘车制造业等日趋萎缩，达斡尔族农业经济逐步走向了现代化生产道路。从自给自足的自然经济转变成商品经济、市场经济；荞麦、稷子、燕麦、苏子等传统的农作物耕种比重逐渐减少，甚至不再耕种；产量高、效益好的大豆、小麦、玉米、杂豆等农作物，已经发展成为主要农作物，全部面向市场生产。其次，达斡尔族的农业生产从粗放型转变成集约型。骨、木、石、铁制工具的使用，牛马畜力的使用，漫撒籽，缺少农田管理、单产低等是传统的达斡尔族农业生产特点。在如今的农业生产中，达斡尔族人加大了科技含量，提高了机械化的程度，农民接受科技种田的培训，从播种、蹚地到收割、脱粒都由机械完成。莫力达瓦达斡尔族自治旗生产的AA级大豆、A级大豆均获得绿色食品畅销奖。第三，牧业和经济作物得到了相应发展。达斡尔族人在发展农业的同时，也逐渐发展起牧业和经济作物。各地牲畜头数逐年增加，一些达斡尔族人已成为养畜大户。为了增加经济收入、调整产业结构，近几年达斡尔族人也逐渐开始种植洋葱、西瓜，从而进一步发展经济作物。近些年，达斡尔族人一方面致力于保护自然资源，注重提高有效利用自然资源的综合经济效益；另一方面，在切实改变以往粗放型经济增长模式的同时，走可持续发展的现代经济结构发展道路。

稷子熟了（图/陶贵水）

千里跋涉的大轱辘车之旅

文/毅松

我采访了曾4次到甘珠尔庙会交换大轱辘车的达斡尔族绰日格勒村苏金山老人（笔者的叔姥爷）。采访时间是1992年3月12日、1996年8月6日。在此记述的就是老人给我讲述的达斡尔族人赶甘珠尔庙会的经历。

甘珠尔庙会在每年农历八月初一至中旬举行，届时来自海拉尔、内地的商人来到草原上设立商铺，出售各种生产生活用品，蒙古族牧民赶着牲畜前来交换。达斡尔族人也把制作的大轱辘车运到甘珠尔庙会上，换取蒙古族牧民的马匹。

为了赶甘珠尔庙会，农历三月达斡尔族人便组成6到8人的"阿那格"（野外作业小组），套上马车，带上粮食，到山里搭起"绰荣格日"（窝棚），开始紧张的制车劳动。阿那格中由有生产经验的人担任"塔坦达"（生产组长），由年轻勤快的人当"图瓦钦"（伙夫）。车辆和车毂是大轱辘车的关键部件，都要用耐磨、韧性强的黑桦木精心制作。赶甘珠尔庙会的阿那格中的每个人可以制十几辆车的部件，不组装，而是不同组件分开，以便于运输。经过一番艰苦紧张的劳动，制完车的各种部件时，已是农历七月了。

七月中旬，阿那格中每人赶上三四辆车，装上大轱辘车的部件，组成一个车队。出发前，要准备好路上用的粮食等用品，并杀牛晒肉干。出发后，车队一路日晒雨淋，风餐露宿，跋山涉水，日夜兼程，经过的地方有库如奇、得力克尔、查巴奇、吉登达瓦（兴安岭主峰）、冲克库勒（有盘山路）、博克图、额勒希、乌奴尔、乌兰韶热（当地的草看上去是红色的）、海拉尔等地，辗转1300多里地才到

达斡尔族人的大轱辘车（图/郭伟忠，供图/宝音）

达甘珠尔庙。他们天亮动身,天黑住脚,夜里人们就住在车旁。每天走90里地,每走30里停下来休息吃饭,休息一次称为一个"博荣"。一路上比较艰难的是上吉登达瓦山。吉登达瓦山高,山路虽然不过一里多路,坡却很陡,站在山脚看山顶会掉帽子。到了山脚后,先让牛马休息,人们早些吃晚饭,待黄昏时开始上路。有的牛马拉车上山很吃力,先上山的人要牵马来帮套,大家齐心协力,互相帮助,拉马推车。大家陆续登上主峰顶后,人们点燃篝火,围坐在篝火旁,喝着烧开的山泉水,谈论自己的牛马如何卖力拉车,山路怎样难行。过了海拉尔后,在草原上一路当中有100多里地没有水,要带水用于做饭,牲畜会一天饮不到水。

车队经过半个月的时间赶到甘珠尔庙。甘珠尔庙会有两个集市,一个俄国买卖人的集市,一个是中国人的集市。达斡尔族查阳村和绰日格勒村托白音的车制作的质量好,蒙古族牧民见面就打听他们制作的车来了没有。蒙古族牧民认识多次去甘珠尔庙会的达斡尔族人,见了面称呼兄弟、叔伯,问候"赛伯奴"。有的年轻人还按达斡尔族人礼节请安问好。他们在交换大轱辘车时,很注意看车的辋和毂是不是黑桦木做的。车马交换时,头一年最后一天的交换比价,便是下一年头一天的交换比价。一般情况下,两辆到四辆车换一匹好马。行情随车马质量和供求数量变化。达斡尔族人运去的大轱辘车都能成交,也有少数人用大轱辘车换取羊皮、牛和猎枪的。达斡尔族人也带去烟叶、稷子米、燕麦炒面,在庙会集市上出售。当时绰日格勒村每年就出3个阿那格赶赴甘珠尔庙会交换大轱辘车。把交换来的马匹再在嫩江流域出售,也有的交换粮食。从甘珠尔庙会交换的马在嫩江流域能升值四成,有的人家就因此而成为富户。回来的路上每天走两个博荣,路上休息时,把几辆大轱辘车围成临时的圈,把马圈在里面。居住在海拉尔地区的达斡尔族也做大轱辘车到甘珠尔庙会上交换出售,他们还到大兴安岭东麓取回黑桦木造车。达斡尔族人每个阿那格运去约一百来辆大轱辘车,每年都有二三十个阿那格赴甘珠尔庙会,运去的大轱辘车,多达两千多辆。

撰稿专家

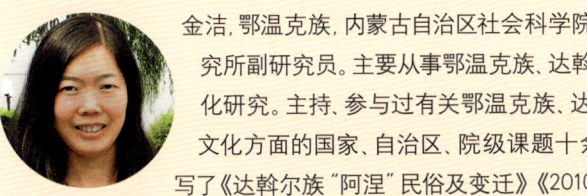

毅松,达斡尔族,内蒙古自治区社会科学院研究员、副院长,内蒙古达斡尔学会理事长。撰写出版了《内蒙古少数民族风情》(合著)、《在绿草繁茂的时节——达斡尔族家庭实录》(独著)、《来自森林草原上的人们》(合著)、《文化内蒙古》(第二卷主编)、《达斡尔族百科辞典》(副主编、合著),主编《达斡尔族研究》(论文集)第6、7辑,发表了《试述历史上达斡尔族商品经济的发展》等论文110余篇。

《现代化背景下的民族变迁和发展》

扫描二维码,阅读专家代表著作的电子版

金洁,鄂温克族,内蒙古自治区社会科学院民族研究所副研究员。主要从事鄂温克族、达斡尔族文化研究。主持、参与过有关鄂温克族、达斡尔族文化方面的国家、自治区、院级课题十余项,撰写了《达斡尔族"阿涅"民俗及变迁》《2010年鄂温克族自治旗巴彦托海镇达斡尔族阿涅调查报告》《改革开放40年达斡尔语语言资源的积累与利用》等论文。

《改革开放40年达斡尔语语言资源的积累与利用》

扫描二维码,阅读专家代表著作的电子版

腾克霍日里村家族聚会上德高望重的老者带领众人祭拜先祖,长桌上摆满了丰盛的供品(图/苏伟伟)

第3章

有序守礼的社会传统

氏族和社会组织

本章主撰稿人：内蒙古自治区社会科学院民族研究所副研究员　孟荣涛

达斡尔族人初次见面都要互相了解哈拉、莫昆，说自己是某某哈拉某某莫昆的人，在什么村居住，之后有的人会问那个村的谁是你什么亲戚。由此，两个人就有可能攀上亲戚。所以达斡尔族人有"三句话就能攀上亲戚"的说法，这种讲究哈拉、莫昆的习俗由来已久。

哈拉和莫昆是达斡尔族古老的社会组织，父系氏族社会的基本组成结构，聚集了具有共同的父系祖先、共同的分布地域、共同的经济生活和社会文化活动的达斡尔族人，以血缘关系划分，实行民主管理。这一组织形式一直延续到20世纪初。

达斡尔族人自古以来依山傍水而居，不仅创造了相应的物质生活方式，也创造了适应这种环境的制度文化。达斡尔族的哈拉和莫昆的名称主要来源于达斡尔族世居地黑龙江上中游一带祖先曾居住地的山川地名，而在此基础上形成的氏族组织形式、婚姻制度、亲属关系、居住形式，以及由此演变而成的姓名制度，其源流关系大致表述为山川地名—哈拉名称，莫昆名称—居住格局，婚姻参照系—亲属制度—父系姓氏—传统制度文化。

哈拉与莫昆制度是达斡尔族文化的精髓之一，这种地域名称、氏族（哈拉和莫昆）名称、姓氏三位一体的现象，经历了漫长的过程。因此，通过哈拉和莫昆的演变轨迹，也可以看出达斡尔族社会生活制度文化的变迁痕迹，感受到达斡尔族人如何承袭本民族的传统文化，如何面对历史上其他文化的冲击和影响。尤其是哈拉和莫昆的教育职能，使得达斡尔族人受到了传统文化的熏陶和洗礼，并由此养成了内在品质，规范了外在言行。

古老父系氏族的标志：哈拉和莫昆

哈拉、莫昆是达斡尔族人姓氏的来源

历史名城雅克萨,敖拉氏族发祥地。
天然要隘乌鲁斯穆丹湾,乌力斯哈拉在这里发展。
芳醇甘泉鄂嫩河,鄂嫩哈拉原住地。
碧绿的郭贝勒阿彦,郭布勒哈拉原住地。
平稳的精奇里江,金克日哈拉原住地。

——达斡尔族诗歌

生活在莫力达瓦达斡尔族自治旗（本书以下简称"莫旗"）的达斡尔族人有12个哈拉,齐齐哈尔地区的达斡尔族人有17个哈拉,除去相同的之后,两地共有20个哈拉。民国时期这20个哈拉简化为敖、鄂、孟、莫、郭、金、德、索、苏、讷、沃、吴、安、杜、乔、单、胡、康、何、杨、陶、于、卜、张、王、纪、山、宁、李、赵、陈、刘、梁、白、徐、田等汉姓。

哈拉：源自居住地

达斡尔族人的哈拉（氏族），都源自于人们早期居住的地名、山水的名字。诗歌里提到的敖拉氏族的"敖拉"，原意是山，位于黑龙江上游雅克萨一带；乌力斯哈拉的"乌力斯"是河名，系石勒喀河北岸的小河，位于雅克萨城以西；郭布勒哈拉，源于祖先曾居住于叫郭贝勒阿彦的地方；鄂嫩哈拉，祖先曾居住于鄂嫩河附近；金克日哈拉，源于祖先居住地附近的精奇里江。

有一个传说，讲到了敖拉哈拉的名称来自人们原籍的地形，也提到了达斡尔族人使用"哈拉"的过程。传说中讲道：

敖拉哈拉的祖先名叫乌力斯，他的后裔是乌力斯毕尔吉。因为乌力斯本人原居住在名叫涂克冬的地方，所以把自己的敖拉哈拉说成涂克冬爱满（爱满，现代达斡尔语中意为民族）。

从后来的两份族谱材料中，可以确定达斡尔族人使用哈拉至少有300多年的历史。敖拉哈拉总族谱序言中载有先祖昂古拉，率九个儿子于清初崇德（1636—1643）年间，"归附于盛京"；鄂嫩哈拉总族谱上记载的第四代祖先，后经考证这位祖先就是投归清廷的奇帕。由此，鄂嫩哈拉的历史可以追溯到清朝初年。

莫昆：更亲近的血缘关系

哈拉是达斡尔族人古老的社会组织，而莫昆是从哈拉中分化出来的，从血缘关系上看，莫昆比哈拉的血缘关系更为亲近，对所属成员的约束力和号召力也远大于哈拉。

莫旗地区的达斡尔族人初次见面时先问对方是什么哈拉。与此不同的是，齐齐哈尔地区的达斡尔族人却更注重莫昆，他们往往会先问对方属于什么莫昆。齐齐哈尔地区达斡尔族人的17个哈拉，分化出了40个莫昆。

左图：达斡尔族生活的地区，早期北方狩猎民族都是在山岭、河流之间繁衍生息（图/苏伟伟）

下图：达斡尔婚俗中的"托列"（衣物礼）（图/苏伟伟）

热情好客是达斡尔族人保留至今的民族性格（图/苏伟伟）

子孙承继：哈拉、莫昆的繁衍方式

很多年长者不仅知道自己的哈拉分几个莫昆，还能说出其他哈拉的莫昆分化情况。

清朝统治者统一黑龙江流域时，对达斡尔族人设佐领管辖。达斡尔族人迁居嫩江流域之初，清廷理藩院把布特哈地区的达斡尔族编成都博浅、莫日登、讷莫尔3个扎兰（扎兰，清朝八旗军事单位，连或队的意思），后又依次改编为镶黄旗、正黄旗、正白旗。根据民间文献资料和调查结果，可以确定这三个旗各以某一个或两个哈拉为主，清廷在设置佐、旗的时候，没有打乱哈拉和莫昆，保留了达斡尔族原有的社会组织形式。这样，达斡尔族的哈拉与莫昆制度，逐渐演化为一种集氏族、军政团体于一体的组织形式。

莫昆首领被称为"莫昆达"，由为人公正、办事能力强的人担任，是没有报酬和任期的服务性职务。

哈拉和莫昆制度在某种程度上也是达斡尔族人居住方式的一个参照系。一方面名称是源于世居地域的山川地名，因此，反过来又成了其居住方式的一种限定与规约。不但在黑龙江流域居住期间，而且在迁居嫩江流域之后达斡尔族最初的居住方式仍然受其制约。每一个氏族都有自己的宗屯以及由此形成的子屯、孙屯。

哈拉分化为若干莫昆后，随着人口的增加，莫昆当中也分化出更小的血缘共同体——莫音（达斡尔语，意为部分）。如一个莫昆分为两个莫音后，共有一个莫音达无需产生新的。每个莫音都有祖神，但两个莫音仍祭祀一个斡包（即敖包）。过去，两个莫音之间，只有丧葬时才互相来往。

女婿送彩礼时，女方家长召集本莫音各家前来，用送来的酒肉摆宴席，通知同莫昆各莫音的人都来赴宴。如果某一莫音的长老去世，本莫音的晚辈按血缘亲近服百日孝、两个月孝等。

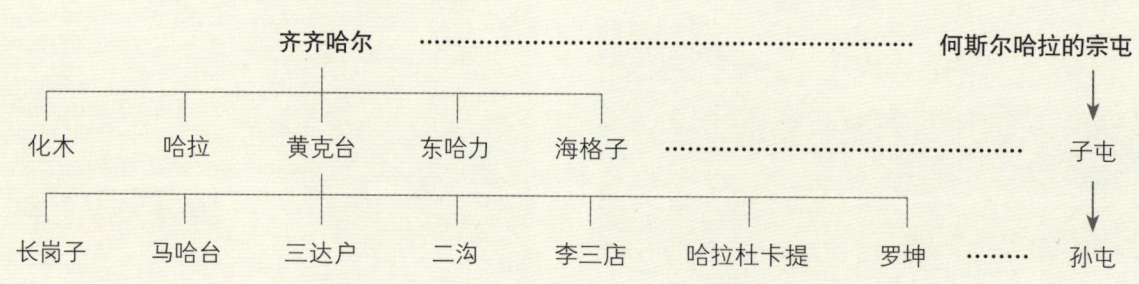

水重有源，人重氏族

规约内在品质，规范外部言行——哈拉莫昆制度的内聚力量

达斡尔族世居黑水之北，姓氏由所居山地河流得名称。

先辈不忘记本源，氏族家谱遗留后世。

法度是在社祭上决定的，礼仪是在社祭上磋商的，规诫是在社祭上发布的。

祖辈留下的优良传统，共同的规范，包含着祖先严格的遗训，包含着长老诚挚的教训。

——达斡尔族传统谚语

根据达斡尔族社会历史调查资料显示，达斡尔族传统社会组织，通过哈拉、莫昆的约束力和号召力，在人们的生产生活中发挥过重要的作用，而且哈拉和莫昆制度具有相似功能。早期达斡尔族因为人口较少，主要以哈拉为单位进行各种活动，由于人口的不断增加，哈拉内部分化为不同的莫昆，从而哈拉的功能也逐渐由莫昆代替。由于哈拉包括若干个莫昆，与莫昆相比，略显分散，其职能也比莫昆稍显松弛，基本集中在地域性管辖、管理集体财产、婚姻制度、修缮族谱、组织宗教祭祀活动等方面。

禁止同哈拉、同莫昆通婚

同一个哈拉的男女虽分属于两个莫昆，但追溯到先祖都是同一始祖的子孙，仍存在血缘关系，所以同哈拉的人不能通婚，长久以来，达斡尔族人都恪守这一习惯约束。即使莫日登哈拉的人住在莫旗和齐齐哈尔两地，相隔数百里且血缘关系也已相隔甚远，但仍不能通婚。因为莫昆血缘关系更为亲近，所以禁止莫昆内通婚，违背者必然受到本莫昆的惩处。

不仅同一哈拉成员不能通婚，有些哈拉之间也不能通婚。如索多尔哈拉与敖拉哈拉之间不能通婚，达斡尔族的沃热哈拉和鄂温克族的沃热哈拉之间也不能通婚，即使同一哈拉的人分属两个民族，也禁止通婚。

同哈拉内禁止通婚的传统，不分官民人人都要遵守，否则就要受到人们的指责和习惯法的惩处。随着时代的变化，禁止同哈拉通婚的情况有所改变，但部分老年人还一直强烈反对同哈拉间通婚。20世纪50年代中期，曾有两个同属莫日登哈拉的男女青年不顾族人劝阻成婚，结果被耻笑，被禁止参加哈拉内部举行的各种活动，不得不远迁别处。

祭祀是婚礼中第一个环节（图/苏伟伟）

缮修家谱

达斡尔族的家谱编修是在清代初期开始的，在召开各莫昆共同的总族谱（即哈拉的总族谱）大会时，各莫昆派一两个代表，携带本莫昆最新缮修的族谱和款项参加大会。族谱大会仪式隆重，杀牲摆宴，烧香祭祖，之后才能打开族谱进行修订。把各莫昆从上一次开族谱后出生者和死亡者的名字增写进去（分别用红墨和黑墨书写，并且只限男子才能入族谱），最后全体成员赴宴，族谱会的费用由各莫昆分摊。20世纪30年代，莫日登、鄂嫩、敖拉哈拉曾开过缮修族谱会。其中，莫日登哈拉于1954年在大莫尔丁屯开过总族谱会，于1998年在莫旗尼尔基镇开过总族谱会，并印刷成册，哈拉内一家一本。鄂嫩哈拉7个莫昆，曾于1923年、1939年和2015年开过族谱会。

氏族经济权利的维护

每个莫昆都有公共的育林山、放牧场。这些自然资源按约定划分区域，各村屯都在界内活动。夏季，为了圈住散畜，人们共同出力做畜圈，大家共用这个公共畜圈。荒地和打草场，没有限制可供自由使用。20世纪二三十年代，大批汉族移民进入达斡尔族地区之前，同属一个莫昆的人都居住在一个村落。如果莫昆成员受到外来的侵害，本莫昆有义务提供保护和帮助。莫昆内的鳏寡孤独者一旦没有近亲，因贫困或年迈无法自立时，就由同莫昆人员共同帮助扶持。如果夫妇没有子嗣，可以接纳养子。如要接纳其他哈拉或莫昆的子嗣，需通过莫昆会议，把养子原来的哈拉换成自己的哈拉，

达斡尔族苏都尔哈拉查哈阳浅续家谱会上，大家一起查看家谱（图/苏伟伟）

公共畜圈"阿勒比·霍列"，夜里圈养村里统一放牧的牲畜（图/苏伟伟）

填入本莫昆族谱和自家的户册内。过去传统观念中，家庭财产继承权只属于男子；如夫妻去世时没有儿子，由其侄子继承财产；如果没有侄子，才由其女儿继承。在有其他继承人的情况下，女儿要继承财产，需同莫昆的人协商后才行。

过去，处理和解决哈拉重大事件时，不能由一个莫昆内部作出决定，必须召集同哈拉的各莫昆共同开会，参与议决或执行。对犯严重罪孽的人，召开莫昆会议后就可以将其处死。在清朝时期的达斡尔族传统习俗中，莫昆内平日事务由推举产生的莫昆达处理，不能解决的大事，交由行政官吏(佐领、骁骑校)处理。

慎终追远

有人去世后，同哈拉其他莫昆的人均可参加丧礼。同哈拉各莫昆的长辈去世后，其他莫昆各家族筹钱买猪和酒，派一两名代表参加丧礼。莫昆有公用墓地，在公用墓地按血缘亲疏和辈分大小，分不同行列埋葬。族外人和本氏族未出嫁就去世的女子都不能埋葬于公用墓地内。

求雨时的泼水仪式，祈求雨水快快到来(图/毅松)

每个莫昆都有共同的祖神，还有共同祭祀的斡包(即敖包)，每年春秋季节进行祭拜，杀牲祭献，祈求风调雨顺、五谷丰登，还进行赛马和摔跤等竞技活动。如遇灾年或畜疫流行，则临时祭祀斡包。过去，妇女不能参加祭祀斡包活动。天旱时莫昆内的妇女会举行求雨仪式，相约到江河滩祭河神，以鸡为供品，祭完相互泼水，预示着即将降雨。

组织竞技比赛

过去以哈拉为单位，各莫昆之间常常进行竞技比赛。20世纪初，莫日登哈拉的几个莫昆就经常举行射箭比赛，各莫昆选出射技出色的人互相较量，赛后杀猪宰牛，所需费用由失败的一方出资，用来犒劳选手。更早以前，同哈拉各莫昆有联合狩猎的习惯，在预定围场内禁止个人单独打猎。大家骑马手持弓箭大面积地包围山林，围住野猪、狍子、兔子等，众人慢慢地把圈子缩小，待富有经验的指挥者下令便开始射猎。围猎结束后各莫昆平分猎物，如果猎物太少，就不做分配，充当打猎费用。

腾克霍日里家族开会，众人相聚共同追思先祖(图/苏伟伟)

同宗、同脉、同源的哈拉情怀

"为寻祖寻根，为同族宗亲凝聚团结，为子孙后代人丁兴旺、生活幸福，达斡尔族鄂嫩哈拉于2015年8月12日在腾克镇举行鄂嫩哈拉七个莫昆续修家谱盛会，望各位同胞踊跃参加。"这是莫力达瓦达斡尔族自治旗鄂嫩哈拉为续修家谱，向广大同哈拉成员发出的诚挚邀约。

鄂嫩哈拉续谱组委会总结出续修家谱的重要意义："邦国有史，地方有志，家族有谱，自古而然。同为鄂嫩哈拉，我们有着同宗、同脉、同源的情怀，我们有着发自内心的怀祖之思。鄂嫩哈拉70年未续修家谱，旧家谱在'文革'时期被销毁。如此，我们上愧对祖先，下无法向子孙后代交代。所以，续修家谱已成为迫在眉睫之事，这是历史赋予我们的责任。"

2015年8月12日这一天，来自全国各地的鄂嫩哈拉7个莫昆欢聚腾克镇，人们认为，鄂嫩哈拉7个莫昆发源于腾克镇的霍日里绰罗（圣石，意即守护这里的山神），每逢达斡尔族阿涅（即春节），当地人都会来此焚香、磕头、祭拜。

续修家谱会得到了广大同哈拉成员的热烈响应，有从新疆回乡探亲的30位达斡尔鄂嫩哈拉同胞，也有从北京、上海、海南等地不远千里回来参加家谱盛会的同胞。家谱盛会上，大家共同追思源流，敬立布特哈鄂嫩哈拉纪念碑，纪念碑上身着赤橙黄绿青蓝紫七色服饰、手拉手的7个人物形象，分别代表7个莫昆：博斯扈浅、齐勒莫日登、凯阔、霍日里、杜尔本浅、博库日浅、宜斯尔。纪念碑顶端正中心位置刻有一棵大树，左右两边分别是云朵和太阳，意即7个莫昆的后代尽在祖荫的庇佑下，在祥云瑞气和旭日光芒中携手走向更加美好的明天。

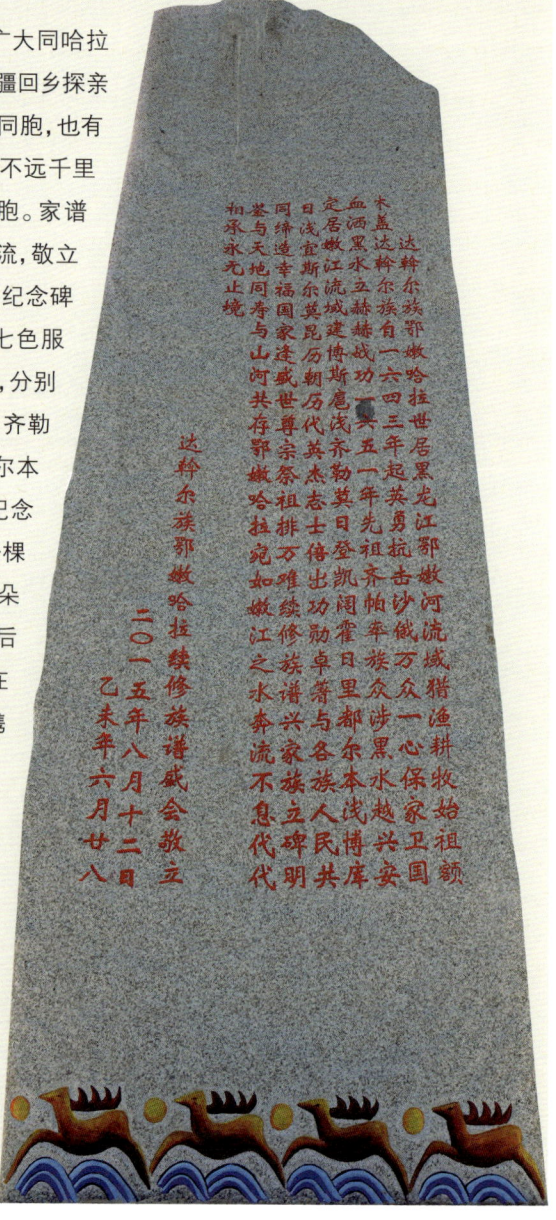

布特哈鄂嫩哈拉纪念碑正面（图/郭亚民）
布特哈鄂嫩哈拉纪念碑背面碑文（图/郭亚民）

父系核心，"家""族"同构

达斡尔族习惯法，家庭伦理和社会秩序的维护和规范

达斡尔族习惯法，主要依靠达斡尔族哈拉和莫昆组织的力量来实施，是具有一定强制性的行为规范。它在长期的生产生活中自然形成，用来维护达斡尔族地区的社会秩序，进行基本的社会管理。哈拉和莫昆作为社会组织，也是社会活动的管理机构。于是，出现了调整达斡尔族内部各种社会关系、维护社会秩序的习惯法。

光绪年间，清政府把达斡尔族地区的旗制改为县制，实行移民招垦政策。大批其他民族农民迁入达斡尔族地区，达斡尔族人口流动也增加，形成了不同氏族、不同民族成员在同一个村落杂居的局面。原有的以氏族组织为基础的达斡尔族习惯法的作用和影响有所减弱。但在达斡尔族聚居地区，习惯法仍然是调整本民族内部各种社会关系的主要规范。

达斡尔族传统习惯法

习惯法	调整社会关系的范畴	主要内容
氏族组织习惯法	哈拉和莫昆等氏族内部	内部的组织和活动的各种行为规范
经济习惯法	经济生活	农业习惯法、狩猎业习惯法、畜牧业习惯法、渔业习惯法、林业习惯法、烧炭业习惯法、采集业习惯法和运输业习惯法
民事习惯法	社会生活	各种契约关系的规定，各种分配形式的规定，婚姻制度及家庭财产继承的规定等
刑事习惯法	经济社会生活	包括对杀伤行为、盗窃行为、奸淫行为以及侵犯公共利益行为的处罚方式和处罚原则
祭祀和丧葬习惯法	包括对各种神灵祭祀仪式和禁忌的规定等	与祭祀相关的习惯法被认为是祖先定的规矩，人人都必须遵守，破坏了这些规矩就是亵渎了祖先，要受到社会舆论的谴责，严重的还要由氏族组织给予各种形式的处罚。处罚结果由哈拉会议或者莫昆会议决定，由莫昆达（即族长）组织执行。处罚形式大体有登门认罪、罚款、鞭打、开除莫昆籍等

父子恩，夫妇顺

达斡尔族的婚姻制度是一夫一妻制，禁止同姓通婚。在入赘婚的情况下，男子入赘女方后，所生子女仍属于父亲的氏族，随父亲的姓，入赘男子在女方家从事生产劳动，但不能继承女方家产。达斡尔族婚姻还保持着等辈通婚原则，即使是不同姓氏男女如果有亲属关系，必须是同一辈分才能通婚。达斡尔族人不限制与其他民族之间的通婚，清朝时期，与鄂温克族、满族有通婚。与其他民族的通婚，自清末以后才逐渐多起来。

达斡尔族认为离婚是不体面和不吉利的事，所以离婚的人非常少。男方提出离婚后，如果双方的莫昆不同意，是不能离婚的。除了受男方虐待无法继续维持婚姻以外，女方提出离婚的寥寥无几。因女方的过失，夫家提出离婚时，女方长辈会训斥、责骂女儿。妇女因受虐待跑回娘家后，男方莫昆和女方莫昆见面商议解决办法，男方只有作出不再虐待的保证并立下字据后，才能把媳妇领回家。如果丈夫或夫家仍虐待不止，女方父母在莫昆成员陪同下出面去男方家交涉并接回女儿。

过去，离婚后子女归男方抚养，女方没有带走子女的权利。

达斡尔族习惯法不禁止寡妇再嫁，但寡妇必须要为亡夫服孝3年后方可再嫁。否则，男方所属的莫昆会出面干涉指责。寡妇再嫁时，子女归男方家人抚养。寡妇服孝期间无人照顾，娘家可接回家住，但必须等3年服孝期满方可改嫁。

家庭结构和亲属关系

如果将人类社会的发展历史作为一个整体来考察，我们就可以发现，隐藏在各种社会组织之下的最单一而基层的因素，乃是亲属关系。在达斡尔族的哈拉、莫昆组织制度之下，隐藏的是达斡尔族内部成员传统的亲属关系，哈拉、莫昆制度实际上是以男性为中心的父权社会。

达斡尔族的父系家族关系在一定程度上达到了较为完备的程度，家庭组织内部分工明确严密。哈拉、莫昆族谱是维系家族血缘关系的纽带，族谱及其后来时兴的家谱对维系达斡尔族的亲属称谓制度起到了关键作用。族谱标明族系，家谱标明家系。他们不仅给家族和家庭中所有的成员定位，而且也使所有氏族成员按照尊卑长幼排列形成井然有序的亲属系列。这种定位和排列甚至影响到姓名和称谓的关系。这些生动地说明了达斡尔族宗法制度直接造成了亲属称谓的复杂性和严密度，也反过来强化了自身的延续性和超稳固性。亲缘关系以"父亲"为中心进行定位，不仅使达斡尔族宗法观念更加制度化，而且使亲属称谓系统更加庞杂，表意更加细腻，指代更加具体。

美丽的达斡尔族新娘（图/苏伟伟）

从整体上来说，达斡尔族的亲属称谓体系及其特点可大致概括如下：亲属称谓系统繁杂而庞大，可分为父系、母系、夫系、妻系四个系列。其中，父系称谓的内容最为丰富、复杂，包括五大板块：我和兄弟姊妹、父亲和父之兄弟姊妹、儿女和兄弟姊妹的子女、祖父和曾祖父、孙和曾孙等（即核心家庭称谓父母、子女、兄弟姊妹等）；由此向上扩展至祖父母、曾祖父母、高祖父母等；向下扩展至孙子女、曾孙子女、玄孙子女等；向两旁扩展至父方的堂兄弟姊妹，姑表兄弟姊妹等。母系称谓次之，可分为三个支系：我和表兄弟姊妹、母亲和母之兄弟姊妹、外祖父和外曾祖父等。夫系与妻系较为简单，被重视程度也不如前两种。

《家园》，达斡尔族布贴画（图/视觉中国）

直系晚辈血亲称谓比直系长辈血亲的专用称谓多。如达斡尔族的亲属称谓中，上至祖父以上基本用汉语称谓，甚至有些方言连祖父也用汉语称谓，而下至玄孙则基本普遍都使用本民族固有称谓。

从本质上说，达斡尔族的亲属关系组成的家庭是以父系为核心的家庭组织，所有亲属称谓系统均以父亲为核心而辐射成一个网状结构，说明"父亲"在达斡尔族社会结构中的主导地位，这与达斡尔族社会较为重视父系家庭的社会制度有关。

由于哈拉、莫昆制度，达斡尔族家庭一般很少分家，因此使达斡尔族内部形成了较为固定的以父系为中心的大家庭，根据达斡尔族社会历史调查资料，这

达斡尔族苏都尔哈拉查哈阳浅家庭照（图/苏伟伟）

种大家庭形式至20世纪初仍较为普遍地存在于达斡尔族聚居地区。

在父系大家庭中,按惯例一般由年长者负责家庭内部各种事务,称为"贝功达"("贝功"系达斡尔语"户","达"系达斡尔语"长")。根据达斡尔族的传统,承当"贝功达"的一般依次是祖父—父亲—长子等。如有特殊情况,可由长辈决定"贝功达"人选。这种大家庭的人口一般在25—30人左右,家庭成员共同劳动,共同享用劳动成果,共同尽孝敬老人、养育儿女的义务。从清末民初始,达斡尔族大家庭才逐渐被小家庭代替。

达斡尔族特别强调男性继嗣的重要性,由此导致了达斡尔语的亲属称谓系统中父系亲属称谓系列极为繁杂和庞大,也导致了父系亲属称谓与母系称谓系列之间,以及直系亲属称谓与旁系亲属称谓之间地位和数量上的不平衡。

达斡尔族的亲属称谓所表现出来的宗法内容主要集中体现在"家庭"的概念上:一、家庭结构主要包括"夫妻""父子""兄弟"等三种关系,父亲是权力至高无上的家长;二、家庭内部都实行父系父权制,家庭的递嬗中男子占绝对主导地位;三、家庭成员可包括两代或两代以上的直系和旁系亲属,家庭权力集中于男性家长手中,大家庭的精神领袖仍是男性长辈;四、全家为一个基本的经济单位,男主外,女主内;五、家庭内部长幼尊卑有序;六、以哈拉、莫昆制度及其规约为家庭的习惯法;七、重男轻女;八、重视家庭外部的各种亲属关系以及同姓同宗等关系。带有男尊女卑的封建礼法性质。这点具体体现在达斡尔族的亲属称谓上就是:一、"夫"重于"妻",二、"父"重于"母",三、"子"重于"女",四、"孙"重于"孙女",五、父子关系重于夫妻关系,六、"长子""长孙"重于其他子孙,七、"兄弟"

其乐融融的达斡尔族一家人(图/苏伟伟)

2002年腾克霍日里达斡尔族人家全家福（图/苏伟伟）

家族盛会，焚香祭祖，意味香火传承。香插在装满香灰的玻璃瓶中，待其燃尽都化成香灰掉入瓶中，防火、安全、卫生（图/苏伟伟）

重于"姊妹"，八、"兄"重于"弟"。

由以上亲属关系形成了严格的社会内部的差序结构。过去，家庭与社会的联系完全以家庭与家庭的血缘关系为基础，由家而家族，由家族而宗族，由宗族而氏族宗法，尊卑有序，等级森严。在家庭之内，子从父，弟从兄，妇从夫，实行嫡长子继承制，男性家长拥有最高的权威。在家庭之外，家长服从族长，族长服从地方上名门望族的族长，名门望族的族长直接对地方的行政长官负责。因此，族权便与政权合二为一，家国同构；国家实际上即是家庭的扩大再扩大，延伸再延伸。

（本节文字摘自丁石庆《双语研究达斡尔》）

传统达斡尔族社会的约束和惩戒

过去如果有人违反了达斡尔族习惯法，会受到以下惩处：

1. 舆论谴责

不遵守习惯法的莫昆成员，会受到舆论的谴责和长辈的训斥。由于经常在众人面前被挖苦和耻笑，受罚者羞愧难当，自然严格恪守习惯法，这种处罚方式在达斡尔族传统社会中具有很强的约束力和影响力。

2. 登门谢罪

有偷盗行为者，在莫昆达等莫昆成员的带领下，带着赃物去莫昆所属的各家各门前喊话认罪，发誓不再偷窃以表决心，并把赃物归还给失主乞求原谅。这种处罚方式对保护群众财产、维护社会安定起到了重要作用。

3. 罚款

私自使用或偷盗莫昆共有财产者，会受到缴纳一定金额的钱财或实物（或惩罚杀一头猪来宴请莫昆成员）的处罚，并当众认错。达斡尔族社会的共有财产包括村屯为单位共有的牧场、草场、渔场及柳条林等。

4. 鞭打

对拒不执行莫昆会议决定的人，给予鞭打处罚。让受罚者脱掉衣服，趴在莫昆成员等众人面前，由莫昆会议推举出来的人用湿柳条鞭打其臀部。达斡尔族历史上，曾有朝廷五品官员因违反习惯法而受鞭打刑罚的事例。

5. 开除莫昆籍

目无莫昆组织、不尽莫昆成员义务、辱没莫昆组织及犯通奸等罪者，将被开除莫昆籍，也会被莫昆族谱除名。这是仅次于处死的惩罚方式，如果有人被处此惩罚，不仅受人唾弃，整个家族都深感蒙羞。

6. 处死

严重影响乡邻生产生活秩序、给民众造成威胁的横行霸道、犯奸淫罪者，经劝阻后仍屡教不改，可由莫昆会议作出处死决定（多用勒死的方式），莫昆成员共同执行处死刑罚。

手帕袋（图/视觉中国）

敬老守礼，扶贫助弱

达斡尔族人的礼仪道德，是社会秩序良好运转的润滑剂

达斡尔族非常重视礼仪和道德，尊重长辈和孝敬老人是达斡尔族礼仪的核心。在生产生活中，达斡尔族人形成了尊老爱幼、热情好客、以德服人、恪守信义、扶贫帮弱、谦恭慷慨等传统美德。

达斡尔族习俗以西为贵，因此老人起居于西屋南炕，儿子媳妇住北炕，客人来访坐西炕。去别人家串门时，进屋摘掉帽子给老人请安后为老人装烟点烟，落座西炕。

尊重老人和长者的礼仪表现在生活中的方方面面。餐桌上，必须先给老人盛饭，必须在老人或长辈动筷子以后，晚辈才可以吃饭，鱼头要留给同桌的长辈吃。儿媳妇不能与公公婆婆同席，公公婆婆讲话时儿媳要恭敬地站在炕边。早晨公婆起床后，儿媳妇先给公婆装烟点烟，准备洗脸水，摆放饭菜伺候用饭，等家里人都吃完饭，儿媳妇把碗筷收拾整齐后，才可以在灶台边吃饭。老人吃完饭，儿媳妇再给装烟送茶，晚上晚辈要给老人铺好被褥。

家里有什么大事需要商议时，先征求老人的意见。邻里之间发生纠纷时，只要老人出面调解，就能让双方握手言和。长辈谈话时，年轻人不得随便插嘴。送客时，要让长辈走在前面，送男客时，女主人送到家门口，男主人送到庭院大门外。送女客时，男主人送到家门口，女

慈祥的达斡尔族老人，身旁有柳编筐篮、桦皮小罐和小狗（图/苏伟伟）

主人送到庭院大门外。送男女客时，男女主人共同送至大门外。长辈出门时，晚辈要给长辈收拾好东西，准备好马匹或套好马车，送到大门外，等长辈上马或上车后递交缰绳目送远行。如果晚辈与长辈同行，由晚辈来赶车。酒席上，要按辈分和年龄排座次，父子不能同席。另外，即使晚辈岁数较大，也要以辈分为准称呼年龄小的长辈，因辈分的关系，中老年人给青少年请安的情况也很常见。同辈之间，要给年长者请安、敬烟敬酒，问候家中老幼是否安康等。男女老幼同行，让老人和妇女儿童先行，女人走在男人前面。参加红白喜事，言行举止必须要合乎礼仪。在达斡尔族村屯，杀猪的人家都会宴请亲友和邻里，宴请结束人们离开时，还要馈赠宾客一些猪肉。如果村中老人没有应邀前来，男主人要给老人送些煮熟的血肠和猪肋条。达斡尔族有扶贫帮弱的传统，对有困难的家庭，给予力所能及的帮助，对鳏寡孤独者要予以照顾。对外来投宿的人，都会热情接待，达斡尔族有句俗语："谁也不可能背着房子出门。"

新娘点烟礼仪（图/陶贵水）

请安礼

达斡尔族历来都非常重视礼仪，尤其重视请安。平时，对长辈和同辈年长者行礼请安。过年时，晚辈给长辈磕头。男子请安时伸左腿，两手放在膝盖上，弯右腿，眼看对方，向前弯腰，弯腰的程度要根据对象而有不同：

对大两辈的人，弯腰较深，请安后，肃立片刻。

对大一辈的人，弯腰稍深，请安后，无须肃立。

对平辈年长者，稍微弯一点腰即可。

妇女请安时，双脚并拢，屈膝下蹲，把手放在膝盖上，稍低头。磕头时先下跪。向神磕头时，两手摊开，手心相对，放在胸前进行祷告，然后跪下磕头。过去，儿女们出门几天回来时，必须先到西屋给老人请安。儿媳去娘家回来，哪怕只是两三天，也必须向公婆请安。年轻人出门半月以上回来时，见到村中老人时也要请安问候。年轻人骑马或乘车时路遇老人或长辈，要下来行礼，等老人或长辈走过去后，方可离去。长辈出门回来时，年轻人要按辈分向长辈请安问候。

现在，达斡尔族人仍保持着请安的礼节。阿涅（春节）时，人们先给老人请安再行磕头礼。

装烟礼

达斡尔族家家户户都擅长种植烟叶，早年时吸烟较为普遍，烟叶也成为人们互相馈赠的礼物。人们见面时，晚辈给长辈装烟点烟，同辈之间互相敬烟。男人用20—30厘米长的烟袋，妇女的烟袋还要再长一些。

达斡尔族人外出串门时，进屋见到长辈或老人要请安，然后给老人敬烟。过去，老人吃完饭后，儿媳要先敬烟。因此，达斡尔族已婚妇女穿着的传统服饰中，绣花的烟荷包是她们在礼仪场合中不可缺少的用具，现在早已成为装饰品。

银质的女用礼仪荷包，主要起装饰作用（图/苏伟伟）

达斡尔族传统女性之隐忍美德

达斡尔族传统女性性格温和、善良勤劳,过去大多数农村家庭中都有好几个孩子,农村达斡尔族妇女从早到晚,任劳任怨地忙碌着。除了日常生活中的洗衣做饭,缝缝补补之外,还要从事园田劳作,春种秋收,打理菜园,晒蔬菜干以备冬春时节食用。除此之外,妇女们还种植、出售烟叶来贴补家用。

虽然生活条件比较艰苦,但尽可能用有限的食材变着花样儿为家人做出各种美味,是那个年代每一个女性的美好愿望。个别家庭的主妇还要为家里的老人开小灶。她们一大早起来先服侍公婆洗脸,敬烟后去做老人的早饭。有的老人要求比较严格,如菜要切得细,面要擀得薄,口味要清淡,但还不能寡淡无味等,任何一个细节没做好都会被责备。在大部分老人的传统观念里,认为

巧手制作桦树皮工艺品的达斡尔族女性(选自《达斡尔族文物图录》)

上图:达斡尔族妇女善刺绣(图/敖拉·赛林)
左图:女用礼仪荷包(图/苏伟伟)

儿媳妇对公公婆婆必须言听计从、恭恭敬敬，不能有半点冒犯和言语反驳。可想而知，达斡尔族女性承受了多少不可言说的委屈。

达斡尔族作家苏莉的散文《牛的故事》中，对达斡尔族女性的温和、隐忍性格做了深刻的剖析和诠释。女主人公是一个善良而又倔强的女性，她会为死去的牛流伤心的泪，为周总理的去世流悲恸的泪，却从来不会为丈夫酗酒后无缘无故的殴打而哭泣，从不为暴力带来的疼痛流泪。虽然与现代女性价值观相距甚远，但这是一位坚强的母亲，更是一位真实可触的达斡尔族女性形象。

达斡尔族女性的烟叶情结

细细回味达斡尔族女作家昳岚的中篇小说《童年里的童话》时，耳畔不禁响起茅盾先生对萧红《呼兰河传》唯美诗意的评语："一篇叙事诗，一幅多彩的风土画，一串凄婉的歌谣。"

《童年里的童话》"妈妈和烟叶"部分中，作者讲到达斡尔族女人种植烟叶："和所有的达斡尔女人一样，烟叶是她生命中的一个部分。有多少达斡尔女人，就有多少说不完的烟叶。"在那个年代，达斡尔族对烟叶种植有着特殊的情感，尤其是达斡尔族女人。种植烟叶是她们的专职工作，她们有着似乎是与生俱来的种植技巧，细心呵护着一棵棵小烟苗长成宽大、肥厚的烟叶。经过栽烟、培土、松苗、掐烟叶、采收、晒烟、蒸烟、压烟等复杂繁琐的过程，终于培育成上好的烟叶。每到种植烟叶季节，勤劳的达斡尔族女人全力投入劳作，仿佛是在从事一项神圣而又伟大的艺术创作工作。待大功告成之时，她们凝望自己劳动果实的样子，"仿佛一个艺术家，欣赏他的作品"。

用传统烟袋锅抽烟的达斡尔族老人（图/苏伟伟）

撰稿专家

孟荣涛，女，达斡尔族，文学硕士，内蒙古自治区社会科学院民族所副研究员。发表论文：《达斡尔族、鄂温克族、鄂伦春族研究综述》《达斡尔族非物质文化遗产有效保护研究》《三少民族自治旗立法状况的分析》《内蒙古自治区高校蒙语授课毕业生就业问题研究》《达斡尔族文化生态保护区研究报告》《土尔扈特蒙古族文化生态保护区建设研究》《内蒙古文化生态保护区建设中存在的问题及对策研究》等。发表评论文章：《骨子里的执著》《凄婉的歌谣——评达斡尔族作家昳岚的小说〈童年里的童话〉》等。

《三少民族自治旗立法状况的分析》

扫描二维码，
阅读专家代表著作的电子版

摇篮,孕育希望,饱含深情(图/苏伟伟)

第4章

走过生命的旅程，共度快乐的时光
人生礼仪和节日风俗

本章主撰稿人：内蒙古自治区社会科学院民族研究所助理研究员　苏媛媛

人的一生中，总有那么几件大事，新生命诞生，新人的婚礼，逝者的葬礼。在文化的不断发展中，达斡尔族人对这几个人生阶段形成了独特的人生礼仪文化。

初生的婴儿，躺在舒适的、精心设计制作和装饰过的摇篮里。妈妈就在旁边，一边哼唱摇篮曲，轻轻带动摇篮，一边做着手里的针线活。在长辈们的关爱和祝福中，孩子一天天长大。休闲的日子里，喜庆的节日里，人们聚在一处谈笑、唱歌、跳鲁日格勒传统舞蹈，或静静地听老人讲人生的跌宕起伏，民间传说故事。

在岁月的流逝中，孩子已经长到了谈婚论嫁的年纪。女方的家里来了媒人，为一位优秀的小伙子提亲。这是一桩门当户对的良缘，双方订下了婚约。送过察恩特（食物礼）和托列礼（衣物礼），新郎迎娶了新娘，举办婚礼，结成了一个新的家庭，还会迎来新的生命。生活在一代代延续，那些游艺、礼仪、节日，一直伴随着达斡尔族人的生活。

达斡尔族人热爱生活，生活中充满了快乐和温情。

如今，达斡尔族人的生活发生了很大变化。正因为意识到传统文化逐渐淡出生活，人们开始努力找回过去的点点滴滴。摇篮摆到了家里，哈尼卡纸偶制作、曲棍球运动走进了学校，鲁日格勒舞蹈回到了节日里。老人们重温着过去的生活，年轻人在学习，在感受，担起达斡尔族文化传承的责任和使命。传统习俗让达斡尔族人感受着祖辈生活的那份快乐和温情，也丰富着他们现在的生活。更重要的是，这让达斡尔族人意识到，我们来自哪里，我们要如何走下去。

人如四季，生生不息

达斡尔族的人生礼仪，人性的温情涓涓流淌其中

诞生——庆贺新生的开始

达斡尔族人重视子嗣，希望家庭人丁兴旺。从妇女怀孕、生产，到儿童成长，达斡尔族人有一定的礼仪、习俗。

过去，孕妇生产时，由“巴列沁”（接生婆）接生，有的“巴列沁”还须有“奥蔑·巴日肯”神灵。生产采用蹲式，地点在外屋的“额勒乌”（炕池）或在地上铺上草，不许男人进入，否则会给婴儿和家族带来不利。孩子出生后先剪掉脐带，把毡毛烧成灰抹在肚脐上防止孩子受风，然后用温水清洗婴儿。父亲看到婴儿时，把他举过头顶表示吉祥。剪下的新生儿脐带和剃下的胎毛、胎发会收在盒子里保存起来。

产妇生产后要坐月子。月子里，产妇注意调养，改善饮食，吃红糖燕麦炒面，不能吃烙饼，达斡尔族习俗认为这样会回奶。母乳不够的用达斡尔族人的“奶瓶”喂熟牛奶。“奶瓶”的奶嘴用鹿皮缝制，套在瓶口上就能喂奶了。

婴儿白天睡在摇篮里，晚上睡在妈妈旁边。摇篮挂在西屋横梁上，悬在空中比炕沿高的位置。妇人一般坐在炕上，把摇篮上的皮绳子系在脚腕上，用腿拉动，轻晃摇篮安慰婴儿。如果没有摇篮，可以向子女多的人家借，把摇篮用炭火的烟熏一下，还的时候须在摇篮里放些荞面苏子饼、二三尺布或烟叶等谢礼。

婴儿满月不摆酒，由母亲抱去长辈家问候。长辈给孩子脖子上套一挂棉线或麻线祝福孩子长命百岁。周岁时过一次生日，这是达斡尔族人唯一过的生日。家里做黄油“拉里”（牛奶粥）或饸饹面，并举行抓周仪式。如果是男孩，就在炕桌上放些钱、书、弓箭等，如果是女孩就放些针线、书、笔等，用孩子第一个抓的物件，来预测他的前途。

孩子两三岁后起“阿勒贝·讷日”（官名），多由爷爷奶奶起，名字好记、吉利就行。为了孩子顺利长大，也有起贱名来避免鬼怪侵害的，起正式的名字之前，就管小孩叫“诺诺（nio nio）”。有的人家起名字也举行仪式，杀猪备酒菜请村里老人来，每位老人给孩子剃一刀头发，最后只留后脑勺一撮。并在小孩的手腕脚腕处戴上镯子，表明“拴住了，谁也带不走”。孩子长到7岁时，再请这些老人回来取下镯子。

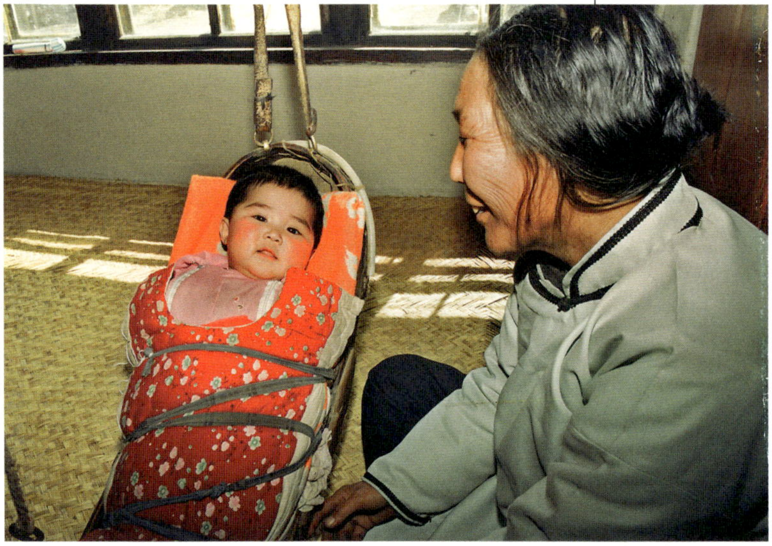

代际相传的不仅是血脉，更是爱（图/陶贵水）

曾经为儿童治病用的布神或皮偶神（图/苏伟伟）

达斡尔族人的摇篮"达日德"

"博——布、博——布……"，静谧的房间里，炕上"吊"起摇篮里的婴儿渐入梦乡，孩子的奶奶一手举着烟袋，一手轻轻拉动摇篮上的皮条，口里还唱着哄孩子的古老歌谣……时光仿佛倒流，将人们的思绪定格在几十年甚至是上百年前一个普通达斡尔族人家里。"养活孩子吊起来"，新生儿要在达日德（摇篮）里度过半年多的时光。这小小的摇篮，不仅仅是婴儿睡觉的地方，也寄托着父母长辈，甚至是家族对下一代的殷切期望与祝福。达斡尔族人的摇篮精致实用。从做摇篮的木材，到摇篮的样式和功能，非常讲究细节，既要结实耐用，又要寓意好，图吉利。

摇篮是达斡尔族养育婴儿的必备之物，过去多数人家都有摇篮。将孩子放在摇篮里吊起来不仅可以腾出手来做家里的其他活计，还可以为新生儿"塑造体形"。从达斡

达斡尔族妇女孕期的禁忌

为了孕期顺利，新生命吉祥平安，达斡尔族妇女在孕期有诸多禁忌：不能参加婚宴和葬礼；不能坐卧在熊皮上，不然会流产；不能吃驴肉，不然孩子会长得像驴；不能坐驴车，不然会误产期；不能吃生冷食物、野兽肉和往灶坑里看，认为这样不利于生产。孕妇生产后不能出大门，不能去屋外西北角的供神处，不能去井边，以防惹到神灵、污染井水。产后3天内，产妇夫妻俩不能上"烟囱脖子"、推碾子和移动屋里的坛罐。月子期间家里不会客，在房门前横放一根大轱辘车车轴，示意家里有坐月子的产妇，不要随便走动，认为如有来客，婴儿会被"踩着"生病。如有事非进屋不可，就在屋门外放一锹火炭，让来者跨过火炭进屋。外地的车马和出汗的马，不能进到院里来。怀孕和哺乳期间的妇女是不能来看望产妇的，认为会抢了婴儿的奶水。

尔摇篮里长大的孩子，胳膊腿会端正、挺拔，脑袋不会睡偏，不会出现溜肩。

摇篮里放枕头和褥子。枕头是装有荞麦皮的，摇篮最底下铺上薄棉褥子，其上垫桦皮尿垫"绰阔其"，最上层再铺上内有荞麦皮的褥子。褥子上放大块方布"讷日刻"包住孩子。包孩子前，把孩子的手用20厘米宽的布条裹住，腿脚用60厘米宽的方布摆成菱形包住，再垫上桃形的桦树皮膜当尿垫。包上孩子后，盖上

摇篮长度1米左右，周帮高约10厘米，头脚两端周帮呈U形。头的部位翘起大概25度，这样小孩躺着舒服。底部楔上较轻的杨木板作底板，还钉上5个皮条套，用来固定绑孩子的皮条（图/苏伟伟）

尿簸箕和婴儿摇篮内置于肚脐上的桦木饰品,作用是不让婴儿尿湿被子(图/苏伟伟)

绣花的小棉被。用鹿皮条穿过底下的皮条套把孩子固定在摇篮里。摇篮用鹿颈皮挂在房梁上,再系一根皮带,套在手上或脚上,晃动手脚就能摇起摇篮了。摇篮还会坠上贝壳、鹿腿小骨和野鸡腿骨等能出发声响的东西,随着摇篮的晃动,婴儿听着有节奏的打击声,就容易睡着了。为了防止婴儿被蚊虫叮咬,还要在摇篮中间架起弧形的柳条,罩上纱布。

婴儿醒来时,大人将摇篮斜挂着,此时婴儿呈现出一种似乎站立的姿态。这样,他可以随时看到正在做活计的母亲,可以看到其他景物,而不至于哭闹。

达斡尔族人对摇篮非常爱护,讲究世代相传,一个摇篮使用几十年也不足为奇。

生育之神"奥蔑·巴日肯"

对于生育子嗣,达斡尔族人认为有掌管人间子嗣的神"奥蔑·巴日肯",它是赐给子嗣和保护小孩的神,多为求子者供祭。人们向它祈求子嗣,祈求保佑孩子长大成人。家里如有子女夭折,为了以后生育,也要向奥蔑·巴日肯求助。夫妻在除夕夜到磨房一边推磨,一边向奥蔑·巴日肯祈求,认为这样能推掉曾压着子女使其夭折的台子。

奥蔑·巴日肯神有画像,形象细腻,画面壮观。人们把它挂在西炕上方的墙上。向奥蔑·巴日肯祈求保佑孩子时,供奉猪或羊,祈祷说:"好好保佑我的孩子吧,守候他直到他长成男丁,带领他直到他长成汉子。"受到奥蔑·巴日肯保佑的孩子被称为"奥蔑·克库"。

达斡尔族人供奉的生育之神,"奥蔑·巴日肯"画像,有父神和母神两种。他们住的是雌雄凤凰把守的院子,院子用金、银柱子支撑,九层台阶、九顶白色毡房的正中间是他们住的包房。院里有九眼大锅似的泉水,穿着长长衣袍的年迈父母在九眼泉水中孕育着生命。他们抱着或背着孩子,给孩子们玩金、银"萨克"(动物髌骨)。当婴儿发育成熟时,母神拍一下婴儿屁股,说声"去吧",婴儿就出生了,屁股上因此留下母神拍过的发青的胎记

达斡尔族摇篮诞生记

文/《呼伦贝尔日报》记者 艳梅,摘自《世代相传的达斡尔摇篮》

达斡尔族人制作新的摇篮很有讲究。首先,要选择性格开朗、为人善良、儿孙满堂且手艺精良的木匠。五六月份时,沿着河边在茂密的丛林中寻找长势良好、打过籽的山丁子树或稠李子树作为木材,这样的树木通常要有二三十年的树龄,约有10厘米粗。选择打过籽的树寓意子孙绵延、家丁兴旺。因为山丁子树木材较硬,多选择稠李子树。稠李子树要选其树干弯向太阳升起方向的,独棵、被雷击或风刮倒的不能选用,担心独树难避风雨,寓意孩子健康,兄弟姐妹多,能相互照应。拿到选好的木材后,首先要顺着木头的自然纹理分割。劈叉的木材一般是不会使用的,老人们不希望孩子的性格倔强。木材分割好后,木匠会将它依据需要备出4块厚薄适度的板子,其中2块做摇篮的周帮、1块做底板和1小块做头枕板。在备木料的同时,还要在大锅里烧上一锅水,以便用来"熟木料"。"熟木料"顾名思义,就是将4块板材放入滚烫的热锅中煮上5个小时左右,以便木浆透析出来。煮过的木材制作的摇篮结实、耐用、不走样,这是达斡尔族摇篮能使用几十年的缘故。

木材"熟"好后,要趁着"软"的时候,将2块周帮弯成拱形晾晒,底板和头枕板自然晾晒。过去生活不富裕的人家做摇篮,往往要跑到生活富裕的人家,将"熟"好的2块周帮直接固定在富裕人家的大轱辘车"宝勒"(轮毂)上,希望孩子能沾上富裕人家的财气和福气,将来生活富足,不缺钱花。宝勒上的2块周帮"纳"着财气和富气,要晾上两三天。这样晾干的摇篮周帮无须木匠费力,会自然对接。在达斡尔族摇篮的制作过程中,一根钉子也不使用。用事先做好的竹签,沾上蛋清将周帮、底板和

稠李子树(图/夕烟牧人)

头枕板固定到一起。在头顶和脚底部位的周帮及摇篮内侧钻眼，以便穿入皮带套等。最后，在摇篮尾部系一根鹿颈皮带套，即摇篮拉带，把摇篮挂在横梁上。这样一来，摇篮就已初见雏形了。

摇篮做好后，木匠要在摇篮上涂上"嘎鲁托斯"（大雁油），前后共涂3遍，让摇篮看上去更光滑，防止老化。为什么不涂上牛羊油，偏偏要使用大雁油呢？原来牛羊油油性过大，摇篮受热不均时很容易向外渗透，不易打理，也不稳固。

在摇篮的头部，往往钉有黑绒布，上面缝绣吉祥图案，如达斡尔福寿图、吉祥图等，用鹿或狍子筋制成的细线或纳鞋底用的麻线绘制而成。

摇篮制成后，还要装饰、美化。头衬下沿要横挂1寸宽（约3.33厘米）的软鹿皮穗子"萨阿日"。在摇篮上挂响坠儿，在头部分周帮两边略下方钻眼，各系3至5个串有十来个玉珠、小贝壳、铜钱的皮条，在头部分周帮下边横系一根皮条，串有20来个鹿腿小骨或野鸡小腿骨，组成响坠儿，达斡尔语称"卡撒勒金库"。这些响坠儿随着摇篮被拉动的节奏，发出敲打底板的响声，促使孩子进入甜蜜的梦乡。

左上图：摇篮头部要画上图案，不仅美观，也有吉祥的寓意，再套上棉线或麻线祝福孩子长命百岁（图/苏伟伟）
左下图：仙人麒麟纹长命锁（图/苏伟伟）

养育——打下良好的品格底色

家庭是人最初接受教育的场所，尤其对幼儿来讲，学龄前在家庭中生活的时间是很长的，家人尤其是父母对幼儿的成长会产生直接而深远的影响。幼儿的思维并不成熟，他的观念、想法大部分来源于他熟悉、信任的人，而这多半是他的父母，由此可知父母的言行很大程度上会影响幼儿成年后的发展方向。

长幼有序、孝顺长辈是达斡尔族的传统美德。达斡尔族人认为孝是道德范畴，孝是义务。没有道德的人，是不可能有孝的。20世纪50年代以前，达斡尔族大都是三世同堂或四世同堂的大家庭，长幼之间、婆媳

两代人（图/陶贵水）

长幼序,友与朋(图/敖拉·赛林)

之间、兄弟之间、妯娌之间恭恭敬敬、和和睦睦,只要长辈在世就没有分家的。一个家庭就是一个小社会,要生活和生产,必须依靠家规、家训来管理,而维系它的便是孝,即以孝齐家。

孝的教育在家庭中是很直接地以行动表现出来的,在达斡尔族大家庭中,三代或四代同堂,幼儿的父母对幼儿祖父母的孝,这种身教对幼儿来说更胜于言教,他们很容易模仿成人的行为,如看到父母为祖父母端洗脸水,也会模仿这种行为,为自己的父母端来水。对幼儿来说,所有的一切都是新鲜有趣的,当他的这种行为得到了父母或家中其他人的称赞时,就会得到强化,在不断地强化之后,行为就逐渐成为日常行为的一部分。

达斡尔族在为人处事上强调与人为善,这是言传身教的良好传统,也是长辈对小辈谆谆教导的道德标准。与人为善、待人以诚、将心比心,兄弟妯娌、邻里之间相安和睦、谦恭互让、热忱相助。谁家遇到意外灾祸和困难,要问候、安慰、赞助。对无近亲的孤寡、病残者予以关照。

达斡尔族素来热情好客,每当宾朋光临,让座、敬烟、敬茶,问寒问暖,然后酒饭款待。对外地的亲友,常赠送自产的烟叶和土特产品,以表心意。

达斡尔族很强调团结,如谚语:一根柴火不成火,一堆木头火势大;肚量大,才能团结人;一头牛不能开荒,六头牛才能犁地等等。有关美德的谚语在达斡尔族中非常常见。

成熟——
重情重礼的达斡尔族婚礼

达斡尔族的新婚祝词:我手拿这支箭,祝愿新婚夫妇,在今后的共同生活中,孝顺长辈,慈爱晚辈;像箭的叉口般整齐,像箭杆的羽毛般爽快,像箭杆般笔直,像碾石般相合,像钢铁般坚强。用刀子割不绝,用斧子砍不离。走过的地方光明,做过的事情清白。不被人们斥责,不被外人议论。生养出嫁的姑娘一个,生养持家

婆媳情(图/陶贵水)

达斡尔族新娘（图/春雷）

的男儿七个。拿着这副弓箭去打猎，射死山阳坡的公野猪，射死山阴坡的花公鹿，射死溪旁林间的狍子，满载猎物回到屯落里。

达斡尔族的婚姻制度实行氏族外婚。认为同一个哈拉（父系氏族）内的人有共同的祖先和血缘，是不允许结婚的，否则就是血脉回归，有悖人伦。即使是姑表亲，也不允许"回头婚"，即姑母的女儿与舅父的儿子结婚，不然"血脉回头"，影响下一代智力和健康。另外还有等辈婚原则，即不同哈拉男女有较近亲缘关系时，必须是同辈的人才能结婚。

达斡尔族人的婚姻礼仪，分为定亲、送亲、婚礼几个阶段，每个阶段都有隆重的仪式和礼仪。

定亲：传统达斡尔族青年男女的定亲讲究"父母之命、媒妁之言"，也有自由恋爱的，但缔结婚姻前必须有媒人来说合。男方请女方家信任的亲友做媒人去说媒。女方如不同意，则不能让媒人磕头，也不招待吃饭。媒人来说亲，总要往返几次才能得到同意，之后媒人就可以给女方老人敬酒磕头，表示感谢。女方备酒菜招待一番，两家就算定亲了。男方要送两次彩礼。第一次男方亲属带男方送去"察恩特"食物礼，来确定两家的姻亲关系。第二次送"托列"衣物礼，是在婚礼前两三个月，男方独自送去，主要是新婚使用的布料、衣服、被褥和首饰等。送彩礼时，姑娘要去亲戚家回避，在结婚之前不与男方任何人见面。直到婚礼头几天，男方来到岳父家，女方家让他和姑娘一块吃"拉里"（牛奶粥）或挂面，寓意男女双方感情和美，如胶似漆。并请一位儿女双全的妇女，在仪式过程中给予帮助，以图吉利。多数人家在吃完"拉里"后，女儿女婿就同房了。女婿在岳父家住一两天，先行返回自己家准备婚礼。

纳礼"察恩特"：达斡尔族在男女两家定婚后，男方给女方送的食物礼称为"察恩特"。男方选定吉日通知女方，在那天未婚夫由家里长辈陪同着，把"察恩特"送到姑娘家。未婚妻则躲去亲戚家不见面。"察恩特"礼中，讲究送七只有生命的动物，其中有一头乳

送亲车雕塑（图/毅松）

大轱辘车上的送亲队伍（图／春雷）

牛，感谢岳母养育女儿；缰马一匹，意思是用缰绳连结两家的姻亲；还有一头褪毛猪、四头毛猪和白酒、"瓦特"（小糕点）、"乌如木"（奶皮子）等，送去招待女方家族的人。

送"察恩特"的场面很热闹。男方的大轱辘车赶到女方家时，却被女方的人守住大门挡在门外，提各种问题刁难。男方说好话，找借口，还假装是求宿的过路人，恳请女方的人打开大门。热闹一番后，女方才打开门让他们进来，岳父母、长辈接受新郎的磕头。

送亲：达斡尔族人一般把举办婚礼的时间定在冬春季，因为冬春季是农闲时期，人们都不太忙，有充足的时间去准备，而且此时秋收完，人们手头上有较充裕的资金去办婚礼。选好吉日后提前一个月左右通知女方，女方同意就确定了。吉日那天，新娘由女方送亲队伍送到男方家。盛装的新娘戴上头花，穿上绣花婚服和绣花鞋，仔仔细细打扮起来。新娘家从家族里请出四位

婚俗祝吉拢篝火

火焰那奇妙的红色形象与特性，总能引起人们无限的遐想。在达斡尔族人的信仰世界里，熊熊燃烧的火焰，象征兴旺、红火、光明和温暖，具有驱魔禳灾等"灵力"，是对凡人的生活可能施加某种影响的神奇事物。因此，在达斡尔族婚俗中，结婚那一天，姑娘的家人套上带篷子的大轱辘车，带上嫁妆，与男女傧相和一些亲友一起送亲。当送亲喜车行至路半时会停下来生篝火，将火拨弄得烈焰腾腾，名曰"拢篝火"。然后，大家围着火堆，兴高采烈喜气洋洋地喝喜酒、吃喜饼。并且，遵循自己拥有时不忘他人、有福同享的民族传统品格，往来行人也被邀请来一起吃喝，同享喜庆的欢乐。人们笃信，通过这种方式可以帮助新人婚后的生活如同这腾跃着的火焰一样光明温暖、兴旺向上、如意圆满。

娇羞脉脉向谁诉?幸福的达斡尔族新娘(图/敖拉·赛林)

婚俗中的禁忌

禁忌,是通过自我约束来防范灾祸、实现美满结局的信念行为,也是一种共同遵循、不是法律却胜似法律的民间规约。过去,在达斡尔族婚俗中,除了排斥近亲通婚的族内婚禁忌外,还有如下禁忌:

△ 忌出嫁姑娘的年龄是偶数。女子结婚时的芳龄必须是奇数。人们认为,偶数年龄结婚不吉利,婚姻不美满。

△ 忌新娘在送亲路上瞧见井水。

△ 忌送亲的喜车日落后到达。万一由于路途遥远等原因没能在日头西坠之前赶到,人们就在婆家的大门西侧悬挂一面镜子,象征太阳,以此作为无日的补救。

△ 忌在村里缮写离婚书。须到村外野地里去写离婚书,然后由离婚的双方画押、各撕去一半,作为离异的凭证收藏起来。

"华达"(男亲戚)和四位"霍都古"(女亲戚),组成送亲队,送新娘去新郎家。华达和霍都古是家族中有儿女的长辈,而且通晓礼节,能说会道。他们商议好送亲的事之后,送亲队就驾着喜车出发了。

喜车是几辆带苇席篷的大轱辘车,用红色和彩色绸缎装点得喜气洋洋。喜车套上去过势的好马,第一辆坐着新娘和她的嫂子,由新娘的弟弟赶车。第二辆和第三辆分别坐着霍都古女亲戚和华达男亲戚。后面的车装着陪送的嫁妆。嫁妆有衣服被褥、立柜、皮箱、鞋帽盒和梳妆匣等,还带着新娘预先给未来的公婆、兄嫂做的鞋。其余送亲的人骑着马跟在队伍后面。送亲车队要在太阳落山前,从西边进入新郎的村子。如果两个村子距离远,在日落之后才到达,就得在大门西边挂一面镜子来象征太阳。路上遇见别人,不管认不认识,都请他们喝酒,吃点心。

温馨喜庆的婚礼

1. 带路（新郎骑着马走在前头，为新娘家的送亲车引路）

4. 走红毡（新娘在送亲女傧的搀扶下，脚踩红毡走进新郎家）

2. 送亲车（由华达、霍都古组成的送亲队伍，送新娘前往新郎家。送亲车要赶在日落前到达）

5. 拜天地（新郎与新娘在院子里拜天地）

3. 见面礼（送亲车到了，迎亲人员请安敬酒，相互问候寒暄）

6. 揭盖头（新娘来到房门前，新郎挑起新娘的盖头）

7.盖头上房（新郎把挑起的盖头，高高地扬到房顶上）

9.拜高堂（新郎新娘在屋内跪拜父母）

8.进门盅（在送亲的宾客进门前，新郎父母向送亲宾客敬"进门盅"。随后，送亲宾客进屋就座）

10.面向窗子盘腿而坐（新娘进屋后被领到南炕上面朝窗户盘腿而坐，端坐在炕上。其他宾主众人相互问候）

(组图/陶贵水)

　　车队走到新郎家的村子外二三里远的地方时，停下来休息整顿。点上篝火，吃点点心，喝点酒。不论两家村子距离远近，都一定要停车休息。新郎家的人看见车队，就派两个人带上酒骑马出来迎接了。迎到车队处，一人给送亲队敬酒欢迎，另一个回去报信。车队继续往新郎家去，这时，接到消息的新郎父母和亲戚已经等在门口迎接了。两家人见面，互相问候，新郎父母敬酒并迎女方送亲队伍进屋里，婚宴就开始了。婚宴中，送亲的娘家人受到礼遇，第二天返回时，还带回新郎家送的礼物。

　　婚礼：男方出村把送亲队接进村里男方家。新郎父母在碟子里放双盅给送亲的人们敬酒，并请进屋。

　　新娘由双方少妇霍都古（女亲戚）扶下车，进屋前要跨过地上的马鞍，踩着地毯走。进屋前新郎揭去新娘红盖头，贺喜的人向新娘扔五谷杂粮表示祝福。新娘进屋后先给"图瓦·巴日肯"（灶神）磕头，然后进西屋，面朝窗户盘腿坐在南炕上，旁边婶嫂们欣赏评论新娘带来的嫁妆女红。婚宴上，女方霍都古（女亲戚）坐南炕，华达（男亲戚）坐西炕，其他人坐北炕，男方近亲作陪。男方用酒水和"瓦特"（糕点）招待宾客。婚宴的饮食以手把肉为主，男方按宾客等次分别上"瓦其"（尻背)、"达勒"(肩胛)、"叟吉"(胯子)等部位的骨头肉。摆完桌,女方首席"霍都古"和"华达"提议把手把肉端去敬男方家的灶神来表示尊重,陪客照做。之后主持者致新婚祝词,开始婚宴。还有各种娱乐和比赛项目,增添了热闹气氛。

婚宴第二天,送亲队返程,新郎家用肉汤饺子或肉汤面条招待,送一些手把肉让他们带走,并一一敬酒送别。新郎要一直送到村外,新娘在家给公婆敬酒磕头。送亲队离开时,新娘弟弟须偷偷带走一只碗碟,以示带走新娘的"霍特日"(福气)。婚礼之后头三天,新娘给新郎家其中一人做一条裤子来展示女红手艺。三天后,妯娌们领着新娘给村中长辈请安串门并开始参加劳动。一个月后,新郎送新娘回娘家住几天再回来。

逝去——对生命离开的尊重

认识生命。在达斡尔族人的观念里,"苏木苏"(灵魂)是不灭的。死亡只是意味着肉体的消失,而灵魂去了阴间世界。阴间世界是宇宙三界中的下界,人死后,灵魂都去了那里。根据死者辈分年龄不同,采取不同的死亡说法。比如成年人去世,说"倍·都伯森"(逝世了);长辈老人去世,说"巴日肯·玻勒森"(成神了);婴儿夭折,说"拜森·乌威"(没站住)。达斡尔族人信奉的萨满教巫师"雅德根"离世,要说是去"尚德"了,意思是他上了神坛了。达斡尔族人的丧葬仪式中,停灵、祭祀等习俗和一些禁忌,也与这些观念相关。

安葬。过去,达斡尔族人安葬以土葬为上,每个莫昆(氏族分支)都有自己的"化然"(公共墓地),一般在离村较远的山的东南阳坡。墓地按辈分、身份的规则划分,长辈葬高坡处,其后代每代人一层,左侧为尊。单身汉死后,其坟墓旁挖一深坑埋入象征女性的木头。在外死亡者,棺材上放只公鸡,直接到墓地埋葬。如要迁坟,要在原来的坟里放一只活公鸡,撒些小米再埋上。孕妇、天花等传染病患者、雷击死或暴病死的人实行火葬,不入莫昆墓地。患天花、麻疹而死的小孩实行风葬,百天后就地掩埋,不入莫昆墓地。夭折的小孩装在口袋里放在野外。萨满雅德根死后依生前所选地方风葬,不入莫昆墓地。

葬礼。老人过世,要举行隆重的丧葬仪式,主要有停灵、入殓、出殡、服孝几个程序。其间有很多仪式礼仪,送别死者,表达哀思。

传统葬礼(图/苏伟伟)

浓情厚谊，凝聚人心

热烈喜庆的达斡尔族人的节日民俗

达斡尔族人的节日主要有春节、抹灰节、端午节、中秋节以及新兴的斡包节、库木勒节等。对于这些节日，达斡尔族人有独特的理解，并且在节日习俗上体现着浓郁的达斡尔族特色。节日里，人们相约一起，年轻人打"波依阔"（曲棍球）比赛，女人们跳"鲁日格勒"舞。有时还请来民间艺人，给大家讲故事，唱"乌钦"（达斡尔族叙事诗）。

除夕夜烧烟是达斡尔族人的过年传统习俗之一，点燃烟火可以避鬼迎神，希望新的一年运势可以如火般旺盛（图/敖拉·赛林）

喜庆祥和的年关："阿涅"

春节用达斡尔语叫"阿涅"。"阿涅"从"布通"（除夕）开始，到正月十五结束，过得比较隆重的有除夕夜、初一、元宵节这三天。春节时，达斡尔族人休息娱乐，走亲串友互相拜年。除此之外，也有祭神、占卜活动，以求新的一年生活更美好。饮食上比平常丰盛，吃手把肉、饺子和荞面饸饹等。村里还举办各种聚会和比赛活动。

春节里院内祭神（图/陶贵水）

除夕之前的腊月里，达斡尔族人过腊八，敬神吃"拉里"牛奶稠粥祈求长寿。腊月二十三祭灶神"图瓦·巴日肯"，送它回天上。

除夕这天称为"布通"。"布通"在达斡尔语里有"完成""封盖"的意思，用在除夕表示一年的结尾。这一天过得很隆重，扫去家里院里的灰尘，贴上新的对联和年画。人们洗漱一番，换上新衣服，表示辞旧迎新。

傍晚，达斡尔族人在各家院门外边堆上草和干牛粪，长辈来点火放烟。到了夜里，家里长辈给"腾格日"（上天）、祖神、北斗七星和家里供奉的神灵磕头烧香，供上年夜饭的酒菜点心。还要到岔路口给已故的亲人烧纸。拜完神放完鞭炮，全家坐在一起吃年夜饭。席间其乐融融，互相祝贺新年。晚辈给长辈敬酒磕头，长辈给予晚辈祝福，给小孩压岁钱。年夜饭吃手把肉、饺子，还有酒和菜，夜里还吃一顿荞面饸饹。吃完饭，长辈就领着家里的男人去自己莫昆的近亲家里拜年了。除夕夜里，各家互相串门拜年，谈笑风生，充满了节日的喜庆氛围。家家灯火通明，迎接新年的到来。

除夕，达斡尔族人在院子里点上荞面做的苏子油

春节期间的禁忌

过去，除夕夜，达斡尔族人认为鬼怪都出来走动了，所以门窗有缝的地方天黑前要拿纸糊住，不让鬼怪溜进来。入夜以后，不能从门窗缝里往外看，以防被鬼怪吓到。也不能从房子外面喊屋里人的名字，以防鬼怪附体，或把那个人的灵魂摄走。

初一早晨，天亮以前就要自己起床。不能被别人叫醒。不然，新一年便变懒，或者生虱子。初一到初五，不能动针线，不然会缝住"巴日肯"（神）的眼睛。也不能倒垃圾，不然会把家里的福气一块倒走了。初七之前，不能吃烙饼。初七是人日，不能出远门，而且要吃馅饼和手把肉。

除夕夜读。寓意来年学业有长进，教育意识在年节中成为一种习俗，是达斡尔族的优秀传统（图/敖拉·赛林）

灯，初一早上查看灯熄灭以后，里面落下来的人发或畜毛，来占卜新一年家里能不能新添人口或牲畜。除夕夜里给耕牛角和仓房门抹荞面，祈求牛畜没病没灾和来年丰收。在院里招呼牲畜，认为这样牲畜不会生病。在园田的四角洒点牛奶，嘴里念叨着害虫别到园田里来。种地的人家，把12块烧红的柳木炭放在炉灶上，代表一年的12个月。第二天查看炭灰的颜色，颜色白的预示着当月干旱，颜色黑的预示当月下雨。把家里各种粮食各包一包称重。第二天再称时，分量变重的粮食，下一年会丰收。老人们看天象，预测新一年的年景如何。守岁的孩子被要求读一会书，认为这样能让他变得更加聪明好学。

初一人们很早就要起床，全家先到院子里拜"腾格日"（天）、北斗七星、娘娘神、灶神，以及信奉的各种神灵。拜完神，晚辈再次向长辈敬酒磕头。早餐吃肉汤饺子，有些饺子馅里夹着有象征意义的东西：白线象征长命百岁，纽扣代表做官，铜钱表示钱财，面粉表示心地善良等等。吃到这些东西的人，为新年里的好运气欣喜，全家人也感觉热闹和有趣。吃完饺子，长辈就带着家里人，去亲戚朋友家拜年了。热闹的拜年活动一直持续到正月十五才结束。

元宵节达斡尔语称为"卡钦"，达斡尔族人认为，这天是天神归界的日子，也是春节的最后一天，因此，达斡尔族人过"卡钦"也很隆重。"卡钦"的前一天夜里，也像除夕夜一样被称为"布通"，祭神放炮，还有祈求丰收的仪式。正月十五这天，跟初一一样吃肉汤饺子，隆重度过。这一天，妇女要回娘家拜年团聚。

愉快戏谑的抹灰节

正月十六是过完春节的第一天，达斡尔族人互相往别人脸上抹锅底灰，这天就是抹灰节，一个热闹有趣的节日。达斡尔族人认为，脸上抹灰能避免邪祟和

愉快戏谑、寄寓平安的抹灰节（正月十六）（图/苏伟伟）

疾病。相传，每当正月十六的凌晨到太阳升起前是妖魔鬼怪在人间寻找自己的替身的最佳时间，只要人们脸上都抹了黑，它们就无法辨认人和鬼了，这样凡是抹上黑的人就能不得任何疾病，健康、平安地度过一年。所以，天刚亮人们就用黑锅底灰，互相在脸上抹黑，以图吉利。关于抹灰节另外有一种传说，认为每年农历正月十六日这天"五谷之神"要下凡巡视，人们互相往脸上抹黑，是为了祈求五谷之神不要把黑穗病传到人间，使小麦丰收，百姓平安。在抹灰节，抹灰既是一种取乐的游戏，也是互相勉励，让人们早起劳动的方式。起得越早的人，越能去给还没起床的人抹灰。如果起得晚，就肯定被别人抹得一脸黑乎乎了。

"额莫·乌都日"（药日）

达斡尔族人把五月初五端午节叫作"额莫·乌都日"（药日）。艾蒿被认为是驱虫除病的药材，这天，人们踏青采集艾蒿叶，戴在帽子上和耳朵边。还有人把艾蒿编成辫状挂在家里窗户上晒干，留着以后用它煮水擦身，能止痒和祛寒。除了踏青采白艾，还要吃馅饼、饺子和荞面饸饹。达斡尔族人认为这天也是水复活的日子，所以人们一大早起床来到河边，用河水擦身，或用露水洗脸。

连接传统和现代的节庆：斡包节、库木勒节

随着达斡尔族人对自己的传统文化越来越重视，以达斡尔族传统文化为主题的新兴节庆活动在各地举办。比如，以传统舞蹈形式鲁日格勒为主题举办的鲁日格勒节；以传统饮食库木勒（柳蒿芽）为主题的库木勒节；以抹灰节为主题举办的霍乌都日节（也称"阔得格·乌都日"节），还有以斡包（即敖包）祭祀为主题的斡包节和"沃其贝"节（新疆达斡尔族的斡包节）。节日里，人们穿上民族服装，欢聚在一起，还有很多人特意从外地赶过去参加。这些新兴节庆活动，给现代达斡尔族人提供了重温传统文化的机会，也促进了达斡尔族传统文化的传承和发展。

我国北方的蒙古族、达斡尔族、鄂温克族、鄂伦春族等民族都有敖包（达斡尔族人称其为斡包）信仰和祭祀的习俗，千百年来历经世代传承，始终对人们的精神世界和心理意识产生着影响，也折射出各民族社会生活与自然和人文生态变迁的基本情况。现在，莫力达瓦达斡尔族自治旗把这个传统习俗发展成现代民族节庆斡包节，每年的6月28日举办。

斡包（敖包）：以自然崇拜为内涵的文化符号

达斡尔族学者鄂·苏日台先生认为，斡包信仰和斡包文化是前萨满教文化形态之一，对北方民族萨满教文化的形成起到了极为重要的作用。斡包、斡包祭，就其本质而言，是以崇拜狩猎自然环境为特征的，是以山石树木崇拜为主体的大自然崇拜意识的直观反映。人们通过将石块堆积到高处瞻仰和祭拜来表达对

五月初五端午节，人们用河水擦身，祛除污秽（图/苏伟伟）

斡包树的彩绸，每个颜色代表一种事物（图／苏伟伟）

岿然不动的石头的崇敬心意,并且由对石的虔敬和膜拜,又扩展为对山和山神的崇拜,他们把斡包看作是山的缩影,认为山神栖居于此。在以后的发展中,又在外观形制上加入了一些象征饰物,如石堆最高处插上葱郁的树枝,并在枝叶间缀饰红、黄、蓝三色饰带,分别表示对火、地和天的祭祀。可见,斡包的文化内涵不断被扩充和泛化的同时,祭祀活动也在不断强化着神圣性。

(本节摘自戴嘉艳《达斡尔族敖包信仰和祭祀习俗的文化内涵与变迁特点探析》)

达斡尔斡包:从狩猎到农耕的文化变迁

达斡尔族由狩猎经济过渡到定居农耕生计方式,同时兼营牧林渔猎等业以后,仍保持着斡包信仰和祭祀的文化习俗。斡包信仰与农业文化建立起紧密的联系,祭祀中也汇入更深切的对风调雨顺、五谷丰登祈盼的心愿。

达斡尔族斡包祭祀与农业生产之间的关联性,与一切农耕民族自古以来祀天礼地、祈求并报谢自然养育之恩的信仰意识有类似之处,其本质是相一致的。从世界范围来看,早在原始农业发生之初,就已经形成了向神灵祈求丰收的宗教观念和信仰习俗。国外的一些农业考古遗址中,不仅出土了农作物籽种、石制农具、骨器、陶器等,还发现了一些象征丰产丰收的女神雕像,这正是人类早期即已存在农事信仰的佐证。我国的农耕先民很早就对滋养作物生长,使人类得以操持农耕生计谋生的神奇土地产生深深崇拜之情,在对土地、地神的祭祀活动中逐渐发展成了"社日"的习俗。

民祭敖包(即斡包)之日,"屯人咸集敖包前,用牛或猪、羊祭之。巴哈奇祝祷者,以祷告词祷告,祈求天地、山川、神祇威灵感格,风雨以时、灾疠以消、五谷丰登、大畜繁殖等词。祷毕宰牲,分节煮荐,巴哈奇仍祷告一次,此时众皆焚香叩拜祭毕,生熟肉按户均分之,此民祭敖包之俗礼"(摘自《达斡尔资料集》)。主祭人由巴哈奇(萨满的助手)担任,过去只允许男性参加祭祀仪式。祭祀时有时还事先在斡包上插上带有青枝绿叶的柳树或桦树,用以象征五谷茂盛和六畜兴旺。祭毕,通常在进餐之后,举行射箭、赛马、摔跤、打曲棍球等多种形式的民族游艺比赛活动。

清代康熙年间在今莫力达瓦达斡尔族自治旗境内设立了布特哈八旗总管衙门敖包和旗敖包两处官敖包(即斡包),这两座斡包分别设在宜卧奇后屯(今宜卧奇村)之北约五里许的山顶上和尼尔吉屯(今尼尔基镇)东山头(即下文提到的"老山头")。

从这时起,斡包祭祀习俗中又出现了官祭形式。衙门敖包(即斡包)由总管主祭,旗敖包(即斡包)由副总管主祭。祭制仍用牛、猪、羊等牲畜献祭,每年春秋两季举行。祭祀衙门敖包(即斡包)时,总管率领全体官兵临场烧香,读祝文,所祷之词与民祭同。秋祭主要是报

祭祀神圣的斡包,延续古老的山石树木崇拜的表达方式(图/朝鲁巴根,供图/宝音)

谢神灵佑助风调雨顺、五谷丰登、人畜平安，仍祈加惠施恩，免除一切灾害。旗敖包（即斡包）的祭法与衙门敖包（即斡包）相同。公祭仪式后还要举行射箭、赛马、角力或舞蹈等游艺活动。

祭斡包活动也是达斡尔族人休闲娱乐的活动。节日期间，除传统的祭斡包仪式、体育竞技和歌舞活动外，还增加了民族服饰展演、炖柳蒿芽比赛、罩鱼比赛等民俗内容。

库木勒节："库木勒"是达斡尔语柳蒿芽的音译，也有地方叫"昆米勒""昆毕勒"等，是达斡尔族最有代表性的饮食。许多达斡尔族地方都以库木勒为主题举办民族节庆活动。1987年，黑龙江省齐齐哈尔市梅里斯达斡尔族区举办库木勒节，就是选择在柳蒿芽采集的旺季。现在，北京、内蒙古呼伦贝尔市的伊敏河镇、莫旗的腾克镇、黑龙江省龙江县华民乡莫呼达斡尔族村，都在举办库木勒节。

上图：主祭人读用满文写的祭词（图/苏伟伟）
下图：当代斡包祭祀（图/春雷）

在传统的聚族而居时期，斡包是以莫昆为单位设置的，并且由莫昆组织每年的祭祀活动。后来由于迁徙和移民的移入，达斡尔族人居住形式变成按地域杂居，于是开始以屯为单位设置斡包，由杂居的各莫昆共同祭祀。自清代以来，随着在达斡尔族地区实行八旗制，在今莫力达瓦地区设置了布特哈八旗总管衙门敖包（即斡包）和旗敖包（即斡包）这两个官方敖包，敖包祭祀由此还出现了官祭和民祭之分

新疆沃其贝节上，人们祭祀斡包，载歌载舞
（图/苏伟伟）

沃其贝节：沃其贝节是新疆达斡尔族祈求"风雨以时、灾疠以消、五谷丰登"的祭祀仪式。乾隆二十八年，黑龙江的部分达斡尔族官兵长途跋涉18个月，到伊犁地区，后到塔城阿西尔乡一带戍边。从此，驻扎在那里的达斡尔族官兵和他们的后代每年举行沃其贝节，延续至今。

新疆沃其贝节上，人们祭祀斡包，还有丰富多彩的文艺表演和体育比赛。

传承文化，凝聚情感：达斡尔族节日的意义

从达斡尔族的节日民俗可以看到，达斡尔族的很多节日无论是节日时间还是风俗习惯，都受到汉族及其他民族的影响。比如，春节基本都是从小年开始，到正月十五结束，节日期间要吃饺子、放鞭炮、贴春联、挂灯笼等等。端午节期间，人们日出前采艾蒿，或用草叶的露水洗脸等习俗，都与汉族的节庆习俗相近，这说明各民族在交流交往过程中，达斡尔族受其他民族的文化影响，通过吸收其他民族节庆文化的精华，使本民族的节庆文化内涵更加丰富多彩。很多的习俗也都体现了民族和谐的理念，比如在欢度春节的时候，在外工作的子女都要回家和父母相聚，除夕之夜吃上一顿团圆饭，初一早上吃饺子，要给亲朋好友拜年等等。在这样一种其乐融融的氛围之中，加强了家族内部以及本民族之间的感情交流，形成了和谐的人际关系，不仅促进了本民族的和谐发展，也为今天和谐社会的建设贡献了一份力量。

传承民族品格，记录民族发展

民族传统节日所展示的风俗习惯，既是民族文化的综合体现，又展现了民族发展的历史文脉，从一个民族的节日习俗可以透彻地看到该民族的民族心理和民族品格。达斡尔族的节日及习俗同样记录了该民族的历史发展历程，同步展示了达斡尔族人的民族品格。比如，依尔登节和斡米南节中所举行的祭祀仪式，目的就是希望通过祭祀活动，以得到神灵的护佑，在未来的一年五谷丰登，家人健康，生活美好，体现了达斡尔族人对美好生活的向往。另外，由于过去达斡尔族地区医疗水平低，致使人口死亡率相对较高，于是人们在年三十晚上，各家各户会点燃大门正前方的粪垛，认为点燃堆火会使自家的"烟火"得到接续传承，表明家

有些地区在祭斡包的同时，又在河边举行求雨祭，多为妇女举行这一仪式（图/敖拉·赛林）

斡包节上的达斡尔族一家人
（图/苏伟伟）

庭兴旺，子孙有续。同时，他们还认为焰火越旺盛，点燃时间愈长，日子就越红火，以此预示着人们即将迎来的是兴旺之年。

为突出祈福主题，人们大年初一包饺子时，多往里面放一些"小玩意"，各有寓意。如吃到一根白线，预示着吃到的人将来会长命百岁等等，这些都体现了达斡尔族人具有团结互助、和谐美满、热爱生活的优秀品格。20世纪80年代，为了促进达斡尔族地区经济社会的发展，尤其是为了延续传承本民族传统文化的现实需要，生活在黑龙江省齐齐哈尔市梅里斯区的达斡尔族群众，自发创立了别具地域民族特色的库木勒节。上述节日的形成和发展都记录了达斡尔族的历史发展历程，展现了不同时期达斡尔族的社会风貌。

彰显教育功能，丰富民族生活

达斡尔族的节日习俗中的一个重要的作用就是教育的功能，比如在欢度春节的时候，除夕之夜要祭祖，缅怀祖先以尽孝道。晚上，晚辈们要向长辈叩头辞旧岁，向老人祝寿，老人同时会祝福晚辈。晚辈还要到本莫昆的长辈家及近亲长辈、有亲属关系的家里敬酒叩头，这体现出达斡尔族的节日习俗中蕴涵着丰富的尊老爱幼的优良品质。在欢度库木勒节的时候，大家聚在一起吃柳蒿芽菜、喝柳蒿芽汤，并对青年一代进行民族历史传统教育，目的也是使达斡尔族的青年人继续保持民族特色和本民族的优良传统。

提升民族凝聚力，繁荣民族经济

传统节日中蕴涵着丰富的传统文化的内容，是活的传统文化。传统节日是民族生活中的典礼和仪式，是民族情感的黏合剂，其中包含了亲情情结、敬祖意识、寻根心理、报恩观念，可以唤起对亲人对家庭对故乡对祖国的情感，唤起对民族文化的记忆和对民族精神的认同。达斡尔族在欢度节日的时候可以加强民族之间的亲情沟通，使达斡尔族人民特别是青年人增加民族认同感、归属感和凝聚力，从而不断促进达斡尔族的壮大和发展。节日活动能够吸引更多的人，加强各民族的文化和经济交流。所以今天达斡尔族的有些节日在促进文化发展和加强文化交流的同时，也扩大了达斡尔族的影响力，推动了民族文化的整体发展，促进了达斡尔族自身素质的提升，带动当地经济发展，进而推动达斡尔族地区经济社会的全面进步。

（本节文字摘自庞晶《文化视阈下达斡尔族的节日特点及作用》）

走进达斡尔族斡包节

文/李振峰

达斡尔族人自古有祭斡包(即敖包)的习俗,是为了祈祷风调雨顺,平安吉祥。斡包有屯斡包、莫昆斡包、旗斡包、衙门斡包等种类,在进山打猎经过的山道旁也有斡包。斡包就是祭天地、山川和神祇之祭坛。斡包朝南,用石头垒成,千年风吹不散。斡包分为民斡包和官斡包。莫旗的是官斡包,由布特哈八旗总管衙门的副总管主祭,布特哈八旗衙门斡包建于康熙二十八年(1689)。祭官斡包选在公历6月份祭奠,祭祀仪式包括添石、祭酒等,由德高望重的达斡尔族、鄂温克族、蒙古族等民族的老人参加,祭斡包仪式后有达斡尔族民间体育活动。

这次斡包节的斡包坐落在斡包山上,四边栽上了四棵樟松,周边挂满了彩旗飘带、条幅,石头上刻着"吉祥如意""风调雨顺"等文字。斡包的正面设祭祀供台,摆着牛头、羊头、鸡、猪头等,还有各种果品、酒类、糕点,供桌前香烟缭绕,人头攒动。达斡尔学会秘书长宣布祭祀仪式开始,德高望重的十位老人穿着民族服装,一字形跪在供桌前。参加仪式的达斡尔学会会员、祭祀的群众也跪在供桌前。老人用达斡尔语开始读祭文,三叩首之后,十位老人在前,手拿酒瓶绕斡包走三圈,不时地向斡包石上洒酒致敬。跟在十位老人后面的会员和群众也绕斡包走三圈致意,并往斡包上添石块儿。

祭祀的队伍很长,人们在队伍里说笑着,互相祝福着。绕完三圈的人们围在祭祀供台周围,分享着各种

众人围绕斡包转三圈的祈福活动(图/苏伟伟)

水果、酒类、糕点等祭品，据说品尝到这些祭品寓意着吉祥、平安。大人孩子都来拿，一会儿的工夫，把小件的祭品一扫而光。祭祀仪式完成之后，开始在民族园表演文体节目，参加表演的是莫旗乌兰牧骑专业演员和其他群众演员。舞蹈鲁日格勒、扎恩达勒民歌、说唱乌钦等独具民族风情的表演，让我耳目一新。听当地的朋友介绍，达斡尔族只有语言，没有文字，清代多用满文记述本民族的历史及民间传说，重大事件通过乌钦表演，表演者都是民间老艺人。我虽然听不懂唱的是什么，但台上台下互动的热烈场面，使我感受到了这个民族的热情、勤劳、智慧和勇敢。

传统的曲棍球、赛马、摔跤、颈力、扳棍等民族体育项目表演在草坪上进行。老年曲棍球队分成黄、蓝两方正激战着，他们当中最大的已经70多岁，最小的也60多岁了。我选好位置，抓拍着一个个精彩的场面。草坪的另一端在举行颈力和摔跤比赛。

文体表演结束的时候，已近中午12点。我们来到达斡尔族民俗村就餐。整个院落古朴自然、和谐亲切。进入屋内，浓郁的达斡尔族生活气息扑面而来，南、北、东三铺大炕上摆着盛满达斡尔族传统美食的餐桌，我们在大炕上盘腿而坐，桌上丰盛的美食使我们忘记了矜持，吃手把肉、饮巴特罕美酒、观赏民族民间歌舞。一边畅饮，一边叙情，激情洋溢，恰似春风化雨，滋润心田。

搏杀（图/吴松江）

斡包节上的萨满舞蹈（图/苏伟伟）

撰稿专家

苏媛媛，女，1982年出生，鄂温克族，内蒙古自治区社会科学院民族研究所助理研究员。主要开展民族理论与民族政策、三少民族研究。2009年参加工作以来，主持、参与国家、自治区、院课题近十项，发表《当代达斡尔族文化活动的作用及文化变迁》《达斡尔族当代节日的调查与研究》《内蒙古当代节庆状况的调查与发展的探讨》《内蒙古高校蒙古族及蒙语授课毕业生就业状况分析与评述》《改革开放以来达斡尔族文化活动的发展》等论文十余篇。

《改革开放以来达斡尔族文化活动的发展》

扫描二维码，
阅读专家代表著作的电子版

达斡尔族男子打曲棍球,传承千年的游艺活动(图/苏伟伟)

第5章

精彩与趣味同在

游艺民俗

本章主撰稿人：内蒙古自治区社会科学院民族研究所助理研究员　苏媛媛

达斡尔族的游艺与他们的日常生产生活联系紧密，有些源于生产技能的比试，有些是生活内容的演绎。达斡尔族的游艺往往能在他们的生产生活中找到根源，也折射出达斡尔族共同的文化特质。

比如，达斡尔族早期从事狩猎生产，一个好猎手需要有强健的体魄、精准的射箭本领和驾驭马的能力。为了打到更多的猎物，也为了争当氏族公认的好猎手，达斡尔族猎人不断学习和锻炼狩猎本领。在日常休息时，猎人们常常互相较量比试，于是射箭、摔跤、赛马等力量型、技能型的体育比赛逐渐发展起来，其他类似的游艺活动也应运而生。

达斡尔族的一些游艺活动是对生产活动的模拟或演绎。比如，达斡尔族有一种棋叫"博格·台里贝"，即鹿棋，就是模拟了早期的围猎活动。

有些游艺项目是为了在玩耍中培养儿童的各项技能、增长本领而设计的。而且，游戏形式也很有趣味性，让孩子们玩得乐此不疲。像射"萨克"比赛、"陶力·塔日克贝"（棒打兔）、"奴格·额日克贝"（掷坑），都能培养孩子射击的准确度。"楚·伯列贝"（寻棒）是考验夜晚的眼力、锻炼发现猎物本领的游戏。欢快的少年，爱打曲棍球和玩各种游戏，爱竞技。少女们做"哈尼卡"（纸偶），玩"过家家"，也爱玩萨克（兽髌骨），聪慧活泼。

这些传统游艺项目点缀了达斡尔族的生活，给他们带来了无限的乐趣。现在，达斡尔族的生活发生了变化，传统生产已经远去，生活里也有了电视、电脑，传统游艺活动正在慢慢消失，寻棒、哈尼卡等儿童的游戏在现实生活中已经很少见到了。不过在节庆里，还能看到赛马、摔跤、射箭等比赛活动。

千年一击,全民同乐

达斡尔族曲棍球运动兴盛蓬勃,是民族团结振奋精神的体现

文化人类学家威廉·冯特在其《伦理学》一书中指出:游戏是劳动的产物,没有一种形式的游戏不是以某种严肃的工作为原型的。不用说,这个工作在时间上是先于游戏的,因为生活的需要迫使人去劳动,而人在劳动中逐渐把自己的力量的实际使用看作一种快乐。许多娱乐性极强的游戏形式最早起源于紧张严肃的生产活动,完全是功利性的——为了满足人们的物质生活需要,为了生存和繁衍。后来,随着社会发展和生产效率的提高,人们有一些剩余精力,可以无须为了单纯的物质需要而付出自己全部的劳动,一些游戏便产生了。

达斡尔族人的传统游艺里,最有名的要数曲棍球了。达斡尔族人会在农闲时举行曲棍球比赛,在聚会和节庆日子里,曲棍球比赛更是不可缺少的。"达斡尔族曲棍球运动是一项民族传统体育项目,和奥运会项目曲棍球的打法颇为类似。当我的双脚踏上这块土地后,就立刻感受到达斡尔族对曲棍球运动的热爱。达

达斡尔族老年曲棍球队传统曲棍球表演,达斡尔语把曲棍球场地两端的球门称为"阿那格"(意为狩猎营地)和"耶热"(意为野兽洞穴),达斡尔族人把曲棍球运动当成狩猎时在猎场安营扎寨、在野兽洞穴堵击野兽的生产活动的模仿(图/苏伟伟)

斡尔族不论年龄大小，几乎人人都有一根球杆。"中国曲棍球协会主席雷军说。

国家体委为了组织国家曲棍球队参加国际比赛，考察发现了达斡尔族的民间体育运动波依阔与现代曲棍球运动有着惊人相似之处，遂将莫力达瓦达斡尔族自治旗定位为"中国曲棍球之乡"。2006年5月达斡尔族传统的曲棍球比赛也被列入国家级和自治区级的非物质文化遗产名录。

打曲棍球用达斡尔语称为"波依阔·塔尔克贝"，其中的"波依阔"指的是曲棍球的球棍。达斡尔族对波依阔情有独钟，经常举行"波依阔"比赛，无论是身强力壮的年轻人，还是两鬓斑白的老人都要挥杆上阵，鏖战一番，曲棍球运动有着深厚的群众基础。

曲棍球的历史渊源

达斡尔族曲棍球运动具有悠久的历史。据考证，曲棍球最初源于西方国家，后来经西藏传入我国内地，原本也是军中游戏。契丹人酷爱这项游艺，《辽史》中称曲棍球为"击鞠"，球棍称为"月杖"，曾盛行于辽代。

中国古代曲棍球的先驱者姓名已经无法考证，但可以肯定的是，至少在唐代初期，曲棍球运动就已盛行。现存英国大英博物馆的一只唐朝彩色花瓶和现存日本正仓院的一块刺绣丝绢上，都有唐代儿童打曲棍球的图案。唐代宫词有"殿前铺设两边楼，寒食宫人步打球"之句，这里说的"步打球"就是指曲棍球前身。当时的宫女在寒食节这一天，要在宫殿前给皇帝表演步打球。

达斡尔族传统的"坡列"（曲棍球）有成人的拳头大小，分为三种，有用兽毛团成的毛球，有用杏树根做的木球，还有填入松油可以点燃出火、用于夜晚击打的火球（图／苏伟伟）

唐代的"步打球"和北宋的"步击"游戏，以及传统达斡尔族的"波依阔"，同现代曲棍球极为相似。

"步打球"的形象，还可以从保存至今的两条唐代花毡上看到，达斡尔族所用的曲棍球球棍，形状与唐代花毡上"步打球"所用的球棍相似，除长度、重量之外，也与现代曲棍球相似。

随着时间的流逝，此项运动后来在我国其他民族中基本消失，唯有达斡尔族将"波依阔"世代相传，成为民间最为流行的体育运动。

达斡尔族的曲棍球有三种。一种是木球，用杏树根削成，直径8厘米左右。木质坚硬，抗击打，打出后速度也较快，一般是成年人打。儿童打轻软有弹性的毛球，用牲畜的毛团制成，打出以后速度较慢。第三种是火球，把桦木上硬化了的白菌疙瘩加工成球形，把球心挖空，填进松明等油质易燃物，点燃后不容易熄灭。

夜晚，球员们追逐着明亮的火球，击出一道道绚丽的轨迹，有一种特别的趣味。

达斡尔族有着久远的打"波依阔"（曲棍球）的历史。当然，达斡尔族民间曲棍球与现代世界流行的曲棍球运动还是有很大区别的。现代曲棍球运动对于比赛场地、球棍、球、球门等，

莫旗"曲棍球之乡"雕塑（图／苏伟伟）

在材料、质量、规格方面都有统一、明确的标准，上场比赛的人员数量、比赛时间也是确定的。

但是，在达斡尔族民间曲棍球活动中，没有对这些的严格规范和确定，相对来说更具有随意性。达斡尔族传统曲棍球的毛球、木球、火球的规格不求统一，大致与成人的拳头大小差不多。球棍都是用柞木制成的，其长度约在1米以上，击球部位形状弯曲便于击球即可。场地在空旷的大街上或草地上，双方球门的距离有三四十米即可，球门基本上以双方当场的约定为准，大致有两米宽，往往摆上石块就算设立球门，有的学生摆上书包也可。球场的端线以球门为限，两边的边线可以以大街两侧的篱笆为准，有时也没有明确的界限。

达斡尔族民间的曲棍球有一定的比赛规则：在场地中线发球，双方以把球攻入对方球门为得分；不能

上两图：夜幕降临，开始打火球。击打火球时，划出一道道火光的弧线，在夜里格外耀眼（图／苏伟伟）

左图：制作传统曲棍球球棍的原材料——幼柞树
右图：达斡尔族人用柞木棍砍制球棍（选自《达斡尔族文物图录》）

打高球，不能用手碰球，不能把球棍扔出去击球，也不能用它打人、绊人，除守门员外，不能用脚踢球等。比赛中没有裁判员，这些规则靠大家自觉遵守和互相监督来执行。在达斡尔族民间曲棍球比赛中，一般而言女性是不参加的，而现代曲棍球则有女队。现代曲棍球没有老年人参加比赛，而达斡尔族民间曲棍球比赛上场人员分少年、青年、成年、老年，很少有不同年龄的人混合上场，上场的人数没有明确规定，只要两个队人数相等就可以，人少的时候由几个人组成一队，多的时候达十来个人一队。一场比赛甚至没有时间限制，以玩得尽兴和天色早晚为准。还有，达斡尔族民间优秀的曲棍球手，是在比赛场上练出来的，没有比赛场外的体能、技术等训练。有成人对青少年如何打曲棍球的指导，但不像现代曲棍球那样有专门的教练员。

达斡尔族传统曲棍球比赛时，参赛人员身穿传统服装，手握柞木制作的球棍，球棍用根部弯曲的幼柞树制成，弯曲部分削扁用来击球，击的球称"颇列"（图/苏伟伟）

强健体魄,团结协作:
曲棍球的健身价值和民族文化价值

曲棍球比赛激烈,攻防转化较快,运动员的身体接触较多,具有多种健身价值。在达斡尔族很容易开展曲棍球运动,它具有娱乐游戏等特点,不同年龄、不同性别、不同技术水平的人都能参与这项活动,使人们在轻松与愉快中强健体魄,增进健康。

曲棍球可以培养与锻炼良好的心理素质和意志品质。经常参与此项目,能够学会控制自己情绪和调节自身心理素质,胜不骄,败不馁。这正是达斡尔族文化与曲棍球运动的完美结合,也正是如此,曲棍球才能在达斡尔族中具有顽强的生命力,并且不断地发展和升华。

曲棍球还与达斡尔族的生活密切相关。达斡尔族

右图:帅气的达斡尔族曲棍球少年(图/敖拉·赛林)
下图:过去达斡尔族女性不参加打曲棍球活动。现在,达斡尔族女孩子也出现在曲棍球场地上(图/苏伟伟)

语言中的一些生动比喻也与曲棍球有关,如"帽子怎么能像曲棍球一样到处乱扔"。对于不成材的木料和不求上进的人,达斡尔族人常比喻说:"真是块歪木头,只配做曲棍球球棍。"

过去,在冬春和秋季,都能在达斡尔族村落里见到青少年聚集在一起打曲棍球的热闹场面。农闲之时,成年人也举行曲棍球比赛。在氏族聚会和节日的时候,更少不了打曲棍球。曲棍球无论在游戏还是在比赛时,因其是集体项目,要求参加者要有团队精神,要配合默契,这与达斡尔族本身所具备的团结互助、重团体利益和民族利益的民族特性相适应;在娱乐中

莫旗是中国曲棍球之乡,每隔几年这里都要举行一次全国性邀请赛(图/鄂雪峰,供图/宝音)

增进了达斡尔族人民之间的团结协作精神,这种精神又推动了曲棍球的发展。同时,达斡尔族是一个具有共同心理素质和民族意识的群体。在长期的历史进程中,形成了坚韧不拔、勇于拼搏、不甘落后的民族特性。因而,曲棍球在娱乐和比赛中的强对抗性、竞争激烈性以及追求团结互助而取胜的表现形式,在达斡尔族中有着深厚的民族文化根源。

现代曲棍球之乡的奥运缘分

曲棍球是奥运会历史上最为悠久的项目之一,在1908年伦敦奥运会上,男子曲棍球首次成为正式比赛项目,1980年奥运会增加了女子曲棍球项目。

曲棍球国家队中来自莫力达瓦达斡尔族自治旗的队员（图/苏伟伟）

1975年，国家体委为了组织国家曲棍球队参加国际比赛，要求莫旗专门组织了一支曲棍球队，到北京等城市进行表演赛，推广曲棍球运动。之后，莫旗曲棍球队队员多次作为国家队主力参加国际曲棍球赛事。1980年，内蒙古在莫旗曲棍球队的基础上组建内蒙古男子曲棍球队。1982年，莫旗组建我国第一支女子业余曲棍球队。1989年，莫旗被国家体委命名为"曲棍球之乡"。

正如中国曲棍球协会主席雷军所说："莫力达瓦达斡尔族自治旗培养了大批曲棍球优秀人才，中国第一支曲棍球队、亚洲曲棍球裁判联合会的第一位女理事、中国第一个曲棍球国际A级裁判员，都来自莫力达瓦达斡尔族自治旗。在2006年多哈亚运会上，来自'曲棍球之乡'的4名曲棍球手为中国男子曲棍球队夺得银牌立下了汗马功劳。在北京奥运会男子曲棍球比赛中，来自'曲棍球之乡'的7名主力队员展示了高超的球技。征战伦敦奥运会的中国女子曲棍球队主力队员高丽华也来自'曲棍球之乡'。他们在奥运会赛场上展示的不仅是娴熟的球技，更重要的是，他们把达斡尔族曲棍球文化带到了奥运会上。"

为了培养曲棍球运动后备人才，莫旗把达斡尔中学、民族实验小学等7所中小学设为曲棍球基点校，培养曲棍球人才。

射箭、骑马、摔跤：凸显达斡尔族男儿本色的竞技

过去，射箭、骑马和摔跤本领是衡量一个好猎手好男儿的重要标准。现在，射箭、骑马和摔跤是达斡尔族的聚会和节日活动里，必不可少的娱乐项目，仍然很受欢迎。

早期狩猎时，弓箭是达斡尔族人的主要工具。猎手的射箭水平往往得到人们格外的重视，在氏族聚会时，猎手们经常互相比试射箭本领，一较高低，获胜者得到人们的赞扬。射箭比赛流传至今，仍然是各种大型聚会活动中少不了的项目。在传统射箭比赛中，参加比赛的人按莫昆（氏族分支）分组，各组人数相等。比赛前杀猪煮肉，让射手享用，然后开始比赛，比赛以中环多的组为胜。加试一场比赛就杀一头三岁牛。猪和牛的费用由败方承担。

达斡尔族人注重驯马，以挑选和调驯出优秀的马匹为荣。达斡尔族人对选定赛马有一套标准。有条件的人家，赛马要从幼时就挑选出来，专门驯养成赛马。选择的幼马个头要高，腿要细长，蹄子小，前胸宽，鼻孔大，毛色适中。马3岁时开始驯养，白天吊夜间喂，饲料定时定量，还要做专门的赛马训练，每天定时遛马练步法，训练"卡特热格"（快步颠马），直到它的速度能超过普通马的大跑速度。这样的驯马常常要一年时间，过程非常用心。人们在草原上骑马相遇时，常常相互较量，纵马飞驰，比试高低。在春节、祭斡包和其他大型聚会时，都少不了赛马比试。

赛马通常分为速度赛和耐力赛。速度赛赛程3到5千米，耐力赛赛程10到20千米，先到者胜。发令人一声令下，骑手们策马扬鞭而去，比试速度，炫耀自己的骑术。赛马场面激动人心。比赛之外，人们互相打量马匹，看体态，看步态，比较谁的赛马更优良。良马的主人常常感到自

上图：达斡尔族弓箭（图/苏伟伟）
弓被达斡尔族人称为"讷莫"，以桦木、榆木、稠李子木制作，长1.5米。握柄和系弦处镶上兽骨，使弓更坚固美观。弦用鹿筋、狍筋制作。为了增强弓的力量，也有以藤木为材料制作，把两层弓片用胶粘合。箭被称为"索木"，用质地硬的树条或藤条为杆，配以铁制或骨制的箭镞，箭尾装饰有两排对称的雕或鹰的羽毛保持箭飞行中的平衡。箭靶用6厘米厚的毛毡制成，直径60厘米，画有红白二色的五道环。射箭时常佩戴扳指，以增加拉弓力度

右图：射箭（图/苏伟伟）

赛马是现代达斡尔族人大型娱乐活动的必备项目(图/鄂雪峰,供图/宝音)

豪。赛马中的常胜将军被奉为神马,并能给主人带来荣誉。

在聚会和节庆活动里,摔跤也是不可缺少的活动。摔跤能手得到"布库"(大力士)的称号,受到人们的赞扬和尊敬。在达斡尔族的传说里,还有很多关于正直勇敢的布库的传说。摔跤手不仅需要身强体健,力气大,也要有很好的摔跤技巧和经验。

达斡尔族摔跤于2007年被列入第一批内蒙古自治区非物质文化遗产名录。

成年人的摔跤比赛多数是淘汰赛,一人胜出后,紧接着就有另一人要求同他比试,像是打擂台。如果哪个摔跤手打败众多来较量的人,就会被人们称为"布库"。

年轻人打对抗赛,选手们会分成势均力敌的两个队,各队排好顺序。首先两队排头的人比试,胜者留在场上,输掉的队按顺序派出下一个人去比试。两队中最后留下选手的队伍获胜。摔跤比赛不受场地和时间限制,在日常生活里,也是常见的运动。摔跤时又热闹又有趣,儿童更是以此为乐。

摔跤有抓肩头和抓腰带两种方式。摔跤技巧有勾、绊、压、背、晃、旋、踢、抬多种方式,以把对方摔倒在地为胜(图/春雷)

充满趣味的儿童游艺

承载温情，让成长有更多的欢乐记忆

达斡尔族的传统儿童游艺，有"萨克"（髌骨）、"哈尼卡"（纸偶）、棒打兔、寻棒、放爬犁、打陀螺等。

"萨克"：北方民族儿童共同的"髌骨"

达斡尔语"萨克"即髌骨，东北地区也称"嘎拉哈"（满语），是达斡尔族儿童天然的精美动物骨玩具。狍子萨克具有棱角滑润、色泽稍红的特点。过去狩猎业在达斡尔族人生产中占有一定比重，每家都有几十个到两百多个狍子萨克，不少人家玩的狍子萨克已经传了三四代人。平常把萨克装在精制的木盒或绣花布袋里，也有的装在兽皮口袋里，甚为重视。

达斡尔族儿童一般在七八岁到十四五岁期间玩狍子萨克游戏，女孩子以在室内游戏为主，男孩子则是以室外游戏为主。狍子萨克游戏的玩法花样很多，各地也略有差异，但大致有这样几种：

萨克 (图/视觉中国)

发现自我，儿童游戏的目的和意义

儿童具有爱活动的本能，随着年龄的增长，活动的本能会发展成为创造的冲动，这种创造的冲动使儿童会去表现他所看到的一切。所以，游戏的目的不仅仅在于活动本身，而是表现。儿童通过游戏表现事物本身就像成人通过语言表达自己一样自然。儿童作为集体的一员，在这些游戏中获得一种肯定的和可靠的力量，并能感觉到这种力量的增长。儿童游戏的这种创造性、表现性会随着年龄的增长得到发展。

游戏将为社会培养共同的意识和感情，发展社会共同的法则和要求。在做游戏时，儿童会尝试在他的伙伴中观察自己，感受自己，衡量和测量自己，通过他们去认识自己和发现自己。这样，游戏便直接地对生活发生了作用，培养了孩子的生活习惯，激发和培育了许多公民意识和道德品质。不管在什么地方，儿童的游戏都具有共同性，所以它将为社会培养共同的意识和感情，发展社会共同的法则和要求。

游戏不仅能锻炼身体的力量，也能显示出精神力量。游戏可以培养对正义、节制、克己、诚实、忠诚、友爱以及公正无私的正确理解，并能通过游戏培养孩子们的勇敢、忍耐、坚定和慎重的精神。福禄贝尔认为，游戏可以是身体的游戏，也可以是感官的游戏或者精神的游戏。身体的游戏如奔跑、拳击、角力等，可以锻炼身体的力量；感官的游戏有听觉的练习，如捉迷藏，有视觉的练习，如射击游戏、色彩游戏等；精神的游戏有弈棋游戏等，这些游戏可以锻炼儿童思考和判断的能力。当儿童参与游戏时，不仅锻炼了儿童的身体力量，而且使儿童的精神和思想得到升华。

"帖西克拉贝",即弹碰。把数十个萨克捧在手里,向上扔后使之散落在炕上。然后选一个萨克其表面形态为或立、或反立、或背、或坑。将该萨克用手指弹出,碰相同面形态的萨克,碰中一个即为赢,碰不到、碰到不同形态的或碰两个以上的萨克,则为失利,轮为下个人扔后弹碰。两个或几个人轮流往复,直到有人把所有萨克赢尽,以赢多者为胜。

"包斯欧尔克贝",即扔同面。按参加人数把所有的萨克平分,出4个萨克作为骰子。在扔骰子时,口中喊"包斯"或"筷"。扔出的4个萨克呈同一种面形态,称为"包斯",扔出4种面形态,称为"瑟斯",出现这两种情况,参加者便可以争抢,抢到手的为赢得。扔者若全抢到手,则每人出一个萨克,凑足4个,或扔者抢到不足4个时,按抢到萨克多少自己补足4个后,接着扔。若扔出有两对萨克面形态相同,称为"筷",扔者收为赢得,轮下个人补足四个后扔,直到有人把其他人手中的萨克赢尽。

"扎嘎拉贝"的玩法是,首先确定玩家顺序,规则是把所有萨克向上抛出后用手背接住,接得多的人先玩。游戏的规则是,把所有萨克扔散,抛出一颗萨克或小口袋,用同一只手迅速抓起散落的同面的萨克,再接住掉落的萨克或小口袋。

射萨克,儿童用柳条制作小弓箭,孩子们各出一枚萨克,在五十步左右远的地方把萨克排成一排,再轮流用柳条小弓箭瞄准射击。谁射中的多,谁就赢了。在这么远的地方射小小的萨克,不知不觉中,孩子们就掌握了精准的射击本领。

玩萨克比赛(图/苏伟伟)

温情记忆的承载：萨克

再次回味那晚的梦境，感觉还是那么真实可触，梦中我和小伙伴们追逐嬉戏，时而欢快地奔跑在家乡的小河边，时而安静地听老人讲奇幻的神话故事。梦中玩萨克游戏，轮到我时，叽叽喳喳的小伙伴们都在认真地看着我，我向上抛去沙包抓住萨克并等待它落下时惊醒过来，伙伴们的欢叫声仿佛就在耳边回响，突然惊醒时竟有一种不知身在何处的不安和惶恐。梦中被我握在手心里的萨克还是那么温润光滑，似乎还带着我们的体温，待思绪慢慢回到现实中才意识到，梦境里的一切都是我童年经历时不曾在意和珍惜的，是再也回不去的美好。

孩提时代，我们女孩最喜欢的游戏之一就是玩萨克，萨克，即狍子或羊的髌骨，东北地区称之为"嘎拉哈"。二十世纪七八十年代，内蒙古地区莫力达瓦达斡尔族自治旗的部分农村达斡尔族人养羊的人极少，人们在非农忙季节会出去打猎，猎物以狍子、野猪等为主，所以我们玩的萨克基本上都是狍子的髌骨。在小伙伴中，拥有萨克最多的人是最受欢迎的。有的人会在萨克上涂抹不同的颜色，花花绿绿的甚是好看；或是自然的骨头原色，经过长时间的玩耍触摸，表面质地变得光滑细腻，愈发精美可爱。

萨克棱角润滑，形状规整，表面能立出四种不同的形态，分别是hanlio"汗辽"（立）、tagaa"他嘎"（反立）、mukuu"穆库"（背）、quk"楚库"

萨克、哈尼卡和剪纸，达斡尔族儿童的好玩伴（图/苏伟伟）

（坑）。萨克的游戏方法多样。

小时候，我和小伙伴最喜欢的玩法就是抓萨克，需要两个或两个以上的人玩，输赢各算的。把4个或8个萨克撒开，右手向上抛沙包，并迅速用右手抓起两个或两个以上相同面的萨克，再接住将要落地的沙包。抓到2个相同面的萨克计1分，3个以上为10分，4个以上为40分。当游戏积累至100分，就开始翻面，这个难度较高，要求较严，其顺序是把萨克扔撒后，上抛沙包，在沙包掉落瞬间用食指和中指把所有萨克依次摆成或立、或反立、或背、或坑的形态，其过程中如没抓住沙包，或手指触碰到其他萨克则为输。游戏者须眼疾手快，才能完成抛接沙包和翻摆不同面萨克的所有动作。玩法娴熟者的所有动作一气呵成，极具美感，上抛沙包的过程中轻松地收起相同面的萨克，似乎不用特意接住，沙包就能顺其自然地掉落到握着萨克的手上，用大拇指和食指捏紧沙包，把萨克轻巧优雅地摊撒到面前，再上抛沙包继续游戏。这种游戏主要锻炼反应速度和动作协调能力，手和眼的动作必须协调统一。

男孩玩萨克主要是tiexiglabei（帖西克拉贝），即弹碰。如今，不会再有像我们当年那样痴迷萨克的小孩，他们有更多精美的玩具，萨克对于他们也许是简陋而没有吸引力的。曾经天天伴随我们、带来无尽欢声笑语的萨克，承载着逝去的烂漫时光。脑海中出现萨克字眼时，首先感知到的是它的声音，摊撒萨克时它们接触炕面的声音、抓握萨克时骨头相碰撞击出的清脆声，不绝于耳不曾远离。那小巧精美的萨克，晶莹剔透的模样，成为记忆中的永恒。

达斡尔族传统用鸡蛋壳制作人物头部的哈尼卡,身体部分用纸制作。该哈尼卡群体表现了达斡尔族的婚礼场景(图/宝音)

"哈尼卡":达斡尔族女孩过家家

哈尼卡是达斡尔族最具代表性的民间手工艺,已被列为非物质文化遗产项目,其富于特色的艺术风貌是达斡尔族原生态民俗文化的一个缩影。

哈尼卡,即纸偶,达斡尔族女孩用纸偶玩过家家的游戏。女孩们用彩纸做人偶,形状大的是长辈,小的是孙辈,凑成一家,再拿硬纸盒做成院子和房子,模仿现实中的达斡尔族人家的生活场景,让它们"生活"起来。

长辈和小孩各住在哪个屋、睡在哪个炕,她们都知道。她们让哈尼卡请安问候,侍候"老人"。请安的话和行礼都是女孩们代替说的。女孩们的几家哈尼卡之间还互相串门、结婚。女孩们在玩哈尼卡时,也受到了熟知礼节、人际交往能力的锻炼。

达斡尔族女孩子玩的哈尼卡,是一种纸偶。身体呈长三角形,像穿着旗袍,上身套一件纸做的马甲。头用鸡蛋壳制成,面部白细晶莹。头饰用彩色纸做成清代妇女的板头,达斡尔话叫"连米日托"。纸偶的服饰留下达斡尔族人曾崇尚满族文化的印迹。清代达斡尔族人被编入布特哈八旗,披甲驻防,是清政府一支重要的军事力量,不少达斡尔族人位至高官,清朝逊帝溥仪的正宫皇后婉容就是达斡尔族人,足见达斡尔族人在清代与满族人有着相似的地位,两个民族在文化上有着悠久又密切的关系。

兴致勃勃地玩哈尼卡的达斡尔族女孩。也有研究者认为"哈尼卡"含义为"眼仁",形容其小巧,如同眼仁。哈尼卡是达斡尔族女孩子心爱的玩具,她们精心保存,母亲的传给女儿,姐姐的留给妹妹,一代传一代(图/敖拉·赛林)

模拟狩猎的游戏

棒打兔：模仿达斡尔族人用棒子掷猎野兔的游戏。在20米远的地方立一根30厘米长的木杆，比赛的人轮流用30厘米长的木棒扔向远处的木杆，击中者获胜。类似的游戏还有"掷坑"，玩法是相距14米挖两个直径5厘米、深5厘米的坑，游戏的人每人拿一个铅砣撇子从一个坑边向另一个坑里扔。扔进去的赢，没扔进的，离坑近的排名靠前。

寻棒：达斡尔语称为"楚·波列贝"，在月光皎洁的晚上，儿童分成两个队，大家面朝一个方向站好。其中一人把一根30厘米长的木棒扔向他们背后的雪地或草地里。然后，两个队伍比赛看谁先找到这根木棒。找到木棒的人要悄悄把木棒带回游戏指定的木桩处敲响木棒。带回木棒的过程中，如果被对方发现，还要进行激烈的争抢、传递。谁最后抢到手、敲响木棒，这个人的队伍就胜利了。寻棒是一种考验夜晚眼力、锻炼发现猎物本领的游戏。

"博格·台里贝"（鹿棋）：鹿棋是达斡尔族人在棋盘上对围鹿活动的演绎。鹿棋可以随意在地上画棋盘，用萨克或石子做棋子，也有精制的木棋盘和精心雕刻的棋子。

鹿棋，民间智力游戏（图/苏伟伟）

鹿棋的棋盘主体为长方形，纵横五道线，斜三道线。方形外侧两头各画一个三角形，叫作山，里面画着十字线。棋子有26颗，分别代表24只猎狗和2只鹿。摆棋时，2只鹿放在两边的山口上，8个猎狗放在棋盘中间内层正方形的8个点上。走棋时双方轮流执棋，执鹿者先走，可走一格或从猎狗上跳过并吃掉被跳的棋子。执猎狗的玩家走棋要先把手中剩余16枚棋子每次一枚放在棋盘任意点上，然后才能开始走棋，每次一格。能把两只鹿围住不动，就赢了。反之，如果失子太多围不住鹿，就输了。

鹿棋与鹿棋桌（图/苏伟伟）

走向世界的达斡尔族剪纸：哈尼卡

文/毅松

哈尼卡的内蒙古自治区级非物质文化遗产传承人苏梅（图/苏伟伟）

苏梅是达斡尔族剪纸艺术家，是达斡尔族非物质文化遗产项目"哈尼卡"的内蒙古自治区级传承人。苏梅从小生长在内蒙古莫力达瓦达斡尔族自治旗，生活在浓郁的达斡尔族文化氛围之中。从6岁开始，苏梅跟随母亲学习剪纸和哈尼卡制作艺术。母亲在闲暇之时，给她们姐妹剪哈尼卡的头型，制作哈尼卡。那精巧的纸偶，还有达斡尔族女性巧手灵心的制作，深深吸引了幼小的苏梅。苏梅的童年是在同小伙伴玩哈尼卡、也琢磨做哈尼卡的愉快时光中度过的。苏梅回忆说，"我们几个小女孩各自用积攒的纸盒、包装纸、糖果纸等布置过家家的'家'，那个家有房屋、炕、灶、大红柜，家具一应俱全，每个人用手里十来个哈尼卡当作一家人，互相玩做饭、挤牛奶、种田、采野菜、出猎、买东西、串门、婚礼等游戏。不知不觉一上午就过去了。可就在这流逝的时光里，对美好生活的憧憬暗暗地植根于内心了。"玩哈尼卡既是一种孩子们自娱的游戏活动，又从中培养了心灵手巧、热爱生活的思想情感。

把剪纸用于儿童游艺玩具的哈尼卡，是达斡尔族剪纸的重要特色，是达斡尔族对于我国剪纸艺术的独特贡献。十几岁时，苏梅已经掌握了较高的剪纸技艺，一把剪刀，一张张普普通通的纸片，在她的手中三剪两裁就变成了活蹦乱跳的飞禽走兽、枝繁叶茂的花草树木、栩栩如生的人物。

苏梅现在是莫力达瓦达斡尔族自治旗文化馆的副研究员。在多年从事美术工作中，苏梅对哈尼卡情有独钟，她说："达斡尔族传统剪纸创作形式灵活，随心所欲，而且所用材料简便，可以作为女孩子的玩具，教孩子们心灵手巧，陶冶情操，是我们民族优秀的文化遗产。我们有责任把民族的文化传统继承下来，传承下去。"苏梅对能制作哈尼卡的纸张有特殊的敏感，见到会不自觉地想这要是制作成哈尼卡会是什么样的，见到好看

苏梅的剪纸作品朴拙优雅而带有清新的生活气息，保持着浓厚的乡土特色，充满浓郁的民族风情（图/苏伟伟）

的纸，能买就买，能要就要。正是那些五彩斑斓的纸张成就了苏梅花色各异、风情浓郁的哈尼卡制作。苏梅还认真求教于民间，向老艺人学习剪哈尼卡头型的传统技艺、传统头型图案以及制作技巧，并在此基础上通过自己的思索、研究，不断创新。正像莫力达瓦达斡尔族自治旗文体广电局原局长阿荣挂说的那样："苏梅创作的哈尼卡头型剪纸，剪法明快流畅，线条清晰柔美，式样丰富，风格古朴，粗犷中又有柔美典雅的特质，与其他民族剪纸艺术风格殊异。她不断拓展达斡尔族剪纸作品的创作题材领域，传说人物、民间故事、观念信仰等在她的剪刀下，都能转化为生动有致的动人画面。苏梅的剪纸和哈尼卡作品多数取材于达斡尔族的生产生活，如耕种、狩猎、捕鱼、采柳蒿芽、打曲棍球、跳鲁日格勒舞等，作品朴拙优雅而带有清新的生活气息，保持着浓厚的乡土特色，充满浓郁的民族风情。她给哈尼卡人物加上双手和丰富的饰物，如坎肩、腰带、衣饰、荷包、佩刀等，其色彩、样式、质感都与达斡尔族服饰一致，呈现出民族特有的生活趣味和艺术风貌。"可以说，苏梅剪纸、制作的哈尼卡，既有达斡尔族民间传统的精神气派，又能给哈尼卡以不同服饰、装饰和生活情境内容的崭新形象和时代特色，赋予了达斡尔族传统哈尼卡以新的生命活力。

五彩斑斓的纸张成就了苏梅花色各异、风情浓郁的哈尼卡制作（图/苏伟伟）

多年来，苏梅剪纸制作了上千个哈尼卡，参加了内蒙古自治区和全国的各种美展，受到了美术界和其他社会各界的广泛认同。1995年8月，参加了在北京举行的第四届世界妇女大会全国百名女能手"中国传统工艺技术女能手操作表演"，进行达斡尔族剪纸艺术作品创作展演。2000年2月，参加在中国美术馆举办的"中国剪纸世纪回顾展"，剪纸作品获三等奖。2004年10月，参加首届中国西部少数民族文化博览会，创作的达斡尔族纸偶哈尼卡作品，获得工艺品项目金奖。2004年10月，剪纸作品获得全国剪纸邀请赛银奖。2005年7月，剪纸作品《丹顶鹤的传说》获得中国首届"仙鹤杯"剪纸精品大赛特等奖。2005年9月，剪纸作品《达斡尔族风情》获得全国剪纸作品大赛银奖。2009年11月在第11届亚洲艺术节和2010年在上海世博会上进行现场制作哈尼卡展演。2011年在马耳他举办的中国文化周活动中做哈尼卡制作展演。她的哈尼卡作品多次参加内蒙古自治区和全国的非物质文化遗产的展览、现场制作表演活动。向国内、向世界展示了达斡尔族哈尼卡剪纸艺术的独特魅力。

苏梅积极开展哈尼卡剪纸、制作的传承工作。近年来，她利用工作之余，到莫旗的达斡尔族中学、民族实验小学开设达斡尔族哈尼卡剪纸课程，向孩子们传授哈尼卡剪纸、制作技艺，指导他们制作哈尼卡。

撰稿专家

苏媛媛，鄂温克族，内蒙古自治区社会科学院民族研究所助理研究员。

弹奏"木库连"(图/苏伟伟)

第6章
心灵之声，世代相伴
音乐

本章主撰稿人：中国音乐学院研究生院教授　张天彤

浩荡的纳文江，是母亲的乳浆；兴安岭的森林，是我的宫帐；

天上的北斗，是故乡的方向；遥远的雅克萨堡，是祖先的荣光。

达斡尔最神奇热血的民族，天鹅一样，

达斡尔最刚强热血的胸膛，雄鹰一样。

金色的田野，是我的衣装；穹庐下流淌，是我的牛羊；

寒冬的猎鹰，是我的伙伴；春天的木库连，是心灵的太阳；

讷呀耶讷呀耶讷呀耶讷呀耶讷呀讷呀耶。

——《达斡尔人》（词：克明　曲：莫尔吉呼）

在达斡尔族人看来，音乐是生命中的精神慰藉，是生活中的亲密伴侣。达斡尔族人用音乐燃烧他们的生命之树，装点他们的生活，照亮他们的精神家园，聚焦他们的心灵期盼。音乐与达斡尔族世代相伴，音乐陪伴着这个古老的民族从远古走到今天，又将从今天走向未来。达斡尔族的传统音乐，犹如一幅记录、描绘达斡尔族人生活和心灵的绚丽画卷，映衬出的是达斡尔族人的价值观、审美观和世界观。

达斡尔族传统音乐，是达斡尔族人民在漫长的社会生产生活中集体创作，以口头传承为主要方式世代流传至今的音乐。它是达斡尔族人民以歌唱的形式抒发心绪、传达情感、感叹人生、赞美生活的一种有效的艺术形式。

扫描二维码
欣赏达斡尔族民歌
《达斡尔人》

扎恩达勒，达斡尔族最古老的民歌

可抒情，可叙事，扎恩达勒是达斡尔族人表达情感的音乐途径

扎恩达勒（jaandaal，凡此文中标记均为用达斡尔语记音符号标注的达斡尔语发音——作者注）是达斡尔族传统民歌中最为古老的形式。根据达斡尔族著名学者奥登挂的解释，"扎"就是告知、叙说，"达勒"即不断地把心中的喜、怒、哀、乐、思告诉别人，具有抒情和叙事的特点。达斡尔族著名音乐家杨士清认为，可以把扎恩达勒直译为"歌"，它相当于汉族民歌中的山歌体裁。扎恩达勒一般为成年人所唱，其曲调、内容依演唱者所处的环境和个人情绪的不同而不同。当人们高兴时所唱的曲调高亢，歌声嘹亮奔放；情绪低落时则曲调低沉、歌声婉转忧伤。

从扎恩达勒词曲的不同呈现方式、演唱场合、演唱者性别、篇幅等几个视角，可以将扎恩达勒划分为以下细类。

无词扎恩达勒与有词扎恩达勒

从唱词来看，扎恩达勒分为无词和有词两种类型。

无词扎恩达勒是一种全曲以"讷耶呢耶"这类衬词来唱的曲调，通常是歌者触景生情的即兴吟唱，其曲调和节拍完全由演唱者的心绪而定，它既可用于轻松愉快的情绪流露，也可用于低婉忧伤的真切表达。

有词扎恩达勒是指有唱词的、能明确表达一定思想内涵的扎恩达勒。有词扎恩达勒又分为四种：

第一种，曲、词均即兴，是一种歌者见景生情、借题发挥的演唱形式，也是达斡尔族最古老、最传统的演唱方式。

野外采集唱扎恩达勒（图/张天彤）

第二种，曲固定、词即兴，人们在放排、赶路、采集时为了排忧解闷、抒发内心情怀，在已有曲调基础上依据当时的心绪自行填词进行吟唱。为一曲多词，歌词具有较大的灵活性和即兴性的演唱形式。

第三种，曲即兴、词固定，是人们根据已有歌词，结合演唱时所处环境和当时的心境，以及达斡尔族不同聚居区流传曲调的不同而即兴编曲。为一词多曲的演唱形式。

第四种，曲、词固定，这类扎恩达勒的曲调、唱词都比较固定，一般情况下不得改动，现在广泛传唱的多为此种扎恩达勒。

山野扎恩达勒与庭院扎恩达勒

根据不同演唱场合，又可将扎恩达勒分为山野、庭院两种。达斡尔学者何今声在《达斡尔族音乐史》中说，当初，达斡尔族把他们在野外唱的悠扬、高亢的歌称为"扎恩达勒"。后来，达斡尔族定居后，在室内也唱扎恩达勒。毅松在《永远的故乡》(《文化内蒙古》第二卷)中说，在达斡尔族的传统里，扎恩达勒是不在屋里、村里唱的。人们在田间耕种、草原放牧、伐木放排、山野采集的劳作闲暇，在骑马赶车的时候，总要唱起扎恩达勒。

讷耶、呢耶：扎恩达勒唯一的衬词

"讷耶、呢耶"是扎恩达勒唯一的衬词，也可以说是达斡尔族传统民歌中最为古老、最为经典的唱词。无词的扎恩达勒通篇都是"讷耶""呢耶"，这种看似无实际语义的唱词却蕴涵了极为丰富、复杂的思想情感，是歌者最为真实的内心独白，是达斡尔族传统民歌中的灵魂，它淋漓尽致地表达出"此时无词胜有词"的艺术效果。

关于"讷耶、呢耶"，已故的达斡尔族著名学者巴图宝音认为它是有实际意义的。"讷耶"是达斡尔语"开吧"的意思，开什么呢？开荒种地；"呢耶"就是达斡尔语"抹吧"的意思，抹什么呢？抹泥盖房。也就是说，"讷耶、呢耶"代表的是从狩猎、牧业转向盖房定居、经营农业时唱出的四字词的扎恩达勒。后来，随着时代的发展，人们不满足这四个字的内容，各种内容的歌词才相继出现。这样，"讷耶、呢耶"就被当作衬词使用了。

扎恩达勒从无词发展到有词阶段以后，"讷耶、呢耶"作为唯一的衬词而存在。然而，即便是有词的扎恩达勒拥有了更为丰富多彩的唱词内容，"讷耶、呢耶"仅作为衬词被穿插在唱词中间，但达斡尔族人在唱扎恩达勒旋律的时候还是习惯于唱只有"讷耶、呢耶"来代替全曲唱词，用于表达深远的意境和歌者的真实心境，直到现在。"讷耶、呢耶"是达斡尔族扎恩达勒中永远挥之不去的心灵符号。

曲谱《无词扎恩达勒》(图/张天彤)

扫描二维码欣赏
鄂朱寿演唱的无词扎恩达勒

达斡尔族传统音乐的体裁分类和特点

20世纪80年代,达斡尔族著名音乐家杨士清、何今声先后把达斡尔族传统民歌的体裁分为扎恩达勒、哈库麦歌曲(哈库麦勒呼苏姑)、乌钦(乌春)、雅德根依若(萨满歌曲)四种形式。这一分类形式为很多后学提供了坚实的研究基础。笔者基于对前辈成果的系统梳理,结合大量实地调查,依据达斡尔族传统音乐的文献记载和现实存在,主要着眼于功能性,把达斡尔族传统音乐分为演唱音乐、说唱音乐、舞蹈音乐、祭祀音乐、器乐音乐五种体裁。

演唱音乐,是人们在生产劳动和生活当中,依据所处的场景和当时的情绪随时表达、倾诉的歌曲。在民间,演唱音乐大多以成年个体来表达。这类歌曲在达斡尔族传统音乐中所占比重最大,是最贴近人们日常生活,能够及时、准确地表达达斡尔族人思想感情、抒发内心情怀的歌唱艺术形式。

说唱音乐,是一种比较古老的、深受达斡尔族人喜爱的曲艺形式。达斡尔族人将自己的民族语言和音乐加以结合,借用语言和音乐的相互依从关系来表达思想、倾诉情感、唱述事件。它充分体现了达斡尔语语音的韵律美,是一种在娱乐、休闲的氛围下寓教于乐的唱述活动。

舞蹈音乐,指的是专门在跳舞时歌唱、伴奏的音乐。达斡尔族是能歌善舞的民族,他们的歌曲和舞蹈常

扎恩达勒撒满江(图/陶贵水)

交融在一起,在跳舞的时候,都要用歌声和器乐来伴舞,常常是歌中有舞,舞中有歌,歌舞不分家。

祭祀音乐,是达斡尔族一直保留的传统萨满祭仪中的一个重要组成部分。过去,在生产力低下、经济落后、科学知识极其匮乏的条件下,人们遇到病痛时大都会请萨满祈祭神灵,以求祛病消灾,保佑祈福。萨满被人们视为可上天入地的中介人而备受人们的尊重。达斡尔族称萨满为"雅德根",其在祭仪中演唱的歌曲叫雅德根依若。

器乐音乐,指的是用乐器演奏出的音乐。笔者通过查阅文献和实地调查得知,达斡尔族没有自己本民族的独有乐器,少量的传统乐器与他民族共有,如口弦琴、四胡等。器乐音乐曲目数量也非常有限。

黄花恋,边采黄花边歌唱,是扎恩达勒的主要形态之一(图/陶贵水)

何德志的《心上人》：
扎恩达勒演唱的最高成就

何德志（1925—2008）是中华人民共和国成立至今在全国达斡尔族中最具影响力的达斡尔族著名民间歌唱家。他出生在齐齐哈尔市梅里斯达斡尔族区哈拉村一个贫苦农民家里，从小就喜欢唱歌，天生一副好嗓子。何德志自幼开始唱歌，在放牛、打草、耕地时虚心向老一代歌手学习，靠着天赋和努力成为出色的民间歌手。齐齐哈尔市人民政权成立后，他组织所在的哈拉村开展丰富多彩的民间歌舞活动，活跃在远近村屯，深受达斡尔族同胞的拥戴，多次受到黑龙江省、齐齐哈尔市的表扬奖励。1955年，他作为齐齐哈尔市文艺代表队的一员，第一次登上了省城哈尔滨的舞台，参加了黑龙江

20世纪60年代达斡尔族歌唱家何德志在演唱（图/齐齐哈尔市梅里斯区达斡尔族民俗博物馆，供图/张天彤）

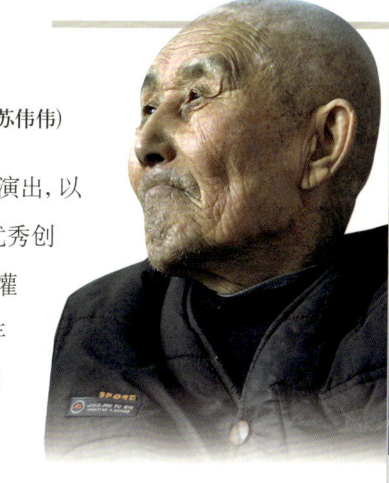

晚年何德志（图/苏伟伟）

省群众业余艺术观摩演出，以一曲《心上人》获得"优秀创作表演奖"，该歌曲被灌制成唱片发行。1956年8月，他到北京参加"第一届全国音乐周"，又以《心上人》轰动首都舞台，获得优秀节目奖，受到毛泽东、刘少奇等党和国家领导人的亲切接见并合影留念。

1957年，何德志参加黑龙江省群众业余艺术观摩演出，演唱达斡尔族歌曲《嫩江畔上的花》获"优秀表演奖"。1964年他参加全国少数民族业余艺术观摩演出，演唱《永远在毛主席身边》《放排人》，又一次受到毛泽东、刘少奇等党和国家领导人的亲切接见。1965年参加"哈尔滨之夏"音乐会，演唱《愿把毛主席天天歌唱》，中央人民广播电台播放了这首歌，还在对外英语广播节目中播出了。1966年随黑龙江省代表团赴京参加国庆演出，作为代表参加国庆观礼活动。1979年他作为民间歌手代表两次赴京演唱受到好评，同年，赴日本访问演出，受到了日本观众的广泛赞誉。1980年何德志参加全国少数民族文艺汇演时，在首都舞台上放声高歌《各族人民跟着党》《幸福美景咱亲手造》。他录制的唱片《心上人》《永远在毛主席身边》《愿把毛主席天天歌唱》等成为一个世纪以来的达斡尔族经典曲目。

何德志的演唱声音高亢、洪亮，音域宽广，音色纯正，极富金属感，行腔委婉刚健。他有着很强的驾驭声音的能力，对扎恩达勒中装饰音、甩音、甩腔等特色音有独特的处理方式。他的演唱自成体系，形成了独具风格的"何氏演唱流派"，是齐齐哈尔地区山野扎恩达勒演唱风格的标志，何德志是中华人民共和国成立至今，在达斡尔族中乃至全国最具影响力的达斡尔族民间歌

唱家,其演唱的扎恩达勒代表了20世纪以来达斡尔族民歌演唱的最高艺术成就,至今无人企及。

广为传唱的《心上人》

《心上人》是一首深受各地达斡尔族人喜爱并被广泛传唱的爱情题材的扎恩达勒,是在中华人民共和国成立初期产生的。这首歌的产生、流传代表了建国初期达斡尔族音乐创作特点,它虽然是改编创作而成,但因其旋律脱胎于民间音调,唱词真实、贴切地反映了达斡尔族人的思想感情,而被广大达斡尔族同胞认可为传统民歌,并作为传统民歌的代表被收录在各种版本歌曲集中。

《心上人》歌词意译:

时光像流水哟,春天又到我家乡,辽阔的田野,披上了嫩绿的新装。(呢哟耶呢哟呀呢呀哟,讷哟勒呢哟耶。)

暖风迎面吹哟,马莲花儿香,遍地的黄花菜儿哟,不觉采满筐。

燕儿双飞舞哟,百灵对口唱,心上的人儿你哟,你在哪方。

站在江边望哟,远帆正飘荡,心上的人儿准是你哟,赶来会姑娘。

浪花同我笑哟,双桨更繁忙,好心的船儿我求你哟,飞翔快飞翔。

嫩水深又长哟,船儿却又远航,心上的人儿你莫非哟,不在这船上?心上的人儿你快来哟,嫩水为你又闪霞光。

这是一首羽调式歌曲,6/8拍,节奏欢快,是达斡尔族传统歌曲的典型节奏。全曲以Mi、La、Do为核心音调,大多旋律以级进进行。全曲有6个乐句,前4句分别为起、承、转、合的关系,第5句、第6句可视为对第3句、第4句的变化重复。整首旋律欢快优美,线条流畅,富有波浪律动感。旋律中有期盼,有渴望,既表达了歌者对情人的思念和渴望见到心上人的迫切心情,也表达了达斡尔族同胞之间的亲情和骨肉相连的大爱。

"信手偶得"的《心上人》

已故达斡尔族著名音乐家何今声曾经对《心上人》译词者胡和、演唱者何德志进行过采访。据采访中胡和、何德志回忆:中华人民共和国成立初期,何德志所在的齐齐哈尔市梅里斯达斡尔族区哈拉村以开展丰富多彩的民族歌舞活动,以及他本人突出的演唱风格而闻名于黑龙江省,引起了文化部门和许多文艺单位的格外关注。一次,何德志受邀去齐齐哈尔市电台录音,曲目准备在春节期间播出。当时,何德志虽然能唱许多达斡尔族传统民歌,但当接到录音通知时,却定不下来究竟录制哪首歌为好,直到进城的老牛车出发了,他还是没有想好。何德志因要回家取棉大衣而未赶上牛车,区文化队工作组的胡和同志便陪着他一道

扎恩达勒《心上人》是达斡尔族人最喜爱演唱的歌曲之一(图/苏伟伟)

扫描二维码欣赏
扎恩达勒代表曲目
何德志演唱的《心上人》

往市里走。他们一边走着一边商量录什么歌，不约而同地想到了"七十六雅德根调"（另据达斡尔族著名学者介绍是"六十三雅德根调"），可是在这首曲调里只有"讷呀、讷咿呀"，没有确切的内容。于是，俩人按照民间传统填词的方法，你一句我一句地填起歌词来。就这样，没等到达目的地，歌词就基本填好了。在录音棚里录音前，何德志随口就报了《心上人》这个歌名。始料未及的是，录音播出之后，这首歌仿佛插上了翅膀，乘着电波飞散到四面八方，不但在达斡尔族人中反响强烈，在整个齐齐哈尔地区也引起了极大轰动。此后，何德志又将此歌带到哈尔滨市参加全省汇演。之后，齐齐哈尔市文化局的王祖鹤和杨音朋对《心上人》作了词、曲记录并整理，于1956年发表在《歌曲》杂志上。此后的几十年里，《心上人》被陆续收入到各种版本的达斡尔族民歌集里和部分教材里，被公认为最具有代表性的达斡尔族扎恩达勒。直到今天，这首歌仍是达斡尔族人的最爱，它不但是各地达斡尔族人在节庆、汇演、比赛、联谊时演唱率最高的曲目，还经常被职业歌唱家在舞台上和专业音乐院校进行展示。

2008年采访何德志 (图/张天彤)

山野中的扎恩达勒：男子劳动时的即兴高歌

山野扎恩达勒是达斡尔族男人们在野外劳动和行走时所演唱的歌曲，如：采伐、打柴、放排、放牧、赶牛车马车等，或在收工后回家的路上所唱。歌者大都为即兴式随口吟唱。

达斡尔族传统民歌中有一类是反映生产劳动的，

达斡尔族人放木排时的号子歌，配着劳动的节奏，缓解疲劳，振奋精神，有较明显的汉族民歌特征 (图/陶贵水)

类似汉族的劳动号子,这类歌曲在齐齐哈尔、莫力达瓦达斡尔族自治旗以及塔城都有,虽然曲目数量极少,并且目前已经失传,但作为一种体裁,我们还是应该记住它。这里,我们根据其功能把它看作山野有词扎恩达勒中的一种形式。

《装排号子》 歌词意译:

(领)大家一起来呀,讷呀(众)哪呀嘿哟,(领)使上一把劲儿哟,讷呀,(众)哪呀嘿哟,(领)编成排,讷呀(众)哪呀嘿哟,(领)放下山,讷呀(众)哪呀嘿哟。

这首《装排号子》流传于黑龙江省齐齐哈尔地区,通过唱词我们可以领略到达斡尔族劳动人民沿着嫩江放木排的劳动景象。这首歌与汉族的劳动号子具有相同的功能,都是配合着劳动的节奏,通过唱词的即兴性、节奏的律动性、音乐材料的重复性,以及领、唱相结合的歌唱方式,使人们在艰巨的集体劳动中为统一动作而齐心协力,为缓解疲劳而振奋精神,为战胜困难而考验意志。旋律中达斡尔族特征音调不十分明显,唱词中的衬词除了"讷呀",还出现了汉族民歌中多见的"哪呀嘿哟"。结合这首歌的流传地区,我们可以判断出这首《装排号子》具有较为明显的汉族民歌特征,是齐齐哈尔地区达斡尔族与汉族长期交融、互相借鉴影响而产生的一首歌曲。

庭院里的根格乌道:
达斡尔族妇女心声的低吟

达斡尔族妇女唱扎恩达勒是在山野和庭院两种环境下进行的。每年的春夏两季,是达斡尔族妇女们到野外采集的黄金季节。每当这时,妇女们都会集体出行到野外采集。她们在阳光的沐浴下,充分享受着大自然带

扫描二维码欣赏
达斡尔族民间歌唱家鄂彩凤演唱的
《出嫁的女儿》

庭院根格乌道,妇女的浅吟低唱(图/张天彤)

给她们的放松和愉悦。伴随着采柳蒿芽、采韭菜花等劳动,达斡尔族妇女会唱起曲体短小、曲调起伏跌宕、婉转流畅的山野扎恩达勒。

庭院扎恩达勒特指达斡尔族妇女的一种特殊歌唱形式,称之为"根格乌道"(gingiwu dao,即低声吟唱调)。过去,达斡尔族姑娘嫁到婆家以后,其生活状况发生了重大改变。在娘家当姑娘时受父母和兄嫂的宠爱和照顾,嫁到婆家以后,便承担起繁重的家务劳动和园田劳动,整日吃苦受累。更为不幸的是,妇女们还要承受着包办婚姻带来的精神痛苦和封建束缚,这在媳妇们(尤其是刚出嫁或刚为人母的年轻媳妇)的心里形成了巨大落差。她们远离亲人,身边没有倾诉的对象,只能用自己唱给自己的歌来宣泄内心的失落、委屈、孤独和寂寞。在她们的歌声中,或是表达对亲人、对家乡的思念,或是抱怨上苍对自己命运的不公,或是发泄对包办婚姻的不满等。这类歌曲一般是在自家庭院或室内,在家里没有人或是旁人听不到的情况下,独自一人低声吟唱的。

在妈妈身边生活的时候,(恩色利莫,登色利莫。)是我幼稚的时候,(恩色利莫,登色利莫。)在爸爸身边生活的时候,(恩色利莫,登色利莫。)那个时候很有依仗。(恩色利莫,登色利莫。)

叙事扎恩达勒：唱个故事给你听

根据篇幅长短，可以将扎恩达勒中篇幅较长、带有叙事的一类称作叙事扎恩达勒（何今声将此称作长篇扎恩达勒，与本文中称之的叙事扎恩达勒均指同一体裁）。这类扎恩达勒指的是那些有很多段唱词、篇幅较长，段与段之间的内容情节有连贯性，能够从头到尾较为完整地唱出一个故事或事件，且多以唱诵人物及其事件为主的扎恩达勒。叙事扎恩达勒在音乐上多为单曲体三或四乐句，旋律上更多地保存了扎恩达勒高亢、悠扬的音调特色。

《鹰啊，我那心爱的鹰》 歌词意译：

（梅哩茅，梅哩茅。）音查理班查理亲哥俩哟，（梅哩茅，梅哩茅。）快快走啊，快快走，（梅哩茅，梅哩茅。）弟俩在黑龙江上游，（梅哩茅，梅哩茅。）捉到了一只猎鹰。梅哩茅，梅哩茅。）

质朴情感的真诚流露：达斡尔族儿歌与摇篮曲

儿歌与摇篮曲是一种相对于其他扎恩达勒来说节奏规整、旋律起伏不大的歌曲，多为儿童和成年女性演唱。体裁上归属于演唱音乐。

儿歌（uqikeri dao）是达斡尔族儿童唱的歌曲。儿歌按其内容和功能大体可分为三种：第一，叙事抒情性儿歌，反映的是达斡尔族儿童的生活和思想感情，表达他们对客观事物的看法；第二，教诲性儿歌，帮助孩子们认识事物，增长知识，启迪智慧，进行道德品质教育，如《数数歌》《姓氏歌》《十二生肖》等；第三，游戏性儿歌，是儿童们在游戏（有时也和成年人一起游戏）时边玩边唱的歌，如《叽哩喳啦》《阿布格力》《沙滩上的猴子》《吹牛的蛤蟆》等。

摇篮曲（bebewu dao）是母亲（或其他长辈女性）在拉动摇篮哄孩子睡觉时唱的歌。歌曲篇幅短小，旋律起伏不大，大多是一个基本旋律的多次反复，演唱时声音轻柔、细腻。摇篮曲有两种形式：或者是曲调固定，歌词由母亲们随口填词编唱；或者是曲调、唱词均为即兴编唱。过去，达斡尔族妇女在哄孩子睡觉时所唱的歌以即兴编词为主，现在妇女们常唱的旋律和歌词比较固定。

扫描二维码欣赏讷蓉芳演唱的《摇篮曲》

舞台上表演的摇篮曲
（图/苏伟伟）

古老的说唱音乐"乌钦"

达斡尔族自己的曲艺,民族记忆的背影

古老的达斡尔族曲艺说唱艺术

乌钦是一种古老的、深受达斡尔族人喜爱的说唱艺术,用唱述的形式来讲故事,是达斡尔族民众喜闻乐见的一种曲艺形态。达斡尔族将本民族语言和音乐加以结合,借用语言和音乐的相互依从关系来表达思想、倾诉情感、讲述事件,充分体现达斡尔语语音的韵律美,在娱乐、休闲的氛围下寓教于乐。乌钦作为达斡尔族古老的说唱艺术,它的产生与达斡尔族社会生活息息相关,达斡尔族历史神话、民间故事、英雄史诗、原始宗教文化等,都对乌钦的起源和发展起过重要的作用。乌钦用口头说唱的方式,被誉为达斡尔族历史文化的"活化石"和"民族记忆的背影"。

2006年5月26日,国务院公布第一批国家级非物质文化遗产名录,达斡尔族的乌钦在其列。乌钦(uqin)是齐齐哈尔地区达斡尔语的叫法;莫旗叫乌春(uqun);鄂温克族自治旗(以下简称鄂温克旗)的老海拉尔达斡尔族多称为乌春,也称乌钦;新疆达斡

民族历史文化的活化石,代代传承的达斡尔族乌钦艺术表演(图/陶贵水)

尔族称之为舞春(uqun)。四个地区的达斡尔族因所处方言区不同的缘故对乌钦的称谓有所区别，实际上指的是同一种音乐体裁。历史上说唱乌钦时没有乐器伴奏，近代以来，齐齐哈尔地区有民间乌钦艺人用华昌斯(huacangs, 即低音四胡)来伴奏唱乌钦。

乌钦表现了丰富多彩的民俗生活

乌钦题材丰富，有讲唱民族英雄莫日根故事的，有反映爱情和婚姻生活的，有歌唱家乡山水风光的，也有讲述神话、童话和传说故事的。其中，尤以反映民族英雄莫日根历史功绩的故事、具有史诗品格的《少郎和岱夫》及改编自汉族古典名著《三国演义》《水浒传》等的故事最受达斡尔族民众的欢迎。

就目前收集到的乌钦作品来看，无论是文人创作的，还是民间集体创作的，都有展示民俗心理、民俗观念的功能，实录民俗活动与主题事件的叙述常常结合在一起，让乌钦作品更生动，形象更丰满。玛玛格其(约清同治光绪年间人)创作的乌钦作品《赴甘珠尔庙会》，讲述了达斡尔族人到呼伦贝尔草原上赶庙会交换大轱辘车的情景。作品中尽显庙会热闹的场面，无论是宗教活动，还是游艺、交易场面，均形象生动，反映了当时社会经济文化的繁荣。乌钦作品《宴歌》，描写了两个部落之间的生存状态和相互关系，反映出达斡尔族古老的社会组织形式及其职能。父母之命、宗法制度、封建门第观念、伦理道德等，都从不同程度上对达斡尔族人的婚姻起决定作用，造成不同的婚姻结局。揭露包办婚姻给年轻人带来的不幸和悲哀，追求美好自由爱情的乌钦作品大量出现，如《色博尔章京的孙媳妇》《雅里西翁》《哎呀，妈妈呀》等。

达斡尔族著名诗人敖拉·昌兴的乌钦作品《可爱的五色花》是歌唱爱情的乌钦作品的代表，用对比的手法，大胆表白了爱情，在当时的达斡尔族社会激起婚姻

乌钦伴奏乐器——华昌斯 (图/苏伟伟)

道德观念论争的波澜，轰动一时，被男女青年私下传抄，传唱至今。

《可爱的五色花》

Taalerdugw taawun justii ilgaa	可爱的五色花
Tarisen hwainaa eluunee saihen	花开万朵放光彩
Tanij waqirsen xiimini aatgaiq	邂逅相爱的你呀
Talaaraa terees bas saihenkee	神采比花更娇美
Eiqirdegw emen gajirei bitgii kuu	令人羡慕的南国才女
Eitendee gub mergen aatgaiq	人才双全最贤惠
Ejri waqirsen xiimini	追求相爱的你呀
Erdemeeree terees bas garenkee	才学比她更拔萃

——安英：《达斡尔族说唱艺术乌春的价值与保护建议》

乌钦记忆着波澜壮阔的历史情景

乌钦的说唱艺术是达斡尔族历史文化的一个载体，它与时代紧密相关。敖拉·昌兴创作的《巡查额尔古纳、格尔必齐河流域》是他作为呼伦贝尔地方的佐领，在巡查边界时创作的乌钦。作品详细记载了巡边

的过程,描绘了边界沿途的景致,赞美了两岸宜人的风光,不同的风俗民情,缅怀了达斡尔族先人抗击沙皇侵略的英勇精神。作品宏篇铺排,描述了当时黑龙江以北、外兴安岭以南的广阔地域,曾是中国领土的事实,是记录清政府的巡边制度以及维护国家主权及领土完整的历史见证。

反映兵役题材的民间乌钦作品也是在特定历史时期中产生的。清初,达斡尔族所在的索伦部被清军征服,达斡尔族人在此过程中承受了沉重的苦难。17世纪40年代开始,又以巨大的民族牺牲抵御沙皇俄国侵略。在清代200多年间,达斡尔族为保卫祖国的疆土付出了生命和鲜血的代价。面对战争的残酷,怀着悲愤的心情,达斡尔族人创作了大量的反映兵役题材的乌钦作品,如《薄坤绰》《在兵营》《思念远戍伊犁的亲人》《送夫从军》等。《薄坤绰》是士兵歌的代表,用隐喻的手法描述了主人公额日克力战死异乡、从军者白骨盈野的悲惨命运。

齐齐哈尔市富拉尔基区罕伯岱村是英雄少郎和岱夫的故乡,代代传唱他们的故事:为了受尽穷苦生活的达斡尔族人,志同道合的五个兄弟一同起义哟,为的是反抗那军阀的压迫,自家乡罕伯岱村起义哟(图/张天彤)

扫描二维码欣赏
敖秀芝演唱的乌钦《少郎和岱夫》

叙事生动的乌钦表演(图/陶贵水)

著名的长篇乌钦作品《少郎和岱夫》取材于1914至1916年间发生在龙江县（今齐齐哈尔市富拉尔基区）罕伯岱村的一段史实。以少郎和岱夫为首的达斡尔族农民反抗封建压迫武装起义真实事件为史实，经过多年民间百姓的口头传诵和民间歌手的演唱而成。长诗每段4句，用4个乐句构成的扎恩达勒曲调反复演唱，文学和音乐相得益彰，既体现出文学的叙事性，又有音乐的旋律、节奏美以及达斡尔语语音的韵律美，非常符合达斡尔族的审美心理。在《少郎和岱夫》的序歌开篇唱道："四弦琴声声多悠扬，达紫香花开百灵唱；悲壮的歌儿动人心，英雄的故事传四方。"20世纪以来，齐齐哈尔地区被记录在册的民间艺人先后有胡瑞宝、胡海轩、二布库、那音太、色热等人说唱过《少郎和岱夫》。其中，以二布库、单海明、郭连信、那音太、色热为代表，他们用华昌斯（四胡）伴奏，自拉自唱，深受当地达斡尔族同胞的喜爱。齐齐哈尔地区的民间艺人用华昌斯（四胡）自拉自唱乌钦这种表演形式为达斡尔族各区域中所独有。

乌钦里有鲜活生动的民间语言

不同时期创作的乌钦保留了各个时期不同的语汇，综观不同时期乌钦的创作，可以对达斡尔语语言特点和词汇特征有一定的认识。在达斡尔族早期历史中，主要的社会生产活动方式为狩猎、养殖，自然这些方面的语汇十分丰富，比如有关马儿的就有若干。《少郎和岱夫》中，有一段关于几位英雄坐骑的描写：

Xiarga mortii Xaolan

Daaqig mortii Daifu

Qokor mortii Qomboo

Jiroo mortii Juilian

Saaral mortii Sampal

——安英：《达斡尔族说唱艺术乌春的价值与保护建议》

唱词意译：

骑黄骠马的少郎，骑枣红马的岱夫，骑花斑马的春宝，骑走马的军祥，骑灰白马的三朋。

乌钦的音乐类型

笔者按照乌钦的音乐特点，将其划分为三种形式：（1）吟诵调乌钦，（2）用熟知旋律演唱的乌钦，（3）由文人或民间佚名作者编曲的乌钦。

吟诵调乌钦的音乐结构比较规整，句式短小，一般不超过4句。旋律进行多以语言音调的走势而定，平稳低沉，似唱似说，似说似唱，既是一种吟唱，又是一种吟诵，充分体现了达斡尔语语音的韵律美。这种吟诵调乌钦非常古老，目前，只有一位生活在莫旗的年近九旬的老人图木热能够较为完整地演唱40首这类曲目。

《捕鱼的乌钦》歌词意译：

古时人们说的，传承下来的话语，说起捕鱼，真是莫

乌钦传承人何庆在演唱（图／苏伟伟）

大的享乐,要说有什么好处,没去践行的人们怎么能知晓。在此多少诉说,编唱乌钦来消遣。

还有另一种乌钦是用熟知旋律唱述一个完整故事。其旋律音调源自达斡尔族人耳熟能详的山野扎恩达勒或庭院扎恩达勒,在已有旋律的基础上填词而成,其音调比吟诵调乌钦更富于旋律性,节拍规整,曲体短小,一般为4个乐句,如在齐齐哈尔地区广泛流传的乌钦《少郎和岱夫》就是用山野扎恩达勒的旋律填词而成。

达斡尔族文人或民间佚名作者根据达斡尔族民歌的旋律音调创编而成的乌钦,也有借鉴其他民族(多为汉族)旋律音调稍加改编并进行填词,如:敖拉·昌兴就将自己创作的文学乌钦进行编曲,他的作品在海拉尔地区以及其他地区达斡尔人中广泛流传。

悠久的乌钦,伟大的歌者

乌钦的演唱者一般是民间公认的记忆力好、口齿清楚,并且达斡尔语发音准确的民间艺人。一般在冬天或是其他季节农闲的时候,说唱者被邀请到一户人家,主人备上酒、肉、菜,叫来左邻右舍的邻里乡亲,大家围坐在油灯下共同听赏。说唱者每天说唱一个相对完整的单元故事,通常一篇长篇故事要说唱好多天。

自制乐器的乌钦传承人那音太

黑龙江省乌钦传承人那音太,齐齐哈尔市梅里斯达斡尔族区哈拉村敖哈拉人,出身贫寒,中学肄业。自幼聪明好学,少年时代跟随徐文章(山东人)学唱京剧和评剧,跟随杜秀亭学唱达斡尔族歌曲。后来又受到著名民间艺人二布库的影响,跟他学唱了一些乌钦,如《少郎和岱夫》《德莫日根》等。1953年参加哈

乌钦传承人那音太(1935—2011)接受作者采访(图/张天彤,2008年8月摄于鄂温克旗巴彦托海镇)

拉村民间剧团当编导,自悟学拉华昌斯(四胡),还自己动手制作,演唱时自拉自唱。1955年跟小学音乐教师德新学会简谱后开始尝试创作歌曲。1955年,与达斡尔族著名民间艺人喜荣合作表演男女声对唱《达斡尔族情歌》,参加了省、市汇演并荣获大奖。同年,又创作了对唱歌曲《丰收》。1956年与朱奎(时任黑龙江省齐齐哈尔市文化馆干部)合作《毛主席的恩情比水长》,那音太多次在省、市、区文艺汇演中演唱这首歌。由他改编的《四季歌》以女声小合唱的形式,参加省、市文艺汇演并获得优秀作品奖。1958年,他与胡瑞宝合作创作了《马上哥哥在何方》,被选用为电影《傲蕾·一兰》主题歌的素材基调。1980年,由那音太演唱、色热和那音太翻译、李福忠和刘兴业共同记录整理的《少郎和岱夫》(第一部)荣获全国民间文艺作品二等奖。2005年8月于鄂温克旗巴彦托海镇,笔者录制的那音太唱述的长达7个多小时的《少郎和岱夫》成为他生命的绝唱(直到2011年那音太去世前,由于身体的原因,他再也没有完整地唱述过《少郎和岱夫》)。

乌钦的结构和旋律特点

一部完整的乌钦,其文学部分由序、正文和结尾三部分组成,序又叫引子,正文是故事的主体内容,结尾是简洁扼要的总结或者评说。乌钦的音乐曲调富于叙述性,根据唱词和情绪而变化,为了适应长时间演唱,音域较窄,演唱音量适中。乌钦的节拍除了二拍和四拍之外,三拍和六拍也较为常用。在唱述过程中,依照语言的发音特点和音调走势还可以随时拉长调子或交替变换拍子。

图木热（1927—）看着满文唱本唱述乌钦（图/张天彤，2011年8月摄于莫旗尼尔基镇）

看得懂满文唱本的乌钦传承人图木热

内蒙古自治区乌钦传承人图木热出生于黑龙江省齐齐哈尔甘南县，自幼学习满文、汉文、蒙古文。1962年起任莫旗尼尔基镇党委书记、调研员等职务。他自幼没有正式拜师学习乌钦，受环境的熏陶学会了一些达斡尔族歌曲以及乌钦。1952年，时任莫旗副旗长的孟希舜同志曾经组织几位懂得满文的人士到民间搜集乌钦，并用满文字母拼写出达斡尔语语音进行记录整理，最后编印成册，收录了42首乌钦，当时图木热参加了搜集、整理工作。2009年7月，图木热老人用达斡尔语记音符号整理了这些乌钦唱本正式出版（内蒙古文化出版社），为达斡尔族乌钦艺术做出重要贡献（笔者曾先后三次采访图木热老人）。2011年4月，由笔者负责的文化部民族民间文艺发展中心批准的项目，将图木热演唱的乌钦全部录制成声像资料，包括：《打鱼》《伐木》《种庄稼》《学文化》《戒酒》《戒色》《莫贪财》《戒气》《到甘珠尔庙会赶集》《悲伤》《额尔古纳河流域巡查记》《前往边防哨卡》《种庄稼与学文化》《本分做人》《百花》《十大恩惠》《春节》《正月十五看灯笼》《在北京城遇见高二娘》《歌颂赵云》《走正道》《思念》《四季》《过春节》《双八种欢乐》《歌颂关云长》《歌颂诸葛亮》《在兵营》《送郎参军》《教诲女儿》《囚歌》《十二个月》《三十种喜爱》《在齐齐哈尔城看见水花姑娘》《想娘家》《到甘肃去当兵》《上战场》《捍卫真理》《当兵想家》《卖车》《了解时代》共计41首（笔者受文化部民族民间文艺发展中心委托，负责本次录制、编辑、翻译工作）。他是目前达斡尔族人中会看着满文用吟诵调唱述达斡尔语乌钦的唯一健在者。

扫描二维码欣赏
图木热演唱的乌钦《打鱼》

歌舞相融的舞蹈音乐

对于达斡尔族民间舞蹈，不同地区有不同的称谓：莫旗称"鲁日格勒"（lurgiel），齐齐哈尔地区称"哈库麦勒"（hakumail），鄂温克旗的老海拉尔达斡尔族人称"阿罕拜"（ahenbie），塔城的达斡尔族人则称之为"贝勒贝"（beilbei）。莫旗把跳舞时唱的歌叫"鲁日格勒乌道"，而齐齐哈尔地区称为"哈库麦勒呼苏姑"。这些称谓因地而异，但有共同之处，即它们都是指在达斡尔族民间流行的群众性歌舞。传统的鲁日格勒和哈库麦勒以女子的参与为主，近现代以来偶有男子参与，当代鲁日格勒和哈库麦勒已经没有严格意义上的性别限制了。每当节日之时，或在民俗活动中以及农闲时候，都会有达斡尔族人欢乐舞蹈的场面。

齐齐哈尔达斡尔族的舞歌——哈库麦勒呼苏姑（图/苏伟伟）

人神沟通的祭祀音乐

达斡尔族称萨满为"雅德根"（yadgan）。雅德根通过请神附体达到为人治病求安、驱鬼除邪的目的。萨满仪式通常有三个阶段：请神、接神、送神。雅德根举行祭祀仪式时会有音乐和舞蹈相伴随。

据奥登挂回忆，在萨满仪式中，用音乐传递的信息至少占一半以上的比例，也就是说，在萨满仪式过程中，大部分环节是有音乐唱述，或是配合着神鼓（huntur）、铜镜（gaoli bulku）、腰铃（kuanggart）的节奏舞动肢体来进行的。萨满祭祀音乐大致分为两种：雅德根依若（yadgan iroo）、萨满舞乐。萨满所唱的歌曲称为雅德根依若（又叫萨满调），确切地说，是指萨满在清醒时唱的歌。依若中还包括一种叫噢郭日呼苏姑（ongoor husugu）的调子，指的是当神灵附体以后，萨满代表神所唱的调子。萨满调比较丰富，每个萨满都有很多的请神曲调。雅德根依若并非普通意义上的传统民歌，其内容充满着"神"的色彩，仅限于在特定的仪式场合演唱。

过去，雅德根依若一般是雅德根领唱，数名男性伴唱，少则三五人，多则七八个人甚至更多，一般不限人数，形成一领众和的演唱形式。歌唱时雅德根有节奏地敲击神鼓，配以萨满神衣上的铜镜、腰铃，随着身体扭动而发出有规律、有强弱对比和音色对比的"叮当"声响，对歌唱活动构成了类似打击乐器伴奏的效果。不同的雅德根既有共同的依若，也有不同的依若，不同的依若一般互不借用。

神鼓、铜镜和腰铃（图/苏伟伟）
神鼓，是萨满的重要神器。在萨满信仰观念中，神鼓是有灵气的。在整个萨满仪式过程中，萨满手持神鼓，边唱边舞边敲鼓。作为乐器的神鼓，具有较为固定的鼓点(即节奏)。节奏是整个仪式中音乐部分的核心，除了为萨满神歌的旋律敲击节奏，神鼓还与铜镜、腰铃等一道，伴随着萨满的舞步有节奏地进行敲击，这些法器在整个萨满仪式和舞动身体的过程中起到了伴奏乐器的作用

乐器相伴，歌舞不停

民族交融中的达斡尔族音乐特色

一部分达斡尔族人自1763年西迁到新疆的250余年间，同哈萨克、维吾尔、汉、锡伯、回、蒙古、满、俄罗斯等各族人民共同生息繁衍。他们在生产生活方式、语言、习俗、音乐、舞蹈等方面，既有相互影响下的共同之处，同时又自具特色。新疆地区的达斡尔族不仅保持了本民族的传统文化，形成了达斡尔语新疆塔城方言，而且还以其他民族的优秀文化来充实和丰富了自身，创造出新疆达斡尔族富有浓郁地域特色的音乐与舞蹈艺术形式。

《玫瑰曲》：新疆风格的达斡尔族民歌

新疆达斡尔族将演唱音乐分为两种类型：一种是扎恩达勒；另一种是达吾。扎恩达勒这一体裁在称谓、演唱场合及其功能方面与黑龙江、内蒙古地区的达斡尔族完全一致。达吾是指那些比较古老的、结构短小、旋律平稳的歌，分为劳动歌、生活歌、教诲歌、情歌等。

新疆达斡尔族民歌在数量上相对较少，这其中，完全与东北老家（新疆地区的达斡尔族把内蒙古莫力达瓦达斡尔族自治旗、鄂温克族自治旗以及黑龙江省齐齐哈尔市称为老家）旋律相同的扎恩达勒、鲁日格乌道、哈库麦勒呼苏姑总共不足5首。其余大部分曲调与老家的旋律不同，有的甚至有较大差异，如《玫瑰曲》这首歌，在五声调式基础上增加了东北老家所没有的带si、fa的旋律音调，形成了近似古龟兹某种调式的音调。

《玫瑰曲》歌词意译：
花园里的玫瑰花，鲜艳绚丽似彩霞，
伴着欢快的玫瑰曲，兄弟们双肩抖得欢。

上图：新疆达斡尔族民间音乐家甲子用曼陀林伴奏演唱《玫瑰曲》（图／张天彤）
据已故新疆达斡尔族著名民间音乐家甲子介绍，《玫瑰曲》这首歌是他于1980年前后下乡采风时，在采集到的新疆达斡尔族民歌片段的基础上完善、改编、创作而成，一经产生即被新疆达斡尔族同胞视为代表性民歌

下图：新疆达斡尔族传统乐器"确库尔布日"

敦卜日：达斡尔族人的冬不拉

新疆地区的达斡尔族无论唱歌、跳舞，还是边歌边舞，都有乐器伴奏，与其他地区相比，新疆地区达斡尔族的这一艺术形式尤为突出。新疆地区的达斡尔族把冬不拉叫敦卜日，它原本是哈萨克族的一种民间弹拨乐器，但同样受到新疆地区达斡尔族的喜爱，并将其视为己有。与哈萨克族使用的冬不拉不同的是，达斡尔族将指板上的十二个品位改成了七个或八个品位。敦卜日有三根弦，包括两根低音弦和一根高音弦，四度或五度定弦，音高不固定。音域不超过两个八度，音量也不大，音色清秀、优美。演奏时左手按弦，右手弹奏。此外，新疆达斡尔族还使用曼陀林和手风琴，均用于歌唱或舞蹈时伴奏。

融合当地特色的达斡尔族音乐

由于历史原因，莫旗、齐齐哈尔、鄂温克旗（海拉尔）、塔城等地区的达斡尔族在过去的几百年中，分别在各自独立的空间生存，受区域内自然环境和人文环境的影响，达斡尔族的传统音乐形成了各自的特色。

莫旗布特哈地区的达斡尔族在历史上从事多种传统生产方式，即农耕、猎业、牧业、渔业、放木排、手工制作等，由于莫旗地处山区，交通不便，达斡尔族人相对比较集中，因此，莫旗的达斡尔族人对本民族的传统文化一直保存得较为完整。他们的山野扎恩达勒和乌钦旋律淳朴，保存了古老的旋律音调；他们的歌曲和乌钦唱词中有很多对狩猎、渔业、放排、牧业、农耕以及园田劳动生活的唱述；他们的鲁日格勒舞蹈中，最有代表性的就是模仿大自然多种鸟兽的动作。

齐齐哈尔达斡尔族的哈库麦勒舞歌对唱的智力性，舞蹈动作和表演形式的多样化，舞歌曲目的丰富性，以及明快、细腻、委婉并富于歌唱性的旋律音调都有着鲜明的地域特色，尤其是有四胡乐器来伴奏，体现出齐齐哈尔地区传统音乐（也包括舞蹈）具有较高的艺术性、审美性，具有较强的观赏性。

鄂温克旗达斡尔族由于长期和当地的蒙古族、鄂温克族生活在一起，又有着以牧业为主（兼有农耕）的相同生产劳作方式，因而，我们很容易就能分辨出海拉尔地区那富有浓郁蒙古族长调风格的扎恩达勒，以及动作更加粗犷的阿罕拜舞。鄂温克旗是达斡尔族文人敖拉·昌兴的故乡，他创作的乌钦不仅是达斡尔族人茶余饭后的消遣，更重要的是，他的乌钦教育了一代又一代达斡尔族人，直至今日，这种影响愈发深刻而久远。

在达斡尔族中，新疆地区的达斡尔族是一个十分特殊的群体。一方面，他们远离达斡尔族东北老家，人口数

92岁的功花老人弹奏祖上传下来的敦卜日
（图／张天彤，2011年8月摄于塔城市）

海拉尔地区长调风格的扎恩达勒（图/张天彤）

量少，多与其他兄弟民族杂居，在这样的情况下，仍要保持着固有的传统文化观念，并付诸音乐舞蹈实践，使达斡尔族古老的音乐舞蹈基因在新疆有所保留；另一方面，新疆地区的达斡尔族又是一个具有开放的文化胸怀，极强的语言适应能力，并能够博采众长、积极进取的社会群体。他们广泛吸收外来文化（特别是哈萨克族文化）的优秀成分，对兄弟民族的文化有着予以认同的文化态度。在新疆地区的达斡尔族民歌旋律中，渗透着哈萨克族音乐的风格，体现在对调式和节奏性的选择上。在新疆地区的达斡尔族人所跳的贝勒贝舞中，从肩、胯、臂、腕以及舞步等方面，都能够看到与当地的哈萨克族、蒙古族等兄弟民族共通的审美追求，尤其是对哈萨克乐器的喜爱和选择，这些都是新疆达斡尔族人开放文化胸怀的具体体现。正是凭借这样的优势，远戍边疆的达斡尔族能够在新疆顽强地生存下来。

莫旗、齐齐哈尔、鄂温克旗（海拉尔）、塔城四个地区的达斡尔族分布在不同的地理空间，他们不但保存着祖先留下的极其宝贵的音乐文化财富，而且，还吸纳了周边兄弟民族音乐文化的优秀元素，使得这几个地区的达斡尔族传统音乐具有浓郁的地域特色，构成了当代达斡尔族传统音乐舞蹈的深邃内涵、丰富样态，他们共同为中华民族大家庭文化的多样性做出了应有的贡献。

达斡尔族人的四胡：华昌斯

华昌斯即四胡、四弦，具体指的是低音四胡，常被用于说唱乌钦时伴奏，为说唱者自拉自唱时使用的乐器。华昌斯有四根弦，第一、三根弦称里弦，为低音弦；第二、四根弦称外弦，为高音弦。五度定音（低音la—高音mi），琴杆长约120厘米，琴弓长约70厘米，琴筒长约20厘米，直径约12厘米。琴头雕有各种造型，如：人形、塔形等，琴弓用马尾，琴筒蒙面用的是驴皮或狼皮，现在多用蟒蛇皮。华昌斯一般由民间艺人根据个人的喜好自己亲手制作。

20世纪以来齐齐哈尔地区的二布库、那音太、色热用华昌斯自拉自唱乌钦。其他达斡尔族聚居区流传的乌钦无乐器伴奏。在达斡尔族音乐发展史上，开始用华昌斯为乌钦说唱伴奏的确切年代还有待学术界进一步考证。

除了用于给乌钦伴奏，偶有达斡尔族人把华昌斯作为独立乐器进行演奏，通常情况下用华昌斯伴奏达斡尔族传统民歌。

那音太老人用自己制作的华昌斯演奏
（图/张天彤，2008年8月摄于鄂温克旗）

莫旗通福广场上的纪念雕像(图/吴双泰)

达斡尔族作曲家通福和他的《敖包相会》

摘自《呼伦贝尔日报》

1945年的秋天,已经在日本学习4个年头小提琴和钢琴的通福,准备回国了,这一年他刚好26岁。客轮在茫茫的大海上像一叶扁舟一样漂泊,整整漂泊了5天才到达青岛港。等到他们出了港口的码头,年轻的学子们发现来迎接他们的有两拨人马,一拨是国民党派来的,另一拨是共产党派来的。正是国共两党和谈时期,两党都在招揽人才,国民党的人是开着美式轿车来的,共产党派来的人是步行来接站的,只是雇了几辆黄包车拉行李,他们对着聚集在码头上的学生们说:现在抗战胜利了,国家和人民需要你们,需要你们用所学到的知识建设中国,服务人民。通福年轻的心一下子被"人民"这个词打动了,他马上决定和穿灰色粗布衣服的共产党派来的人走。

通福辗转来到呼伦贝尔的文工团时只看见了几间土坯房,周围十分荒凉。团长是一名东北民主联军转过来的军人,感慨地对通福说:你是留过洋的人,又是一个少数民族,以后我们这个团就全指望着你了。随后团长喊过来一个年轻人,把通福的行李拎进了一间土坯房,通福就和这个土坯房里的三个年轻人一起生活了。从此,他开始了回国后的半军旅生活,那段日子紧张而充实,他每天都和团员们一起到离土坯房不远的一片小树林里练声、练琴,然后到部队和牧区演出。大家身上好像有使不完的劲，他每天都琢磨着创作歌曲，他想把时代的特点融入到民族的特点之中，就这样，在这个时期他创作了《团结之歌》《呼伦贝尔家乡》《沙漠之歌》和《内蒙古青年进行曲》等一系列具有很强时代特点的歌曲。当然了，这个时期解放战争的战火也烧遍了全国。

解放战争结束后，通福被调入了内蒙古歌舞团。来到呼和浩特以后，因为特别不喜欢城市的生活，他就天天下到牧区，和牧民们朝夕相处，因为他深深明白，艺术的源泉一定来源于生活。通福是一个艺术悟性极高的创作者，志向非常远大。他每天都思考着牧民们会喜欢什么样的草原歌曲，他仰望着蓝天，仰望着白云，他有时候甚至想在草原上生活一辈子。慢慢地他明白了，为什么草原上的人都有一颗仁慈的心，因为草原的辽阔和博大。功夫不负有心人，他的思索终于有了结果。有一天红彤彤的朝霞映照着草原，通福早晨出来散步的时候，走了很远很远，猛然间，他看到了奔腾的马群，他怔住了。看着奔涌的马群，马蹄强劲地敲击着大地，节奏非常的明快，旋律也非常急促，他一下子悟到这不就是音乐吗？他飞快地跑回了蒙古包，想着马蹄敲击大地的声音，铺开一张白纸，奋笔疾书起来，就这样，他写出了享誉全国的《草原晨曲》。

20世纪50年代初，来自科尔沁草原的蒙古族青年作家玛拉沁夫在文坛上异军突起，写出了许多具有浓郁特色的草原小说，尤其是《草原上的人们》发表以后，长春电影制片厂

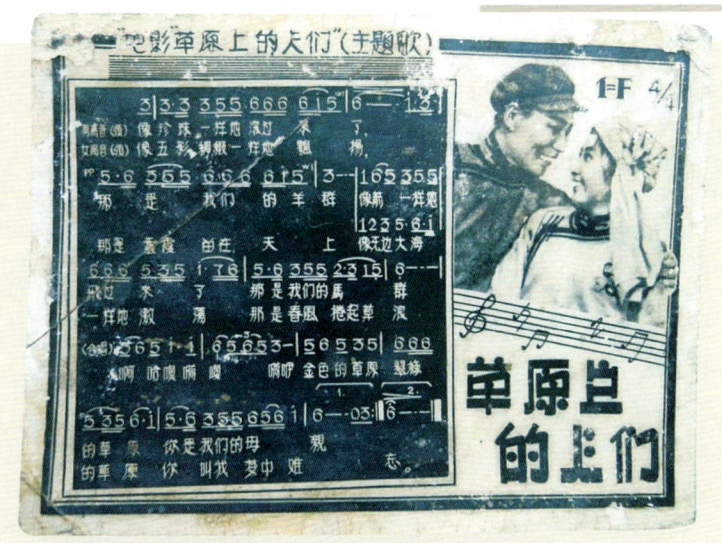

《敖包相会》作为电影《草原上的人们》的主题曲，传遍天下

特别看好这部作品，准备进行拍摄。可是影片的插曲找谁写呢？大家想来想去就想到了通福。通福是达斡尔族，又写了大量的草原歌曲，这个工作他干最合适，就这样他被调进了《草原上的人们》剧组。来到剧组时他就听说了，《草原上的人们》电影编剧玛拉沁夫手很快，已经写好了歌词，交给另一个电影编剧海默修改润色呢！两个人熬夜改了几次后，就定稿了。通福拿到了歌词，看着歌词就是觉得有点不对劲，一天上午，他找到玛拉沁夫和海默两个人，对他们说：你们认为歌词写得怎么样？两个人说挺好的啊！通福说歌词一点也不好，歌词不能太直露了，歌词应该含蓄，既然是表现草原上男女的爱情，让两人合唱显然是不行的，你们可以试着让小伙等姑娘，采取对唱的形式，这样也符合蒙古民族的生活特点，曲调上还会有层次感。就这样，玛拉沁夫和海默两个人又加工了几天，把歌词写好了，通福接过歌词看了一下，发现歌词很抒情，也很唯美，

正是他理想中的歌词。可是他突然慌了神，歌词写得这么好，歌曲怎么写呢？一连半个月他都没有写出一节音律来，剧组看他一点动静也没有，就隔三差五地派人催他，他也每天愁眉不展地在蒙古包里喝酒，他想这回完了，剧组为拍摄电影《草原上的人们》投入了这么多的钱，什么都做得差不多了，就差他的歌曲了，通福这回还真的有点绝望了。有一天傍晚，他去草原上散步，他看到一轮明月挂在空中，眼前的丘陵地上有一个蒙古族姑娘唱着情歌，远处一个蒙古族小伙策马奔来，他一下子激动了起来，飞速跑回蒙古包写出了《敖包相会》的曲子。

通福写完了《敖包相会》这首经典歌曲以后，马不停蹄回到了呼伦贝尔大草原，回到了他出生、成长和滋养了他的土地。他深深地感激着这片土地，给了他强大的艺术生命。其后几年，他又创作了大量的草原歌曲。当然，他的那首饱含感情的《敖包相会》，也随着岁月流传至今。

内心情绪的抒发：木库连

木库连用铁制成，中间有薄钢条，尖端弯曲，以此发声，用舌尖来调控音高，音量很小（图/苏伟伟）

木库连（mukulien），是达斡尔语对口弦琴的称谓。口弦琴是我国很多北方少数民族和南方一些少数民族所共有的乐器，在莫旗、齐齐哈尔、鄂温克旗、塔城4个达斡尔族生活的地区都有流传。

木库连所发的音，构不成完整的音阶，弹拨者可用它来模仿大自然中的鸟叫声、风雨声等，用以抒发情怀。弹拨木库连虽无性别界限，但以女性居多，旧时多由妇女弹拨。每当妇女思念家乡、怀念亲人、内心苦闷时，便会独自一人在室内避开其他人，借弹拨木库连来宣泄内心的情绪。

上图和下图：弹拨木库连，这种用手指弹拨的通过簧片引起口腔振动的体鸣乐器，学名口簧（图/苏伟伟）

音乐是达斡尔族文化的根脉之一

音乐与舞蹈是在生产劳动过程中创造出来的文化样式，无词扎恩达勒以及雅德根依若是达斡尔族旋律音调的母体，以这样的音调为基础，在山野或庭院的劳动过程中即兴唱出有语义的歌词，题材广泛，情感内涵多样，旋律的形态结构也随之发展到较大型、较丰富的审美高度，而体现在情感的智能交流方面则有摇篮曲与儿歌。

随着扎恩达勒与雅德根依若题材内容的扩展，在叙事扎恩达勒体裁基础上又导致说唱音乐乌钦（乌春）的兴起。达斡尔族虽然没有自己的文字，但他们借用满文字母来记写乌钦的达斡尔语唱词，为后人留下了丰富的乌钦文本。

达斡尔族的器乐文化早期有用木库连来弹拨的曲调。随着乌钦的兴起，开始用华昌斯（四胡）伴奏说唱。迁徙到新疆戍边的达斡尔族群体，吸纳了哈萨克族的冬不拉来为舞蹈伴奏。这些器乐曲成为达斡尔族所拥有的器乐文化遗产。

作为同一个祖先的后代，作为一个族群整体，达斡尔族尽管大都居住在莫旗布特哈、齐齐哈尔、海拉尔、塔城4个不同地域环境里，其传统音乐从题材到体裁都有着共同特征，具体体现在调式与调性、音调与旋律进行、节奏与节拍、曲式结构、衬词与衬句的用法和演唱方面，乃至某一音乐体裁产生的背景、音乐的功能等等，这些都有共同规律可循，并且，不同题材和体裁的传统音乐在达斡尔族民众生活中发挥着不同的作用。这些共同特征说明，达斡尔族传统音乐在历时与共时中，都有其稳固性，而这些稳固性就是音乐的传统，是他们的根文化的表征之一。

（本章参考资料：[1]《达斡尔资料集》编辑委员会、全国少数民族古籍整理研究室编：《达斡尔资料集》（第八集），民族出版社1996年出版，第664页；[2]满都尔图主编：《达斡尔族百科辞典》，内蒙古文化出版社2007年版，第606页；[3]何德志之女何莉访问材料。访谈时间：2011年1月，访谈地点：齐齐哈尔市）

天地间的歌唱（图/春雷）

撰稿专家

张天彤，中国音乐学院研究生院教授，副院长，博士生导师，博士。中国少数民族音乐学会常务理事，中国传统音乐学会理事，北京达斡尔学会常务理事。出版专著《变迁与坚守——达斡尔族传统音乐文化研究》，主编《传统·民族·世界——中国音乐学教授访谈录》《音乐教育前沿理论丛书》（均为第二主编），以及发表《达斡尔族传统音乐体裁分类及区域特征》《浅析达斡尔族传统音乐形态特征》等学术论文40余篇。

《变迁与坚守——
达斡尔族传统音乐文化研究》

扫描二维码，
阅读专家代表著作的电子版

达斡尔经典舞蹈动作"照镜子",表现了女士梳妆打扮的场景,一只手在脸颊前,另一只手做梳头发的动作(图/苏伟伟)

第7章
森林草原深处的舞动
舞蹈

本章主撰稿人：内蒙古自治区社会科学院民族研究所研究员　娜仁其木格

舞蹈是一种特殊的文化现象，它通过人的肢体动作表达情感。达斡尔族千百年来经营狩猎、渔业、畜牧、耕种、林业、采集等多种生产方式，同时也创造了内涵丰富、具有独特风格的达斡尔族文化。达斡尔族舞蹈是达斡尔族文化的重要组成部分，民间舞蹈展现了丰富多彩的生活情景，深深植根于社会生活中，积淀着历史文化，充分表现了达斡尔族人的内在心境和审美情感。

舞蹈是一个民族内在情感气质的载体。达斡尔族是一个能歌善舞、多才多艺的民族。达斡尔族女性在艰辛的日常生活中，用勤劳温柔赢得了肯定和赞美，同时也需要通过舞蹈，模仿自己的劳动和生活细节，体现个性，赢得更多的安慰和认可。鲁日格勒作为达斡尔族代表性舞蹈，已经入选国家级非物质文化遗产项目名录。舞蹈者起舞前以重心在脚后跟的小八字步站立，膝部自然放松略并拢，胯部上提，双臂自然放松于体侧，下颌略含，眼视前方。舞蹈中顶胯，左右摆胯形成了身体的"三道弯"为舞蹈的基本体态，表现了达斡尔族女性含蓄温柔、沉稳高傲的性格和气质。

北京的达斡尔族人把每年一次的聚会称为"鲁日格勒"节，并且使之成为北京市达斡尔族人的标志性民族文化活动。在欢快的音乐声中，穿着达斡尔族传统服装的女士们带领大家跳鲁日格勒舞。鲁日格勒舞现在不仅是以一种舞蹈形式呈现在达斡尔族的现实生活中，而且也凝结了深厚的情感留在他们的心中，舞蹈成为联结达斡尔族人的一项重要的文化符号。

生活处处皆可入舞

从细节追溯达斡尔族舞蹈的渊源

达斡尔族民间舞蹈由达斡尔族先人在长期的生产劳动和生活实践中集体创造。有关达斡尔族民间舞蹈的起源,有一种说法是达斡尔族祖先在深山密林中围着篝火生息劳作的早期狩猎时代,狩猎归来后群起模仿狩猎经过和猎物样态,以示庆祝。另一种说法是,远嫁的妇女看到大雁飞过引起思乡之情,进而模仿雁翅摆动而起舞表达自己的思念。从起源我们不难看出,达斡尔族民间舞蹈反映了达斡尔族人自古依靠大自然生活、与大自然的和谐关系。

在达斡尔族供奉的"霍列目·巴日肯"神灵汇集的17种神当中,就包括在布料上绘制的"耶松·扣克尔·玛尔西朗—耶松·乌给尔·鲁尔格楞"神像,意思

上图:《契丹舞》辽曲宴宋使(图/苏伟伟)
下图:河边跳舞真痛快(图/郭伟忠,供图/宝音)

达斡尔族女舞者，手臂柔软摆动，是达斡尔族舞蹈的基本特征之一（图/陶贵水）

是九个小伙子手舞，九个姑娘足舞。在《辽史》等古籍中也有关于达斡尔族民间舞的记载"曲宴宋国使乐次：酒一行，觱篥起，歌。酒二行，歌。酒三行，歌，手伎入。酒四行，琵琶独弹"，"手伎入"这一动作就和达斡尔族民间舞的双手左右摆动的动作是一脉相承的。

达斡尔族民间舞蹈源于生活，主要表现内容有模拟鸟兽的习性、野兽相斗、田间劳动、家务劳动、梳妆打扮等。

舞蹈既有传统的生产劳动场面形象化艺术化，也有动物形象的再现，比如"狮子咬逗"，两个人同时斜对面并腿蹲下，按照节奏起跳，似乎咬住对方右肩膀，很像一对狮子在互相撕咬脖子打斗。达斡尔族人崇拜鹰，有一个舞蹈"鹰斗"，就是模仿猎鹰捕杀猎物时激烈争斗的场面，两个人同时高举单拳对打。还有"雄鹰展翅"这个动作，长伸双臂一高一低，用柔韧的臂、肘、腕以及移步，学雄鹰在蓝天飞翔，非常形象地再现了雄鹰高傲的气质。

竞技：骨子里流淌的热血和激情

达斡尔族人很多都是好猎手，划船打鱼本领都很强，战争英雄也不计其数。所以，达斡尔族人自强的个性也体现在舞蹈中。齐齐哈尔的"哈库麦勒"舞表演程式中，第一段以歌为主以舞为辅，可称"赛歌段"，两人对舞对唱，一方问一方答："什么山最高？""五台山最高。""百鸟中什么鸟的声音最好听？""百鸟中百灵鸟的声音最好听。"这里是比赛谁的唱词多，谁回答得准。第二段由慢速转中速，边舞边呼号，模仿各种动物的叫声，进行比赛。"各古、得齐、乐谁"等，这些鸟叫声和呼号共20种，一个人呼号的最后一个音未落，另一个人必须接上同样的呼号，达到声音的交错呼应。结合舞蹈动作一起来比赛，这是赛呼号声和舞姿结合的特色阶段。之后第三段由中速转快速，是高潮阶段，也是打斗阶段，两人对斗时，都以对方为竞争目标，每个人都斗志满满，打斗时以脚下动作为顿步，左右手臂随着呼号的节奏，交替高举打向对方的头部，对方用同样的动作挡住，这是比嗓音的洪亮和动作的灵活，也是比力量和毅力，比谁的力度大，坚持的时间久。最后以唱、跳、呼号、舞斗的综合表现为评判标准。

"笊篱姑姑来跳舞"：关于舞蹈来历的传说

传说，很早以前有位能歌善舞的美丽姑娘，过春节时吃饺子，她从别人家借笊篱回家的路上，经过西牛圈时被冻牛粪块绊倒而死。后来，姐妹们十分怀念她，把她奉为舞神，跳舞时人们把笊篱打扮起来，将画着姑娘头像的白布包在笊篱上面，给"她"戴上头饰，安上木腿，穿上华丽的长袍，然后把扮好的笊篱带到西牛圈，人们祈求着："笊篱姑姑（姑娘的意思）回来吧！回来和我们一起跳鲁日格勒吧！"再把笊篱姑姑请进屋后，由两位妇女扶着笊篱在桌子上跳起舞来，有时甚至将木腿跳折。其他人也围着打扮的笊篱跳起鲁日格勒舞，边唱边跳边呼，尽兴而归。

"笊篱姑姑来跳舞"，生活中的笊篱

美感：千载流传的艺术魅力

达斡尔族鲁日格勒等传统舞蹈流传至今，美感是重要的因素。一是在写实的动作方面，比如挑水这个动作，单手放在肩上，脚下是前进性柔踩步，加上前后的急转身动作，就是把挑水的劳动场面艺术化了。达斡尔族舞蹈美感性在于身姿的协调性和柔韧度。"雄鹰翱翔"要求演员具有中段腰腹部位和髋关节的灵活性、侧腰肌肉的伸展和下腕的柔美度，修长的双臂两侧一高一低延展绽放，下肢错步，上臂与下肢协调配合，婀娜多姿彰显魅力，表现出自信欢乐的场面。

快乐：舞蹈的本质是尽情娱乐

达斡尔族是个天性快乐的民族，每逢节日、聚会、办喜事都要跳舞，一年一度的库木勒节（柳蒿芽节），正月十六的抹灰节（吉祥节），六月份的斡包节，这些传统节日都离不开鲁日格勒舞和篝火群舞晚会。

达斡尔族民间舞蹈以群舞来昭示群体的共鸣和气势，是达斡尔族群众十分喜爱和珍重的民间集体文化活动。每逢阿涅节（春节），由于冰雪覆盖世界，在室内

正月十六的抹灰节（吉祥节）舞蹈（图/苏伟伟）

跳舞时，受场地限制，身穿绸缎长袍的妇女们两人一组轮番上场。而在踏青采集、劳动闲暇之时，多在户外多人一同舞蹈。达斡尔族舞蹈不受人数所限，两人可对舞，三人可走8字形画面，四人可串十字花，人多更可以跳集体舞。多数都是面对面跳舞，这也是一种情感交流方式。鲁日格勒舞不受时间限制，可长可短，尤其是集体舞可以根据时间随时调整，而且也不受形式限制，它的娱乐性就体现在多种形式的结合上。对于表演者而言，无论形式怎样变化，表演起来都能得到情感共鸣。

达斡尔族传统舞蹈鲁日格勒雕塑
（图/苏伟伟）

释放心灵，为自我而舞蹈

传统舞蹈鲁日格勒，达斡尔族女性渴望完美的自我投射

什么是鲁日格勒？

鲁日格勒是达斡尔语，其词源意义是"燃烧火焰"，引申为"跳起来吧"。鲁日格勒历史悠久，世代相传，关于来源，据说是"人们在篝火旁所产生的一种自然动态，进而形成的自娱性舞蹈"。2006年鲁日格勒舞被列为第一批国家级非物质文化遗产项目，2007年被列为第一批内蒙古自治区非物质文化遗产项目。

鲁日格勒在达斡尔族聚居的山村城镇广为流行，而且妇女是主角。居住在呼伦贝尔鄂温克自治旗的"敖拉""郭博勒""莫日登"等姓氏的达斡尔族有在篝火边跳鲁日格勒的习俗，并成为传统。每年夏末秋初，妇女们都要去鄂温克族自治旗西苏木东雅克萨山嘴处进行集体采集活动，傍晚采集归来，围坐在篝火旁进餐，或吟乌钦（民间说唱），或唱扎恩达勒（民歌），篝火燃起，人们情不自禁挥舞着双手，随着火苗跳动，尽情地边呼边舞。

传统鲁日格勒舞程式为两段，第一段以唱为主，以舞为辅，歌曲多为传统民歌，内容有赞美自然风光、表达美好理想等。舞者面对面围圈，沿圈边唱边舞，有时

欢快的达斡尔族舞蹈鲁日格勒，是国家级非物质文化遗产项目（图／毅松）

篝火边尽情舞蹈,是鲁日格勒的起源之一(图/苏伟伟)

鲁日格勒起源的其他可能

起源之一:打猎说

鲁日格勒的产生是和达斡尔族先民的生产生活分不开的,为了生存采取集体狩猎的生产方式,严酷的狩猎环境、生产技术的落后,使达斡尔族人必须结成一个个狩猎的群体。由于胜利的成果来之不易,又是靠群体力量而获得的,所以在饱享一顿晚餐后拢起篝火,模仿围猎的队形,人们排成圆圈由远至近,作手持武器的样子,模仿野兽的各种各样的形态动作以及站、望、跑、跳

根据歌词助兴表演。第二段以舞为主,是对舞段。由舞者边舞蹈边呼号,多以两人一组围成一圈,然后两人互相手搭肩上,另一只手在侧面压弯摆动。随后,一只手用腕顶腰,另一只手在面前横向摆动,轮换进行,然后高举双手在头的两侧摆动。这些舞蹈动作,恰似火苗初起时予以煽风,而烈焰升腾时又燎烤人脸的篝火形象。这一段的舞蹈内容丰富,多反映生活和劳动的细节,像挽袖子、洗脸、梳头、照镜子、扎腰带、提水挑水、摘豆角以及表现欢乐情绪和嬉戏的动作。随舞步加快,歌曲逐渐变为呼号,动作变为对打拳头,舞蹈激烈,热情奔放,是决定胜负的竞争性舞蹈。舞蹈时往往会有第三者穿插其中,渲染比赛气氛,最后,舞蹈在竞舞高潮中结束。

为什么女性生活劳作入舞?

不同民族有不同的价值评判体系,达斡尔族妇女在孩童时代,就被教化形成了女性价值评定标准,即内外兼修、勤劳美丽,由此一直为这个"完美"的形象付出了巨大的努力,期望获得他人对自己的认可,但付出的努力和回报不一定成正比,相反在男人眼中这些是女性应该做的,是女性天生的职责。妇女希望通过舞蹈,以得到认可和安慰。因此她们在舞蹈中模仿自己的劳动与生活的细节,表达和满足社会环境赋予女性"完美"的价值标准。

像鹰一样自由——
鲁日格勒舞蹈动作的另一种解读

鲁日格勒舞以鹰飞舞蹈动作为主。生活在依山傍水的大自然怀抱中的达斡尔族妇女,通过长期观察,感受到自然的生命力量。她们选择模仿鸟兽动作来表达对归属感的渴望。鸟的特性使达斡尔族妇女选择了它,她们在千百次观察中体会到了鸟类因翅膀带来的幸运,所以期望能够得到它,并带领她们离开不快乐的地方,回到温暖的家乡。鲁日格勒舞起源的传说中有这样的描述:一位达斡尔族妇女坐在炕头上,思念着娘家的亲人,回忆着姑娘时代的快乐。突然透过窗户看到一只雄鹰在天空盘旋,妇女感慨道,要是自己有一双翅膀,马上飞回父母的身边有多好。于是妇女下地,模仿雄鹰在天空飞翔的姿态,来抒发自己内心的希望。

舞蹈中模仿鸟类的动作(图/苏伟伟)

等嬉戏追逐打闹的情景。边跳边模仿野兽的各种叫声。"嘿嘿"呼喊着逐渐缩小其圆圈，待接近到圆心时，节奏加快，欢呼跳跃，唱起歌来表示庆祝。

起源之二：捉乌鸡说

据说过去，每逢农历五月，在江套子塔头墩子（一种草甸）中间，乌鸡交配，公鸡去追逐母鸡跑，并发出"格古、格古"的欢呼声，达斡尔族猎人身披乌拉草做成的蓑衣，蹲在塔头墩子上，远看就像一堆草，迷惑追逐的大乌鸡。待到乌鸡从猎人蹲着的塔头墩子下边穿过的时候，猎人伸手便将其抓住装进袋子里，一天下来所获甚丰。晚上架起篝火，全家或屯子里的大人小孩都来分享这胜利果实，酒足肉饱后，猎人就模仿乌鸡相互追逐的情景，并模仿乌鸡"嘎、嘎"叫声，众人也围成圆圈相互追赶，后分成两人一组对舞，左蹦右跳，前追后退以及绕弯追逐。这就是鲁日格勒舞起源的"捉乌鸡说"。

一起跳鲁日格勒舞吧　（图/苏伟伟）

达斡尔族民间舞蹈的动作中，压腕、双手叉腰摆胯、拖步是三大基本要素。

开始跳舞时，大家围成圆圈，有一两个人起头，大家跟着唱，平举两臂，随着脚步的节奏朝左右摆动。脚落地时，膝部稍往里屈，要很自然地扭动起来。又由于手臂柔软地上下起伏，就像荡漾的水波或随风摇曳的麦浪。模仿"柳树在风中飘动"舞蹈动作是双手在头上上下摆动；模仿"嫩江流水"动作是双手在身两侧上下摆动；也有采山丁子、柳蒿芽的动作，柔美动人。

舞蹈的亮点：挥舞的双手

鲁日格勒舞的特点被归纳为：左右顶胯轻摆动，脚步拖地滑着行，双手压腕胸前舞，一呼一应声不停。

其中手部动作是关注的亮点。

鲁日格勒原始动作是"双手下夯拉腕"（现发展为双手软压腕），与"单竖手"都是人们在篝火旁所产生的一种自然手部形态，鲁日格勒虽然没有严格的先后顺序，但是多以"双

在达斡尔族传统庭院内准备就绪的老人们。跳鲁日格勒时有领跳者，呼"新贝"开始跳，脚上动作大致是以蹲脚为主，舞蹈动作大方、有力

手在肩部模拟挑水状

手下耷拉腕"和"单竖手"作为开始的两个连接动作。

两个人对舞

动作也是两臂向左右摆动，或是一手叉腰一手从前面划过去，两人来回对走调换位置，这时候，呼号的情形较多。舞蹈动作系统地表演

郎图奇（比赛舞）

上图：双手软压腕
下图：对舞

妇女的生活：先是边唱边做洗脸、梳头、照镜子动作；两手在身前做辘轳绕转的动作，模仿用辘轳汲水；再将两臂平举，手扣在肩上，做挑水状，脚后跟跐踏着，轻悠悠地行走；两人背靠背擦肩过去，若是四人以上则大家来回插花状穿梭，显示出集体舞蹈的整体美感。

"郎图奇"（比赛舞）

两人侧身相错半步，右脚向右前方滑出一大步。双手在左胸前自拍一下，右手握拳向右斜上方一收一伸地挥动，挥向对方后脑勺，左手背于腰后或叉腰，目视右手。

"熊斗"

动作来源于熊斗的样子，这与达斡尔族狩猎生产方式密不可分，舞蹈动作包括舞者头对头呼"哈马"等呼号，互相"咬"对方的姿势。

双手叉腰摆胯，是鲁日格勒的基本三要素之一

"熊斗"动作

滑拖步是鲁日格勒的基本三要素之一

传统鲁日格勒舞呼号

达斡尔族传统舞特有的音乐表现形式——呼号

达斡尔族民间舞蹈由表演者先自唱,舞蹈进入激烈阶段施以呼号声伴奏相谐,呼号声颇为丰富多变,这特有的呼号起到了烘托舞蹈气氛的作用。呼号大概有40多种,其中最有代表性的是"阿罕贝"。对舞中的呼号,一般从"罕伯"开始,之后没有固定的顺序。呼号没有特定的意思,如"格古""达齐"是模仿布谷鸟的叫声;"哈马""嘿嘿"是模仿熊和野猪等野兽的叫声;"唉噢唉,唉噢唉"是模仿大雁叫声;"包日招同棵,包库苦同棵"是摘饭豆、摘豌豆的意思,声音如小河流水般流畅,描绘了大雁南归的季节,妇女秋收的喜悦。

呼号方法,按其节奏可归纳为以下两种:甲乙双方交替呼相同呼号,如(甲)"罕伯"、(乙)"罕伯"等;甲乙双方交替呼不同呼号,如(甲)"德吉"、(乙)"答吉"等,声音要尖细清脆,像山谷密林中的布谷鸟在唱歌。

滑拖步

双脚自然外开,然后左右交替地向前拖地滑进,形成"X"形路线。舞者双胯前顶,帮助双脚滑进。拖拍步:左脚拖地经正步向左斜前滑出,双膝微曲,上身稍后仰。右脚随之于左脚旁全脚拍落地,胯随左脚重心的移动向左斜前轻轻顶出,称为"左拖拍步"。做左拖拍步的相反动作,称为"右拖拍步"。这些基本步法的形成,有不同的说法。有人认为源于"草上行走",达斡尔族先民多穿兽皮制的奇卡米鞋(用狍腿皮缝制的鞋)或穿着斡洛奇(布底布鞋),在杂草丛生的山间野外劳动,穿这种轻巧的鞋,在草上行走,越磨越光,人们必然要拖着双脚蹚草而行。还有"冰上滑行"的说法,达斡尔族一直生活在北部边疆,气候寒冷,捕鱼时他们善用鱼叉或者大网,在冬季,冰冻的江河上,只能拖着双脚滑行。由此形成了舞蹈时"滑"与"拖"的基本步法。

扫描二维码
欣赏动人的鲁日格勒

花开数朵，源自同根

颇具特色的各地达斡尔族民间舞蹈

鄂温克族自治旗（海拉尔地区）阿罕拜舞（图/苏伟伟）

达斡尔族居住分散，各地达斡尔族民间舞蹈表演形式、称呼都有所不同，莫力达瓦达斡尔族自治旗鲁日格勒舞，男女老少均参加，舞蹈风格较为古朴纯正，动作秀美小巧，舞蹈内容丰富，动作变化多，步伐基本是拖拍步，呼号声短促。鄂温克族自治旗（海拉尔地区）跳的舞称为"阿罕拜"，年长女子跳得较多，舞姿舒缓稳重，左右顶胯不明显，舞蹈形式与内容和鄂温克族民间舞蹈吕力格楞有很多相同之处。

阿荣旗的舞蹈称为"阿罕伯"或"哈库麦勒"，歌词内容丰富，动作不多，舞姿优美潇洒，左右前顶胯摆动比较明显，步法多为滑拖步。

哈库麦勒（图/苏伟伟）
舞跳到最高潮时，妇女们相互逗乐，一只手放在背后，高声呼喊"哲嘿哲! 阿秀哲"，另一只手伸向对方的头部，碰撞发髻，甚至要夺下头饰和花簪，就像相啄的鸟雀

开朗的齐齐哈尔哈库麦勒

学者杨士清认为，与内蒙古莫旗地区的鲁日格勒舞相比，齐齐哈尔地区的哈库麦勒舞蹈与火焰没有关系，更突出"郎图达呀"（打斗），没有"哈莫"的衬词。由此认为达斡尔族民间舞蹈是辽代宫廷舞走向民间的反映。

舞蹈文化形态的形成受各种因素的影响，如自然、环境、文化交流和经济因素，由于莫旗相对封闭，与其他民族的文化交融相对较少，女人在此种社会环境中受到各方面的阻力和影响，舞蹈形态表现为重拍向

下，多模仿动物动作，舞蹈质感显得原始，带有狩猎文化的遗存。齐齐哈尔地区的达斡尔族人受到内地的影响，经济较为发达，文化融合多，社会体制中对妇女的束缚不明显，因此舞蹈动作相对明朗、动态感强，重拍向上。舞风豪放潇洒，滑步明显，身体左右摆动的幅度大，有时小伙子也上场表演，增强了健壮洒脱的色彩，有时呼号与歌唱交替进行。

敦卜日伴奏的新疆达布舞

达布舞是新疆达斡尔族的民间舞蹈。在敦卜日（达斡尔族弹拨乐器）的伴奏下，翩翩起舞的青年人，口呼着"阿很贝（哥哥）！秀喂！阿很卡托你在哪儿？""阿很贝"的意思是哥哥你在哪儿，"阿很卡托"的意思是哥哥的姑娘你在哪儿。舞蹈主题是小伙和姑娘互相寻找。

所唱的舞词如下：

阿很贝！秀喂！阿很卡托你在哪儿？
四面围拢来挡拦，结伴比翼齐飞翔。
阿罕奔宝！阿罕春卓！
阿罕贝！秀喂！阿很卡托你在哪儿？

新疆达布舞（图/苏伟伟）
新疆达斡尔族舞蹈的特点是两个肩膀上下颤动，而不是左右肩膀一前一后交错动作；两臂交替上举时，只用腕部柔软地画线

鹰鸟一样回旋俯冲，蛟龙模样盘绕翻腾。
阿罕奔宝！阿罕春卓！
阿罕贝！得儿得依！阿很卡托你在哪儿？
八方交错来回穿梭，鸨鸟似的结队飞舞。
阿罕奔宝！阿罕春卓！
阿罕贝！得儿得依！弯下胛背钻过去，
你像老虎跳蹿，侧着肩膀擦过去。
你像蛟龙翻转，阿罕奔宝！阿罕春卓！

新疆达斡尔族舞蹈还有"斡仁特克"舞，这舞蹈的曲子轻快有力，表现了小山羊调皮的那股劲儿。由两个年轻男子对舞，他们向前倾斜身子，挺着脖颈，拉开顶架姿态，高举双臂，向前跳跃，两人手碰手，肩撞肩，表现了小山羊调皮的样子。

新疆达斡尔族热情奔放的舞蹈，男青年动作大方有力，横伸一只手臂，阻拦姑娘去路。姑娘将双手在身前柔美地旋绕着，从对方手臂下钻过（图/任少武，供图/宝音）

鲁日格勒、哈库麦勒，达斡尔族舞蹈的姐妹花

文／毅松

从已有的达斡尔语语词研究来看，对于鲁日格勒、哈库麦勒的解释是有所不同的。以达斡尔语布特哈方言纳文音为标准编写的《达汉小词典》，把"鲁日格勒"（lurgiel）解释为"鲁日格勒舞"、舞蹈，没有收入"哈库麦勒"（hakumail）一词。以齐齐哈尔方言为基音编写的《达斡尔语汉语对照词汇》，把"哈库麦勒"（haknbielg）解释为罕伯舞、前进舞，把"鲁日格勒"（lurgirlg）解释为鲁日给乐舞、兴旺舞。以齐齐哈尔方言编写的《达斡尔语词典》把"哈库麦勒"（hakmieg）解释为跳哈肯麦、跳舞，把"鲁日格勒"（lurgel）解释为篝火舞。可见，在达斡尔语的不同方言中，对"鲁日格勒""哈库麦勒"的理解、所指是有一定区别的、是有不同的。"鲁日格勒"被理解为兴旺舞、篝火舞，或者就是鲁日格勒舞，这样解释是因为该词与达斡尔语的"点燃""使火旺"的词义有关。"哈库麦勒"被理解为罕伯舞、哈肯麦舞。

2012年8月，我在莫力达瓦达斡尔族自治旗尼尔基镇访问图木热（达斡尔族）老人时，他说年轻时见到村里人跳鲁日格勒，一开始就是以呼号伴舞，直到跳完一场，不用歌曲伴奏。在腾克镇访问达斡尔族敖明华、鄂灵巧、鄂淑琴时，她们说长辈们跳鲁日格勒时，是在"信贝、信贝"呼号的伴奏中开场的，一场鲁日格勒很多时候不用歌声伴奏，从头到尾都是用呼号伴奏。舞蹈节奏由慢到快，

去参加欢乐的达斡尔族歌舞聚会（图／郭伟忠，供图／宝音）

气氛逐渐热烈，最后在"哲嘿哲"呼号的伴奏中一场舞蹈结束。其中的呼号有"信贝""达呼热达""得呼尔得""耶呼尔耶"等二三十种。而且，每个呼号要有相对应的舞蹈动作，这是固定的。如："信贝、信贝"时是两人手拉手，"达呼热达"时是挥动一只手，"得和"时是双手向上，"哈玛"时是两人面对面掐腰。

2011年5月29日在齐齐哈尔市梅里斯达斡尔族区举办的第24届库木勒节上，来自莫旗的12位女性表演了《传统的鲁日格勒》节目。据我的观察，该舞蹈节目以《弯弯的树》的歌曲伴奏开场，然后以呼号伴奏，共有12个呼号。舞蹈向侧前方以拖步、行进步为基本步法，不同的呼号时手的动作有不同，呼号"信贝"时，两人互相手攥着手交换位置。"得嘿得"时一只手在胸前，一只手在身后，两人靠近时双手向上挥动交换位置。"呀和"时拍手后做照镜子似的动作，双手先在身前绕一下，再在身后摆动。"达和乐"时一只手放在肩上，另一只手由下向上撩起，然后双手放在肩上二人交换位置。"格库、达奇"是一呼一应的呼号，上身略前倾，双手在身后摆动，二人互相侧身交换位置。"哲嘿哲"时举双手，手臂弯曲着左右摆动，然后两人自己拍手，用一只手向上挥动着交换位置。整场舞蹈节奏由慢到快，进入"格库、达奇"后有所加快，进入"得呼尔得""哲嘿哲"之后，舞蹈的节奏明显加快，直到结束这场舞蹈。

在《中国民间歌曲集成·内蒙古卷》中，认为鲁日格勒"跳舞者边舞边唱"，收入了10首鲁日格勒歌曲。这与

黑龙江卷收入了116首哈库麦勒歌曲相比,就显得比较少了,但是说明在鲁日格勒当中也是有歌曲伴奏的。

由上所述,可以认为鲁日格勒在很多情况下不用歌唱作为伴奏,只以呼号作为伴奏,但有时也用歌唱作为伴奏。鲁日格勒的呼号比较丰富,呼号与固定的舞蹈动作相对应。

我多次见过齐齐哈尔达斡尔族人跳哈库麦勒,曾两次听过杨士清老师演讲哈库麦勒,杨士清老师强调哈库麦勒不是单纯的舞蹈,而是歌舞,歌与舞在其中是一体的。原生态的哈库麦勒必须有三段式,也就是说一场哈库麦勒可以分为三段。第一段称为"哈库麦勒呼苏姑"(唱舞歌),以歌为主,以舞为辅,也称为赛歌段。多数情况下在《五样热情的歌》的歌声开场,还有《昂齐街》《北面的风》等歌曲,参加者有主唱,有对唱,有时是即兴填词,比试智慧和歌唱的才华。歌曲缓慢悠扬,轻松明快,人们组成一对、两对陆续到场地上跳舞,舞蹈动作比较徐缓舒展。第二段称为"麦日希贝"(跳起舞来),以舞为主,这段里歌曲和舞蹈节奏加快,表现出活泼生动、热情欢快的情绪。着《农夫打兔》《打开窗子》《启明星闪耀》等歌曲伴奏,时而插入呼号。第三段称为"郎图达齐贝"(挥舞拳头打斗),为挥动拳头舞蹈。随着舞场气氛的热烈,舞蹈节奏加快,这时有人呼号"哲嘿哲""扎嘿扎",简短急促、风趣动听,就开始了第三段。进入欢腾的时候,舞者两人面对面,一只手掐腰,另一只手握拳向侧上方对方的头上一收一伸地挥动,互相对应着背对背交换位置,这时第三人以同样的舞姿从两人中间穿插。如果有一方舞步没跟上节拍或体力不支则失败告退。人们往往在赛舞者们胜负分明时,才在一片笑声中结束一场舞蹈。

由上所述,哈库麦勒是必须要有歌曲伴奏的,舞蹈与歌声在哈库麦勒当中交融在一起,每种舞蹈都有较为固定的歌曲伴奏。哈库麦勒歌曲曲目、内容非常丰富。哈库麦勒的呼号不贯穿全场,主要表现在第三段"郎图达齐贝",相对较少。

从以上对于鲁日格勒、哈库麦勒的描述、分析看,哈库麦勒与鲁日格勒是有所区别的,有各自的特点,表现在鲁日格勒主要以呼号伴奏,哈库麦勒主要以歌曲伴奏,在舞蹈的动作方面也有一定差异。对此我们应当有清楚的认识,不该把二者混淆起来,说两个称谓的舞蹈内涵是一样的,那样也就忽视了达斡尔族舞蹈的地域性、丰富性。但是,我们还应该看到二者有许多相同之处,从舞蹈的音乐、动作、呼号而言,两者有相同的成分,两地的人们可以没有多少障碍地在一起跳彼此的舞蹈。在认识到二者是达斡尔族舞蹈的同时,要充分认识二者有各自的不同特点,这种区别反映了达斡尔族舞蹈的地域性特色和内涵丰富性,这也是达斡尔族文化丰富性的体现。

剪纸中的达斡尔族民间舞蹈
(图/毅松)

放排主题的达斡尔族舞台舞蹈（图/苏伟伟）

巴尔登、杨士清、奥登挂、栾廷琴在搜集整理达斡尔族民间舞蹈工作中做出了很大贡献。各地达斡尔族舞蹈工作者在传承民间传统达斡尔族舞蹈的基础上编创了大量达斡尔族舞台舞蹈，如1955年创作的舞蹈《布谷鸟》《采野菜》《烟荷包》《幸福之花》等，其中《布谷鸟》在内蒙古自治区文艺汇演中获创作奖。1961年达斡尔族舞蹈《采野菜》，代表内蒙古自治区业余演出队进京汇报演出。亚农编舞、马维新作曲的达斡尔族舞蹈《十个女老板》，由长春电影制片厂收入第五届"哈尔滨之夏"艺术片，在全国及东南亚六国上映。其他编创的达斡尔族舞蹈还有《丰收玉米送北京》《电视来到草原上》《欢乐的乌姑茹苏拉》《春到草原》等，这些具有浓厚达斡尔族生活气息的舞蹈受到了观众的喜爱，也获得了很多奖项。

达斡尔族舞蹈以其浓郁的民族特色，生动地展现了达斡尔族的风情与生活，是达斡尔族人民勤劳勇敢、热爱生活、互助和谐、性情开朗、蓬勃向上个性的象征，现已成为舞台上展现达斡尔族民族文化的重要载体。

近年来达斡尔族舞蹈获奖情况一览表

舞蹈名称	编舞	获奖情况
嬉水姑娘	朱朝霞	1982年在内蒙古乌兰牧骑成立25周年文艺汇演中获优秀创作奖、优秀表演奖；1983年在全国乌兰牧骑文艺汇演中获优秀节目奖；1989年应邀在深圳、珠海主办的国际艺术节上演出；1990年作为优秀节目参加中国北方少数民族艺术团赴荷兰、瑞典、芬兰、苏联巡回演出

鲁日格勒		1982年在内蒙古乌兰牧骑成立25周年文艺调演中获创作表演奖
欢腾的山村		1983年在全国文艺汇演中获演出奖,并获内蒙古艺术创作"萨日纳"奖
赴敖包会的路上		1983年在黑龙江省少数民族文艺汇演中获优秀创作奖、优秀表演奖
欢乐的乌姑日斯勒	张淑芬、李悦信	获全国少数民族文艺调演优秀节目奖;曾在人民大会堂国庆联欢会上演出
养鱼姑娘		1993年获昆明全国第二届少数民族舞蹈比赛二等奖
唤春的姑娘们		1996年获文化部第六届群众文化"群星"奖编舞、编曲银奖
春韵		2003年在呼伦贝尔市专业文艺团体汇演中获表演一等奖
清水河边的歌声		2003年在呼伦贝尔市专业文艺团体汇演中获表演一等奖,创作二等奖
嫩水江边		2005年在内蒙古自治区第三届乌兰牧骑艺术节上获表演一等奖
秋湖罩鱼		2005年在内蒙古自治区第三届乌兰牧骑艺术节上获创作二等奖
母亲摇篮		2008年在内蒙古自治区第七届"金马杯"舞蹈比赛中获创作二等奖、表演三等奖
花节	朱朝霞	获内蒙古自治区"五个一工程"奖;2008年获内蒙古自治区艺术创作"萨日纳"奖
鲁日格勒	朱朝霞	获文化部全国广场舞汇演"孔雀杯"表演奖;获内蒙古自治区艺术创作"萨日纳"奖
高高的兴安岭		2008年在全国第十届"群星"奖舞蹈比赛中获金奖
激流勇进放排舞	孟志伟	2009年在内蒙古自治区电视舞蹈大赛中获表演金奖,同时获内蒙古自治区首届民族文艺汇演特别奖;2010年荣获内蒙古自治区第十届精神文明建设"五个一工程"奖
颈力		2009年在内蒙古自治区电视舞蹈大赛中获表演银奖;2010年获内蒙古自治区艺术创作"萨日纳"奖
彩云之乡	郭文华	获新世纪新疆维吾尔自治区首届专业文艺汇演优秀编导奖和优秀节目奖

撰稿专家

娜仁其木格,蒙古族,内蒙古自治区社会科学院民族研究所所长,研究员。参与编写2部著作,出版合著2部,发表论文、调查报告等约30篇,代表作有《走出森林草原——达斡尔族人口城市化研究》(合著)、《探讨达斡尔族传统文化传承途径》等。

《走出森林草原——
达斡尔族人口城市化研究》

扫描二维码,
阅读专家代表著作的电子版

新疆达斡尔族戍边纪念雕塑群(图/苏伟伟)

第8章

爱国进取，勇往直前

历史

本章主撰稿人：内蒙古自治区社会科学院俄罗斯与蒙古国研究所副研究员　吴伊娜
　　　　　　　内蒙古自治区社会科学院研究员　毅松

达斡尔族主要生活在黑龙江西部、内蒙古东部、新疆北部，人口约13.2万。因为没有文字，只能靠口述来传承历史，清朝以前的历史较难考证。关于达斡尔族的由来，自清代以来就有许多不同的说法，其中以源于契丹和与蒙古同源二说影响最大。在达斡尔族的民间传说中，几百年前，一支契丹军队来到嫩江畔修边堡，从此便定居下来。这支军队的首领叫萨吉哈尔迪汗，就是达斡尔族人的祖先。

20世纪50年代，辽史专家陈述先生撰文系统论证达斡尔族的由来，其结论是：达斡尔族是契丹大贺氏的后裔。这个论断为海内外大多数专家学者所接受，也为达斡尔族人所认同。

虽然史学家大多认为达斡尔族属辽代契丹大贺氏的后裔，然而也有部分学者提出达斡尔族族源的其他观点。

沧桑变迁，熔炼了民族的筋骨；长河奔腾，记录了民族的兴衰。达斡尔族是英雄的民族，他们不屈于任何压迫，跟兄弟民族鄂温克族和鄂伦春族一起，在明清之际，为了捍卫民族尊严，兄弟民族组成的索伦部进行了多次反抗后金军队征服的战争，虽败犹荣。自17世纪40年代起直到80年代末，沙皇俄国持续进犯，各族人民保卫我国东北边疆的斗争持续了半个世纪之久，达斡尔族人前仆后继，没有一个人投降，做出了巨大的牺牲。之后在维护祖国统一的斗争中，英勇战斗，屡建功勋，出现达斡尔族将军9人、都统8人、副都统59人，是清代军事力量的肱骨。1931年日本入侵东北地区时，达斡尔族人进行过激烈的抵抗。作为祖国北部边疆的守卫者，达斡尔族人的赤诚和热血，是中华民族大家庭中值得高歌的品质。

辗转流徙的契丹后裔

族源研究，探索一个民族独立尊严的起点

明末清初开始，有关达斡尔族人的事迹见之于史籍。《清圣祖实录》康熙六年六月甲戌朔记载"理藩院题，查打虎儿有一千一百余口，未编佐领，应照例酌量编为十一佐领，设头目管辖。从之"。其中的"打虎儿"一词，是目前可见的清代文献中对达斡尔族族称的最早记载。自此，"达斡尔"这一固有的自称开始以"打虎儿""达呼尔"等几十种写法和译法，见诸中外史乘。1949年后，遵循党的"名从主人"原则，根据达斡尔族聚居的莫力达瓦达斡尔族自治旗和布特哈旗群众的意见，将常用的"达呼尔"改译成daūr，译写作"达斡尔"，比较接近本民族的发音。

关于族源，在达斡尔族民间一直流传着自己是契丹后裔的说法。官方则是在清乾隆时期，钦定《辽金元三史语解》时，将《辽史》中的契丹强大部族"大贺"氏改为"达呼尔"，达斡尔族人源于契丹的说法才第一次以文字的形式被记入正史。1871年，清同治帝派人到东北调查达斡尔族族源，初步认为是女真后裔，但由于缺乏详实证据，没有得到清政府认同。1880年，清光绪帝再次派官员调查达斡尔族族源，其结论是达斡尔族人为契丹后裔。此后，"唐武德初，其君达呼尔（原作大贺）氏"、"达呼尔，本契丹种辽亡徙黑龙江北境，为打牲部落"、"达呼尔系辽国皇族后裔，天祚之时，迁至黑龙江北格尔必齐河一带居住"等（《近世达呼尔索伦民族史稿》），一系列达斡尔源于契丹的说法，开始在清代和民国时期诸多的中外史料文献中得到体现。

但是，出自其他民族的间接记载对于今天历史学家了解一个民族的历史是远远不够的，因而蒙古同源说也存在一定的支持者。从20世纪50年代开始，伴随着达斡尔族民族成分识别工作的展开，包括达斡尔族学者在内的史学家们，开始从传说、语言、地理故迹、生产方式、生活习俗、宗教信仰、基因比对等方面，进一步探讨达斡尔族源于契丹的可能性。

尽管契丹后裔说一直得到很多学者（代表性的有《简明中国通史》《中国民族简史》的作者吕振羽先生，中央民族大学辽史专家陈述先生）的考证和支持，但从学术发展的要求来说，达斡尔族族源研究仍然需要深入的探讨和论证，以还原历史的本来面目。

达斡尔族先民发源地

作为古代北方游牧民族中的一支，自公元4世纪兴起，至13世纪西辽灭亡，契丹前后活跃上千年，对中国历史产生了深刻的影响。这一千年中，契丹人建立的政

权先后与唐、五代十国及北宋、西夏、吐蕃等局部地区政权共同存在，还相继与高丽、日本以及大食、花剌子模等东亚、中亚、西亚古国，建立过密切的经济文化往来，不仅将其他地区的经济文化成果输送到中国，也将中国的文化成果输送到了其他地区。中国的火药，在传入到中亚、西亚地区之后，被那里的人们称之为"契丹花"，如今在俄语、蒙古语和希腊语中仍将中国称为契丹（kitay）。

契丹皇族女诗人萧观音的诗句"文章通谷蠡，声教薄鸡林。大宇看交泰，应知无古今"，淋漓尽致地体现了当时王道昌盛，周边各族向风而化，契丹以礼乐文教感召四方的盛世景象。

1125年3月，辽天祚帝在应州被金人完颜娄室等所俘，8月被解送金上京（今黑龙江省哈尔滨市阿城区白城子），并被金太宗降为海滨王。1128年，天祚帝病故。辽朝共历时210年（包含契丹国时期）。1218年契丹贵族耶律大石及其后裔在辗转迁移中亚后建立的西辽也被蒙古军队所灭。

洮儿河（图/朝鲁巴根，供图/宝音）
洮儿河是嫩江右岸的最大支流，源出大兴安岭阿尔山东南麓高岳山，由10条大小不一的河流汇集而成。东南流经科右前旗、洮南市、镇赉县，在大安市北部注入月亮泡，再流入嫩江

契丹为古东胡族系的一个分支，契丹语属阿尔泰语系中一个独立的语言系统。辽太祖建立契丹政权后，分别命人参照汉字创制契丹大字，参照回鹘文创制了契丹小字，作为辽朝的国字。当时在辽朝形成了契丹文和汉文并行通用的情况。辽灭亡后，契丹大字、小字逐渐失传。

洮儿河，达斡尔族称来源之一

"达斡尔"是达斡尔族人的自称。达斡尔族没有文字，由于音译不同，在汉文的记载中，曾有达古尔、达呼尔、达瑚尔、达胡儿、打虎儿、打虎里、打虎力、达乌里、达乌尔等20多种写法。满文曾写作达霍尔、达库尔、达高尔、达其鄂尔等。因对达斡尔族族源问题所持观点不同，对"达斡尔"这一族称的解释也各有不同。日本学者白鸟库吉在他的《东胡民族考》中，认为达斡尔族称的来源与洮儿河的古称有关系。

洮儿河在《魏书》中被称为太鲁水，《辽史》曰挞鲁水，《金史》曰挞鲁古河，曾是契丹大贺部的发源地，辽金两朝均受泰州管辖。国家民委五种丛书之一的《达斡尔族简史》称洮儿河的古称是"挞古鲁河"或"挞兀尔河"，大贺部的全称是"大贺尔"，即由洮儿河的古称所得，并指出汉文史籍在写我国北方山河地名和族称时，经常犯有音译不准、颤音不标、改变和颠倒原称音字的错误。

以族魂为主题的达斡尔族舞蹈(图/陶贵水)

风流云散,交汇和交融是民族发展的主题

13世纪西辽亡后,契丹人大多融入中国北方的其他民族,如汉族、蒙古族、满族等。另一部分则融入中亚等当地民族,在中亚,哈萨克斯坦人的中玉兹乃蛮部有契丹遗民,吉尔吉斯人也有契丹(哈剌契丹)部落;在北高加索的诺盖人和乌拉尔山一带的巴什基尔人中融入了契丹人,在钦察部中契丹钦察与托里钦察是契丹与当地人的后裔。专家们利用DNA技术,通过分析古代契丹女尸与现代达斡尔族、鄂温克族、蒙古族和汉族等人群的血样后,认为达斡尔族与契丹有最接近的遗传关系,是契丹人后裔。

20世纪初,日本学者鸟居龙藏先生《东北亚洲搜访记》一书写道:"多尔人(即达斡尔族人)自昔本有文才,盖所谓多尔人,即契丹之遗种。于附近之乌拉尔、阿尔泰民族中,为最长于政治天才者。"

契丹大字铜印

契丹文字一共有两种。神册五年(920),辽太祖耶律阿保机在文臣耶律突吕不和耶律鲁不古的参与下,仿照汉字创造了契丹国文字,即契丹大字。辽太祖弟耶律迭剌创制的为契丹小字。两者的区别不是字的大小,而是创制先后不同而表现出的拼音程度的不同。由于受到汉字与契丹语的双重影响,契丹大字是表意文字和拼音文字的混合体,其字形结构与简化的汉字相似,有些借用了汉字的字形和字义,读音则根据契丹语。大部分契丹大字与汉字字形不同,是自行创制的新字。

达斡尔族学者从1833年起探索族源研究一览表

年代	作者与研究题目	注释
道光十三年(1833)	华灵阿《达斡尔索伦源流考》	满文手抄本
1926	郭克兴《黑龙江乡土考》	
1931	孟定恭《布特哈志略》	
1933	阿勒坦噶塔《达斡尔蒙古考》	
民国中期	何维忠《达古尔蒙古嫩流志》	
民国中期	钦同普《达斡尔民族志稿》	
1953年	孟希舜《达斡尔族志略》	

印证:达斡尔族与契丹的深密关系

辽史专家陈述先生说,过去的学者,曾有以达斡尔和契丹"大贺氏"对音,认为达斡尔族来源于契丹大贺氏(耶律和萧是契丹的两大姓氏,《辽史》载三耶律:一曰大贺,二曰遥辇,三曰世里),但除对音以外并没有提出更多的证据。1959年陈述撰写《试论达斡尔族的族源问题》给出了达斡尔族来源于契丹的证据和理由。

达斡尔关于本族来源的传说和契丹史实相合

达斡尔族传说,辽亡后有一小部分北迁,由西拉木伦、喀喇木伦到黑龙江、精奇里江等地,以游牧打猎并种荞麦、燕麦为生。又传达斡尔族人的祖先曾南征。这

契丹小字，意即"仁寿福至"。莫力达瓦达斡尔族自治旗中国达斡尔民族园斡包旁石碑上的刻字，就拓自这四个字（图/孟荣涛）

样的传说在达斡尔族民间普遍流传，口口相授。他们并不知有契丹遗人库烈儿等北迁的记载，契丹的北迁，在辽、金、元史的研究中，已是一段佚史，将这段佚史材料中的事实和达斡尔族民间传说结合，为考证达斡尔族族源提供了有力的证据。这部分契丹人亡国迁徙的共同遭遇和新的地缘关系，促进了民族内部的团结，巩固了共同语言，发展了共同的经济生活和风俗文化，增强了民族共同的心理认同。

语言材料的贴近

我国契丹小字研究专家刘凤翥先生，在《从契丹小字解读探达斡尔为东胡之裔》一文中指出："在这已经解读出来的为数甚少的契丹本民族语词中，我们仍能找出以上与达斡尔语相同或相近的语词……语言的因袭必包含着民族成分的继承……达斡尔语中的兔、乌鸦与契丹语相同。达斡尔语中的马、山羊、蛇、狗等词汇源于契丹语……仲、冬、族等词的发音，达斡尔语与契丹语相同或相近。"达斡尔族学者孟志东先生的《契丹语与达斡尔语的关系》一文，从三个方面举例比较研究后认为"达斡尔族人沿用着很多古代契丹语词。契丹语与达斡尔语之间，确实存在着最为近亲的亲缘关系"。不少研究契丹小字的学者认为，用达斡尔族语言能解读契丹小字和碑文中的某些词汇。

契丹语的语序和达斡尔语的语序相同，曾被记录下来的一些契丹语词汇包括数词和达斡尔语也是相同的。达斡尔语中保存了契丹人当时的用语，契丹人用自己的语言所取的名字和达斡尔族人名也有相同的。辽时契丹曾在东北方面设过掌管边地的官员称"达林"，地方上也有一种较小的官称"达剌干"。达斡尔族人在清代内迁嫩江流域的初期，还保留着这两个称号。

《苏联民族学》杂志1984年第一期刊登了一篇通过语言对比分析讨论契丹族属的学术论文，论文总结部分说，契丹应该看作是古代蒙古系统的民族。它的遗裔即现代的达斡尔族人。

地理故迹证明达斡尔族源于契丹

辽时在契丹二十部的放牧地泰州地带有达鲁河（后改称长春河），元时称讨浯儿河（塔兀儿河），这一地区，现在有俗名为"他虎"（也作塔呼、塔虎）的古城遗址，就考古材料和史实考证的结果，确定为辽时泰州内的长春州城址。这一地带又有达鲁城或达斡鲁城，直到今天还有名为"达户"的村镇。

塔古里、塔兀儿河、塔呼城等和达斡尔族称的近似，暗示了彼此之间的关系。金时泰州一带，主要是辽亡附金的契丹人，为金廷守边。根河以南，原有金源边堡，大定年间南移，重筑长城，即王国维先生命名的金界壕。

明末清初的达斡尔地区，根河、额尔古纳河沿岸，库烈儿山西北约三里有契丹古城遗址，和以契丹语取名的河、山及地名。将上述地理故迹与契丹北迁的史实相结合，不但可以勾勒出契丹人北迁后的活动区域，而且是达斡尔族源于契丹的有力的证明之一。

有学者认为当代达斡尔族人求雨祭祀,与契丹人泼水求雨传统有关(图/毅松)

由"巴格奇"焚香祝拜,再用桶盆取水,彼此互相洒泼。据《辽史·礼志》记载,辽时契丹官方和民间常举行泼水求雨的仪式,称"瑟瑟仪"。

达斡尔族人很久以来即擅制大轮车,这种车结构简洁坚固,能载重致远,尤其是行在山谷沟壑的草道上犹如平地,故又名"草上飞"。契丹人很早就掌握了造车的技艺,宋代沈括曾描述契丹大车的形制,"长毂大轮,利于行山"。这些事例,是考证达斡尔族源于契丹的重要依据。

从达斡尔族的歌谣和历史故事看族源

达斡尔族叙说本族历史的歌谣:"边壕古迹兮,吾汗所遗留;泰州原野兮,吾之养牧场。"所述内容与辽亡以后一些契丹人的分布地带和经济活动是相合的。契丹人两次由距离中原较近的东北(西拉木伦地带)向更远的东北方迁移:一次在辽末,一次在元末,历史上的线索是清楚的。这与达斡尔族人的故事传说相合,结合达斡尔族人祭祖面向西的习俗和来自西拉木伦的传说,比较清楚地体现了契丹与达斡尔族的渊源联系。

从达斡尔族旧传的生产技术看族源

凿冰钩鱼是契丹人旧有的生产技术,并逐渐演变为朝廷典礼。契丹皇帝每年在达鲁河钩鱼,宋廷使臣在契丹曾亲见凿冰钩鱼的仪式,还做了记录。达斡尔族人很久以来也有凿冰捕鱼的技术,可以说现在达斡尔族人捕鱼的方法,继承了辽代契丹人的传统。

达斡尔族人夏季天旱时常集众求雨,一般是先

从达斡尔族旧传的社会组织上看族源

清初达斡尔族人内迁嫩江流域的时候,不仅继承着契丹称号"达林",还保存着"达林"称号的内容直到编佐,之后旧有的达林才变成为"扎兰"(世管佐领)。

达斡尔族人直到1949年,在区别本族氏族郡望的时候,还用斡尔阔(边堡)标志,萨满跳神和家族祭祀的时候,也常提到某某斡尔阔。斡尔阔也称乌尔阔,亦即边堡。达斡尔族人有自己的哈拉、莫昆等氏族组织,有自己的屯落,以斡尔阔作为标志是因为契丹人为金廷守边时期,分散在边墙界壕的长线上,习惯了用所守边堡的名称来区别彼此的住址和氏族,所以斡尔阔逐渐演变为达斡尔族社会组织的独特标志。因此,从达斡尔族人旧传的组织制度角度,其源于契丹的说法是可信的。

历史人物证明达斡尔族源于契丹

13世纪蒙古与金朝战争时期,未随蒙古南征的契丹

内蒙古通辽辽墓壁画中的契丹大车，与达斡尔族人擅长制作的大轱辘车有渊源关联（图／苏伟伟）

遗部留驻于今内蒙古自治区根河一带。此后，明廷的兵力也没有深入到该地区，使得当地的大部分生产生活方式历经几百年仍然得到留存。在该地区有一座著名的库烈儿温都儿山（也称库烈儿山），其名称就是来源于800多年前契丹北迁首领库烈儿之名，为了表达对先祖的怀念，达斡尔族人一直供奉库烈佛。

此外，明末清初，根河库烈儿山地带的达斡尔族酋长根铁木儿，被一部分鄂温克人称为"契丹酋长"，这些事例在一定程度上印证了达斡尔族源于契丹的说法。

1995年，中国医学科学院和中国社会科学院联合向国家科委申报的"契丹人分子考古研究"项目获准立项。课题组从考古发现的契丹人古尸骨骼标本中提取脱氧核糖核酸DNA，并提取了云南省保山地区契丹后裔"本人"的77份血样、内蒙古自治区莫力达瓦达斡尔族自治旗达斡尔族人的56份血样、鄂温克族自治旗鄂温克人的24份血样、蒙古族人的20份血样，从中提取DNA，通过与中国医学科学院基因库的50份汉族人DNA进行对比，最终得出结论：契丹与达斡尔族具有最近的遗传关系。

当代修复的边壕斡尔阔（边堡），斡尔阔长期以来都是达斡尔族社会组织的独特标志（图／苏伟伟）

12世纪的金代边壕：
先祖萨吉哈尔迪汗的传说与古谣

清代道光年间用满文写成的《达斡尔和索伦源流考》记载："据古代长老之传授遗言，于喀喇木伦之地方，曾有达斡尔、索伦之主——哈冉哈达汗，其后嗣萨吉哈尔迪汗，仗其骁勇且精悍，好于俘虏，频频与邻国交战。后来兵败，萨吉哈尔迪汗带着妻室、子媳、亲信官吏、宝贝珍珠、勇士精兵、马匹牲畜，朝着格尔必齐河，直向北海退避而去。时其国之民因为慌乱，渐次遁避于黑龙江之山谷云。"

达斡尔族人普遍认为自己是这位英勇善战的萨吉哈尔迪汗的后代，视其为英雄，将他的故事口口相传，甚至还把民族历史上发生的大事都讲进了萨吉哈尔迪汗的传说中，以至于我们今天听到的故事可能和历史原貌已相去甚远。不过史学家普遍认为，萨吉哈尔迪汗是历史上真实存在过的。

修筑城壕的传说

传说在一次行军途中，萨吉哈尔迪汗之子不幸落水身亡，留下了美丽又聪明的妻子。不久，萨吉哈尔迪汗要娶聪明美貌的儿媳为妻。儿媳只好提出和汗王各率人马修筑城壕，以争胜负，如果输掉比赛，就嫁给汗

萨吉哈尔迪汗塑像：探讨达斡尔族的起源，萨吉哈尔迪汗是不可或缺的一环。达斡尔族人崇拜的英雄是萨吉哈尔迪汗，不是成吉思汗，这也是达斡尔族与蒙古族并非同源的一个证明（图/苏伟伟）

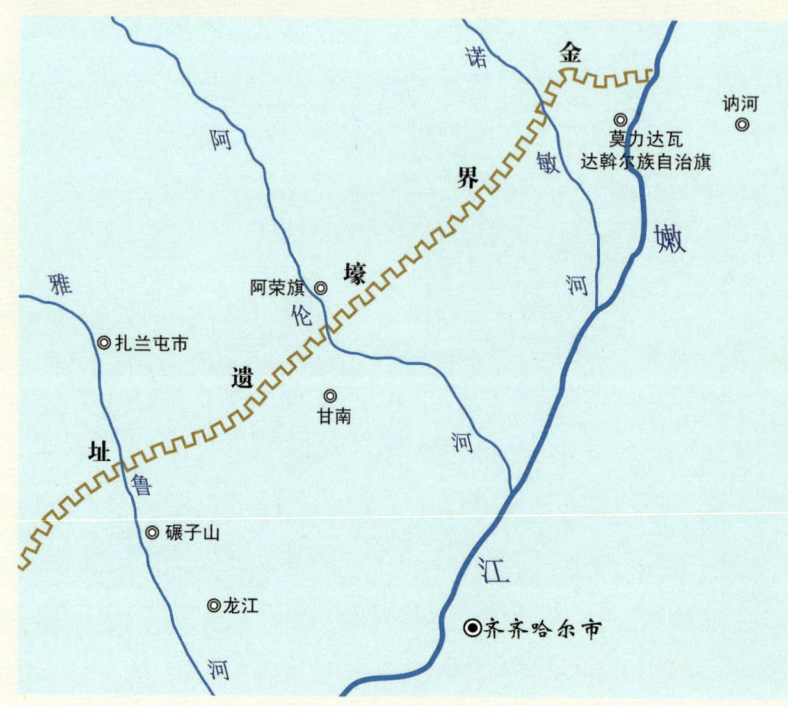

金界壕地图：这段边壕史称"泰州迄堡"或"长春边堡"，"金界壕"这个称谓是近代国学大师王国维提出的，他在《金界壕考》卷十五中写道："金世初无长城之称也，其见于史者，曰边壕、曰界壕。"（绘图/陈丹正）

王。于是，萨吉哈尔迪汗自己留下了壮年士兵，把老人和孩子都分给了儿媳。城壕一挖就是好多年，起初萨吉哈尔迪汗率领部下挖的城壕又宽又高，远远走在前面。可是快到终点时，儿媳带领的男童已成壮年，而汗王带领的人马则年老力衰。最后，儿媳获得胜利，并留下了一段平行的城壕。

传说中的这段"竞赛"城壕也并非虚妄，诉说达斡尔历史的古谣诵道："边壕古迹兮，吾汗所遗留；泰州原野兮，吾之养牧场。"这里面有两个关键词，一个是边壕古迹，一个是泰州原野。据考证，金边壕修建于12世纪中叶，是由屯田于泰州的金国都统婆卢火调用民工修筑的。其实，修筑和看守边壕者，主要为辽亡附金的契丹人，也就是达斡尔族人的先祖，在民间传说中演绎为萨吉哈尔迪汗的筑墙比赛。古谣中提到的泰州原野，涵盖了前面提到的达斡尔族称来源的洮儿河流域，本为契丹二十部族的放牧之地。这首古谣成了解密达斡尔族与契丹渊源关系的线索之一。

达斡尔语把金代边壕称为"斡尔阔"，在邻近民族语言中只有达斡尔语里保留有这一专用语，也是达斡尔族和金代边壕之间存在特殊历史关系的佐证。

"北方长城"金界壕

当前学者普遍认为金界壕总体走向有两道：北线起于大兴安岭北麓，由根河南岸西行，穿呼伦贝尔草原，经满洲里市向北穿越俄罗斯，再向西到达蒙古国肯特省德尔盖尔汗山以北的沼泽地中，全长约700千米；南线东北起自嫩江西岸莫力达瓦达斡尔族自治旗尼尔基镇北8千米嫩江西岸的前后七家子村，西南止于赤峰市林西县，这条长城除两端为单线外，中间还分内（南线）、外（北线）、中三线和另外三条支线。

金界壕有明昌壕、金源边堡等称谓，修筑时特别注意利用地势，修筑在山岭之上的，山北侧坡度较陡；沿河筑造的，则以河作为防线。

金代边壕是壕墙并行的工事，在重要地段有平行的双层壕、双层墙，与其他历代修筑长城的方式有所不同，基本上全部采用了掘地为壕的方式，即在其边界上挖掘壕沟，再把挖出来的土堆在沟的一侧，并在较为重要的地方筑城堡以屯重兵为用，每个城堡之间还设有壕堑相连，这种壕堑、界墙、边堡相连的建筑特点，增加了防御功能，便于驻防军队在内侧隐蔽和行动。

上图：金界壕遗址（图／毅松）
下图：田野中的金代边壕遗址（图／苏伟伟）

蒙古同源还是室韦分支？众说纷纭的达斡尔族源

文/安家襄，摘自《达斡尔族源流的民俗考证》

蒙古同源说，隋、唐时期黑水国后人说，唐时期室韦后人或室韦达姤部后人说，源于"夏"部说等等，关于达斡尔族的起源众说纷纭，每一种族源说，都赋予达斡尔族族源以不同的时代的起点，不同的分布地点，也赋予了"达斡尔"这一族称不同的意义。

蒙古同源说包括两种观点，一是认为达斡尔族为蒙古先祖的元代后裔；二是以1931年出版的阿勒坦噶塔著的《达斡尔蒙古考》为代表，认为达斡尔族为蒙古族的一支——白鞑靼后裔。由于白鞑靼为突厥系汪古部，而且白鞑靼后裔塔塔尔人现居住在俄罗斯，此观点赞同者甚少。

民国初年达斡尔族与蒙古同源说的出现和盛行也是有其历史原因的。辛亥革命推翻了满族建立的清朝政权，达斡尔族上层失去了依靠，希望重新依靠一个强大民族维护自身的社会地位。由于达斡尔语与蒙古语相近，习俗相近，民国初年，在达斡尔族上层出现了与蒙古族相结合的呼声，主张"五族共和"应加上达斡尔族成为"六族共和"，达斡尔族源于蒙古说便出现了。

达斡尔语与蒙古语大量词汇相同，语法相近，说明达斡尔族与蒙古族曾长期同处一个地域。如虎、豹、雁、鱼、狼、鹿等26个与狩猎游牧有关的词汇中，相同的18个，音变通用的7个，不同的只有"狼"一词。达斡尔语狩猎词汇比蒙古语丰富，一般不

达斡尔族猎刀周正对称，刀背较厚，逐步向刀刃处过渡。因其短小精悍，制作精细，美观实用的特点，所以除了狩猎外，也成为馈赠亲朋的绝佳礼品（图/内蒙古博物院）

夹杂汉语词汇，说明达斡尔族与蒙古族远古时在相同或相近地域共同狩猎、放牧，达斡尔族狩猎生活比蒙古族时间更长。蒙古族在蒙兀室韦时期就与达斡尔族分离，逐渐向蒙古草原迁移，成为独立的民族。而达斡尔族一直与通古斯森林民族生活在黑龙江流域的森林之中，虽也南迁北移，但始终没有离开这一地区，达斡尔族与蒙古族逐渐成为虽有亲缘关系却又完全不同的两个民族。

蒙古族有完善的文字，而达斡尔族却没有文字。达斡尔族人认为自己民族的英雄是萨吉哈尔迪汗，而不认为是成吉思汗。达斡尔族没有加入成吉思汗称霸天下的战争，在蒙古族横扫亚欧之际，达斡尔族正和通古斯森林民众一起在边远的黑龙江流域的森林之中狩猎生息。

绝大部分的土著说都用各种方式反击蒙古同源说，唐以前一直生活在黑龙江流域外兴安岭的古老民族室韦（室韦是密林的意思，蒙古族先民也是其中一支，称为蒙兀室韦，后来走出兴安岭进入草原），室韦内部分化很快，《北史》记载室韦分为五部：南室韦、北室韦、钵室韦、深末怛室韦、大室韦。土著说认为北魏时达斡尔族先民应当是深末怛室韦的一支，唐代是室韦的达姤部，达姤部在黑龙江中游北部，达斡尔族先民发祥地之一的精奇里江流域当在其中。"达姤"可能是达斡尔语的汉字记音，"姤"是"斡尔"的合音。辽金时达斡尔族先民作为室韦一部，是辽金疆域最北部的臣民之一。

镂空字纹与角隅饰火镰（图/苏伟伟）
在长期艰苦的野外狩猎活动中，火镰是达斡尔族猎人的必备工具，火镰运用金属和火石摩擦起火的原理，夏天生火可以驱赶蚊虫和野兽，冬季生火便于取暖和做饭

愿得净土护家园

元明清初的达斡尔族人，与外界的抗争中，民族气质特征逐渐定型

广袤大地，黑龙江北岸休养生息

苏联学者莫柴也夫在《中国的东北》里写到，从前的达斡尔族居住于贝加尔湖之东，因此，外贝加尔地区，特别是石勒喀河和额尔古纳河上游，至今还往往称作达呼里亚地区。达呼里亚是一个历史地理区域的名称，来自达斡尔族，因为那时他们就住在西达雅布罗诺威岭（即西段外兴安岭）的大部分地区。（《苏联大百科全书》第13卷）

明代统一东北地区后，在黑龙江下游北岸特林地方，设置了奴儿干都指挥使司及其所属卫所等行政管理机构，如脱木河卫、额勒格河卫、阿尔拉山卫、卜鲁木丹河卫等行政机构。由此，达斡尔族的居住地开始受明政府管辖。明代的少数民族政策"因其部落，官其酋长为都督、都指挥、指挥、千户、百户、镇抚等职，给与印信，俾各仍旧俗，统其属"，给予各民族稳定发展的空间。为了加强北方民族同中原地区经济和文化上的联系，明政府采取了在辽东开原、广宁等地开设贸易市场的措施，对物资交流和民族团结，起到了积极作用。

黑龙江及其支流蜿蜒穿行在群山丘壑之间，山清水秀，地貌多姿。山林中走兽和飞禽种类繁多，江河里渔产丰富，冲积平原土壤肥沃，这里多样的自然环境，为达斡尔族人从事农耕、渔猎和牧业等多种生产提供了得天独厚的条件。达斡尔族在继承原有物质文化的基础上，通过与邻近民族不断发生经济文化联系，物质文化生产逐渐处于领先水平。

捍卫尊严，索伦部的反抗斗争

在东西伯利亚、外兴安岭和中国东北周边，从事狩猎及牧业的鄂温克族人、从事狩猎业的鄂伦春族人与达斡尔族人相邻而居，相互通婚，共同信奉萨满教。满

大兴安岭的莽莽森林（图/额博）

洲人把这里的达斡尔、鄂温克、鄂伦春等民族百姓统称为"索伦部"。索伦部盛产优质貂皮和各种贵重毛皮，与明朝、蒙古科尔沁部和车臣汗部、满洲人统治的宁古塔等地都有贸易往来，用贵重毛皮、马匹、鹿茸、熊胆等换回生活必需品。

这种贸易关系，一方面加速了索伦部贵重毛皮、药材的商品化进程，促进了狩猎业，也推动了畜牧业特别是养马业的发展，使得明朝末年索伦部养马业发展较快，农业在东部地区得以全面发展，可以种植多种农作物，粮油产品自给并且有盈余；另一方面，交换贸易也间接导致索伦部成为满洲政权和之后的清政权掳掠人口、马匹、貂皮等产品的对象。

1616年，努尔哈赤统一女真各部，建立政权，史称后金。1636年，清太宗皇太极改国号为清。在此前后，为了与满洲统治者保持友好往来，达斡尔族首领多次赶赴盛京(今沈阳)进贡貂皮、狐皮、马匹等物品，并得到满洲统治者的蟒服、鞍马、缎、布、弓箭、衣甲等赏赐。

明末清初，因常年与明朝军队作战，后金政权统治地区人口急剧下降，生产生活受到严重影响，为了获得与明军持续作战的人力和物资保障，后金政权向四邻各族发动了掠夺性战争，以通过掳掠人口和物资财富，获得兵力及装备给养，通过抢劫貂皮等贵重毛皮来满足贵族们的需求。

从努尔哈赤到皇太极，先后四次(1616、1639、1640、1643)征索伦部。在满洲人的大举进攻面前，索伦部民众不堪忍受，开展了反抗后金和清政权的反掠夺、保家乡的斗争。崇德四年(1639)，清廷"遣索海、萨穆什喀等征索伦部"，在达斡尔首领博穆博果尔的率领下，索伦各部民众进行了顽强抵抗。博穆博果尔率领数千人同清军交战，铎陈、阿撒津、雅克萨、多金四座木城中的百姓，紧跟其后。当清军首领萨穆什喀调集主力围攻雅克萨城时，守城百姓多次打退其进攻。清军改用火攻城，雅克萨木城失陷，守城首领噶凌阿等200多人被俘，百余人阵亡。之后，萨穆什喀又进攻聚七屯壮丁的乌库尔城，在久攻不下的情况下，以火攻方克。在铎陈城，清军围攻终日未克。次日，博穆博果尔率6000人前来交战，救出被俘部众，并指挥在铎陈和阿撒津二城的部众截击清军，予以重创。清军攻克铎陈城后，又进攻挂喇尔屯，守屯者200余人阵亡，130余人被俘，170人突围。

面对武装精良的清军，为了避免更大牺牲，博穆博果尔率众向山区转移。崇德五年(1640)7月，清廷再次派席特库、济席哈等率大军征索伦部。当年12月，清军擒住博穆博果尔，并有900多部众同时被俘，博穆博果尔在盛京就义。

索伦部民众抗征服、反掠夺、保家乡的正义斗争由于弱不敌强，以失败告终。从清军1639年12月征服索伦部起，至1643年7月班师，前后长达3年7个月。战争的浩劫和清军的大肆掠夺使得索伦各部人口凋敝，牲畜和狩猎产品被掠夺，正常的生产生活不能为继。

据《清实录》记载："通过三征索伦

17世纪达斡尔族农耕图(供图/莫旗达斡尔民族博物馆)

部,共掠夺了18170人口,各种贵重皮毛10200张,皮裘48领,牛马4147头匹。"清统治者将掠夺来的人口或分配作为出征将士的家奴,或流放待征为军役。

清朝完成征服索伦部以后,为缓和同达斡尔、鄂温克等民族的紧张关系,稳定在黑龙江流域的统治地位,安抚人心,册封依附的部落头领为牛录章京(即佐领),遣回居地,管理所属族丁,镇守北部疆域。

从未有一人投降,抗击沙俄守卫家园的达斡尔族人

索伦部雄踞黑龙江上游,是捍卫黑龙江上游领土的天然屏障。1616至1643年间满洲人几次征索伦的战争,实际等于拆除了这个屏障。沙俄东侵时期,清政府只在嫩江下游和锦州地区的索伦俘虏中实行选拔佐领制度,位于黑龙江上游的索伦部本土,则不设军队留守驻防。所以,直到17世纪80年代中期,这场持续半个世纪的抗击沙俄东侵的斗争主要由当地达斡尔、鄂温克等民族自发进行,为保卫家园和北疆做出了巨大牺牲。

16世纪下半叶起,沙皇俄国越过乌拉尔山向东扩张。1643年,沙俄侵略者波雅尔科夫率领"探险队"从雅库茨克出发,进入精奇里江流域达斡尔族的村落。他们扣押达斡尔族首领为人质,勒索和抢夺财物。在首领多西和科尔帕的村屯,达斡尔族民众拿起弓箭、长矛,打响了黑龙江流域各族人民反抗侵略者的第一"枪"。他们英勇战斗,使侵略者多人受伤被俘。波雅尔科夫不得不退到乌穆列堪河,最后于1646年回到雅库茨克。

1650年,沙俄侵略者哈巴罗夫率"远征队"来到达斡尔族人居住地。达斡尔族人纷纷采取转移人畜粮物、修筑坚固城堡和聚众抗敌的对策。当哈巴罗夫所率侵略者进攻希尔吉涅伊首领城堡时,达斡尔族民众奋起反抗,打退了11次进攻。当侵略者又去进攻雅克萨城

黑龙江上游呼玛开江时的冰排(图/视觉中国)

英勇的达斡尔族首领博穆博果尔

博穆博果尔是17世纪著名的达斡尔族军事首领和杰出的民族英雄。据《达斡尔蒙古考》记载，他是达斡尔部达斡尔哈拉人，住在黑龙江中游弯曲处北岸的乌鲁苏穆丹城。关于他早期的情况，史书上没有记载。仅知他身材高大，弓马娴熟，武艺过人，颇懂谋略，因"黑水诸部唯索伦达虎里为大，博穆博果尔得众心"，所以"江南北各城屯俱附之"。博穆博果尔以其文功武略促使黑龙江中、上游索伦各部形成统一的部落联盟。博穆博果尔管辖的地域，不仅包括从额尔古纳河和石勒喀河的汇合口到牛满河以西的黑龙江北岸广大地区，还远及尼布楚以南至呼伦贝尔以北地区。在他的治理下，17世纪初，这片地区达斡尔族人居多数，包括部分鄂温克族、鄂伦春族在内，社会安定、经济繁荣。

清朝统治者为了控制索伦部，采取分化、挑拨索伦部两个主要首领之间关系的策略，支持较弱的巴尔达齐抑制较强的博穆博果尔。博穆博果尔从1638年起，脱离对清朝的臣服，不再向清朝交纳貂皮等珍奇异物，引起了清廷的震怒，并发动第二次征讨索伦部的行动。

在抗清的战斗中，博穆博果尔身先士卒，从清军分兵进剿的情况出发，以优势兵力，攻其薄弱环节，救出众多身陷囹圄的同胞，利用清军小胜之骄气，突然横击，给其以沉重的打击；他还率领索伦部民众利用地形熟的优势，转战大江山林，使人数武器占优势的清军疲于奔命，处处被动，不得不放弃正规作战战略，而改为暗中追袭。

（文/刘金明）

达斡尔族民间艺人敖荣芝绣品遗作，反映了达斡尔族官兵反抗沙俄入侵的主题（选自《达斡尔族文物图录》）

时，被首领阿尔巴西率众击退。1651年6月，哈巴罗夫侵略军再次来到贵古达尔城，城堡已由几个达斡尔族部落重新建造，城堡上设有塔楼，外有两道深壕沟，内有藏身地道和可骑马出入的两种地道，十分坚固。达斡尔族部众聚集在这里，准备联合抗敌。当哈巴罗夫要求贵古达尔投降，向沙皇纳贡时，贵古达尔义正词严地说："我们向中国皇帝顺治汗纳贡，你们来要什么实物税呢？等我们把自己的最后一个孩子扔掉以后，再给你们纳税吧！"侵略者用火炮、火枪进攻，达斡尔族人从城上以弓箭还击，射出的箭布满了城外的田野，"像长满了庄稼一般"。经过一昼夜的激战，侵略者用火炮轰开城墙，达斡尔族民众手持长矛与侵略者展开白刃战。最终，由于寡不敌众，贵古达尔城失陷，661名参加战斗的达斡尔族人全部牺牲。

当年8月，哈巴罗夫在达斡尔族班布拉伊城扑空后，突然袭击了托尔加等部落联合修筑的城堡。托尔加和图隆恰两位部落首领为了全部落的平安，甘愿当了人质。哈巴罗夫释放被劫持的所有族众时，托尔加意味深长地割下发辫交给妻子。此后，部落族众全部悄然撤走。哈巴罗夫想把该城作为殖民统治前哨的美梦破灭。

当他对托尔加严刑拷打时，托尔加说："既然已落到你们手里，为了自己的土地，我宁愿自己死去，总比我们的人全都死了强。"当侵略者烧毁城堡后，托尔加宁死不屈，自刎身亡。正是由于达斡尔族民众的顽强抗击，使得沙俄侵略者无法在黑龙江流域得以安身，他们企图臣服"新土地"的妄想不能实现。

1652年，清朝政府在黑龙江下游的乌扎拉村向沙俄侵略者开战，500名达斡尔族人参加了这次战斗。战斗中打死侵略者10名，打伤78名，哈巴罗夫也被打伤。此外，达斡尔族人还参加了清朝军队反击沙俄侵略者的库玛尔河口、松花江口、古法坛村、雅克萨城等多次战役。孟额德、倍勒尔等达斡尔族官兵，在中俄外交交涉、侦察敌情、供应军需等方面，发挥了重要作用。

17世纪中后叶，是黑龙江流域达斡尔等族动荡不安的年代。清征服索伦部的战争刚刚结束，当地民众所受

孟额德雕像(图/苏伟伟)
达斡尔族人孟额德曾任齐齐哈尔布特哈总管，负责清廷与沙俄的全面外交事宜，被誉为达斡尔族外交家，他在《尼布楚条约》的签订过程中发挥了重要作用

战争创伤尚未修复，沙俄向东扩张的侵略战争又接踵而来。自17世纪40年代至80年代末，沙俄东侵和北方各族保卫家园的斗争持续了半个世纪之久。清廷为平息边境争端，展开了一系列外交活动。积极抵抗沙俄侵略者的达斡尔族人同时积极参加了外事交涉活动。

雅克萨城线描图
历史上中国东北边疆古城雅克萨，位于黑龙江上游左岸，今漠河县境内的额木尔河口对岸，地扼水陆要冲。俄罗斯称其为阿尔巴津镇。雅克萨是女真语，意为"涮塌了的江湾子"。雅克萨原为达斡尔族敖拉氏的居住地。清朝建立之后，继续对这一地区行使管辖权，加强统治。清朝在关外设盛京将军(驻今辽宁沈阳)、宁古塔(吉林)将军(驻今黑龙江宁安，后移驻今吉林省吉林市)和黑龙江将军(驻今黑龙江黑河市爱辉区，后移驻齐齐哈尔)统辖其地，把当地居民编为八旗。与此同时，还加强了吉林、黑龙江将军所辖的各镇，在沿江重要地区建立船厂，设置仓屯，陆上开辟台站驿道，发展水陆交通运输，进一步加强了边境地区与内地的政治、经济和文化联系

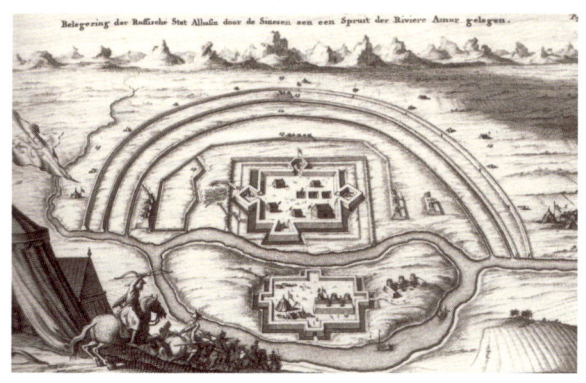

达斡尔族的"花木兰"傲蕾·一兰

《傲蕾·一兰》是1979年汤晓丹导演的电影作品。基于时代背景，回应苏联对兴安岭区域归属的争议看法，电影承载着证明东北黑龙江流域兴安岭地区自古就是中国一部分的使命。

影片中的傲蕾·一兰是名达斡尔族姑娘，在达斡尔语中"傲蕾"是"山"的意思，"一兰"是"光明"的意思。傲蕾·一兰这个人物是在文学作品中被塑造的，她是东北各少数民族英勇抗击沙俄侵略的代表性人物。影片的人物性格和语言都非常符号化，傲蕾·一兰是不折不扣的坚强女性，追求自由真理的勇士。她体现着达斡尔族人骁勇善战、不屈不挠的精神，历史记录上达斡尔族人与沙俄入侵者抗争中"无一人投降"，这简单的一句话却体现了达斡尔族人骄傲的民族精神。影片内容虽然是出于时代需要，但是故事相当精彩，还有绮丽的兴安岭风光，这部拍摄于1979年的影片承载了很多人童年看露天电影的美好记忆。

民族交往交流交融的典范，索伦部三民族的关系及文化复合

文/刘金明

索伦部是明末清初对居住在黑龙江中上游及大兴安岭一带的鄂伦春族、鄂温克族、达斡尔族等民族的统称，它本非一个民族实体，而是一个关系密切、长期共存的多民族部落集团。直到17世纪中叶，清朝统治者强化了对这一地区的管辖之后，才使鄂伦春族、达斡尔族分别从索伦部中分离出来，"索伦"一词作为部落称呼留给鄂温克族。

17世纪中叶，形成以博穆博果尔为首的民族联盟，在这一联盟中鄂温克族、鄂伦春族、达斡尔族在经济、文化方面的合作日益密切，民族心理素质更加接近。如果这一联盟在17世纪中叶不被清军剿灭，三族间的文化复合成分的比重要比现在多得多。

丝连难断的经济依存

索伦部三族不仅在政治关系上难以分割，在经济关系上更是丝连难断，他们在长期的生产、生活实践中结成密切的社会经济互补关系。鄂伦春族、鄂温克族世代以狩猎、驯鹿为生计，形成以狩猎为主的经济结构；达斡尔族以从事农业而著称，构成以农耕为主的经济模式。达斡尔族盛产农业产品却欠缺猎业产品，鄂伦春族、鄂温克族多猎业产品却又短缺农业产品。前者从后者那里换得必需的毛皮及肉类作为自己生活的补充，而后者则用猎业产品从前者那里换取谷物等来满足自己生活的需求，同时也借助于前者获得来自中原的必需品。在生产力水平较低的情况下，三族间简单的以物易物的商

达斡尔族乡村依山傍水 (图/苏伟伟)

品交换关系,如同一根链条将三个民族紧紧地连接在一起,形成较为原始的民族间经济依存关系。三族间的这种经济互补关系是自发的、自愿的。一般来说,鄂伦春族、鄂温克族总是经常在秋天乘筏顺河而下,访问达斡尔族,并在达斡尔族村屯中进行易货贸易,交换各自的产品,并在那里留居一段时间,到冬天乘雪橇载物返还家乡;而达斡尔族也有时为狩猎进入深山,到鄂伦春族、鄂温克族那里留居、易货。三族间的经济往来总是友好的、和平的,从未发生过争执,更没有出现过族际间的战争。从三族的口头文学中可以得到佐证,至今还找不到涉有三族间曾发生过斗争的内容。在自愿和平的经济联系中,三族间的物质文化互相容纳与吸收:如靠近达斡尔族村屯居住的鄂温克族人渐渐走向定居,并大量从事农业;而邻近鄂温克族、鄂伦春族的达斡尔族人狩猎的成分相应增加,其结果极大地丰富了三族的物质文化内容。

梯形分布的居住地域

鄂伦春、鄂温克、达斡尔三族在传统的居住地域方位上也体现着彼此间良好的民族关系和密切的文化联系。一般来说,鄂伦春族多居住在山岭,即"山岭上的人们";鄂温克族多居住在半山腰或河流的中游,多茂密的森林,又有平缓的坡地,鄂温克族即是"住在山林中的人们";达斡尔族则主要居住在山脚下、河流下游的平原地带,那里有大量可耕的土地,因此达斡尔族是"耕种的人"。三族的名称既体现各自的经济形态,也反映各自固定的居住地域方位。以此梯形分布的居住地域方位既便利三族间的经济往来,有助于三者经济贸易联系的需求,同时更有益于三族间文化上的交流。

因此,自17世纪中叶三族迁往嫩江流域至今,三族间仍大体保持着传统的地域上相邻而居的居住习惯,不论世事如何变化,不管民族怎样迁移,三族都稳定地世代相邻而居,这不能不说是三族世代结成和睦民族关系的直接结果。三族间兄弟般的情谊在反抗他族征服和沙俄侵略血与火的斗争中得到考验与印证,三族世代结成的政治、经济、军事联系,促成民族文化上互相交融,从而形成一种文化复合。

互为借鉴的语言表达

比如民族语言,三族虽然分属于不同的语族,但相互间却可基本相通,其主要原因在于三族间互相借鉴的语词有相当数量。达斡尔族涉及到畜牧饲养方面的用语多来自鄂温克族,涉及狩猎方面的用语又多来自鄂伦春族。鄂温克族与鄂伦春族二者间有70%的语言一致,他们涉及农业方面的语言多取自达斡尔族。三族间相通的语词不仅表现在与经济生活有关的词汇,也反映在其他方面:如三族都称"花花的"为"阿拉克气"、"英勇"为"巴图尔"等等,大量的语词相通反映三族间文化联系的程度颇高。还有民间舞蹈,舞蹈是生产生活的艺术性再现。鄂伦春族、鄂温克族的民间舞蹈有大量的同一性,他们在同达斡尔族长期相邻与杂居中,文化生活也互相渗透,所以三族在民间舞蹈上有大量相一致的地方。鄂温克族的"努日格楞"舞同达斡尔族的鲁日格勒舞,鄂温克族的"斡日切(天鹅之意)"舞与达斡尔族的天鹅舞,在舞步、舞姿内容上都十分相似,很难说这些舞蹈先来自谁,而是渗透彼此艺术风格的产物。鄂温克族的民间小调称"扎恩达勒",达斡尔族的民间小调也称"扎恩达勒",民间故事中有许多相同的内容,如关于博穆博果尔的传说里,他经常穿戴花花的衣饰,作战十分英勇,甚至某些情节都是相似的。在节日、宗教等习俗上,三族都信奉萨满教,都过阿涅节(春节),祭斡包(即敖包),在多数仪式上几乎是一致的。总之,曾被称为索伦部的三族间的这种文化复合现象,由于历史年代久远,历史资料的限制,多数来说很难确定哪项是来源于哪个民族,哪项又是哪个民族从其他民族中吸收的,也就是说三族间某种共同的文化复合现象,恰恰无可辩驳地说明三族之间和睦友好民族关系的历史久远性和稳固性,更表明三族之间在民族文化方面互相容纳与吸收的良好的文化交融关系。

明末清初索伦部达斡尔、鄂伦春、鄂温克三族在长期的共同生产与生活的实践中,结成了亲密无间的民族关系,三族的民族文化在彼此容纳与吸收中得到不断的发展。三族间良好的民族关系可谓民族团结的缩影。

千里迁徙，万里戍边

千山万水阻隔不断的民族亲情

从黑龙江到嫩江的南迁之路

17世纪五六十年代，达斡尔族人陆续从黑龙江北岸南迁嫩江流域，这是达斡尔族人居住地域的历史性变迁。满族统治者入关前，努尔哈赤和皇太极推行了旨在克服人力匮乏、促进生产力发展的"虚边实内"政策，以充实兵源和增加劳动人口。针对达斡尔族，则动员黑龙江各部迁移到嫩江流域，以断绝俄国侵略者的粮源，维护边界的暂时安定，同时清朝以辽沈和吉林为基地，以达斡尔族、鄂温克族等为主力，充实黑龙江地区的军事实力，以待适当时机抗击沙俄。清廷的这一决策，与达斡尔等族回避战祸、寻求安定社会环境的愿望

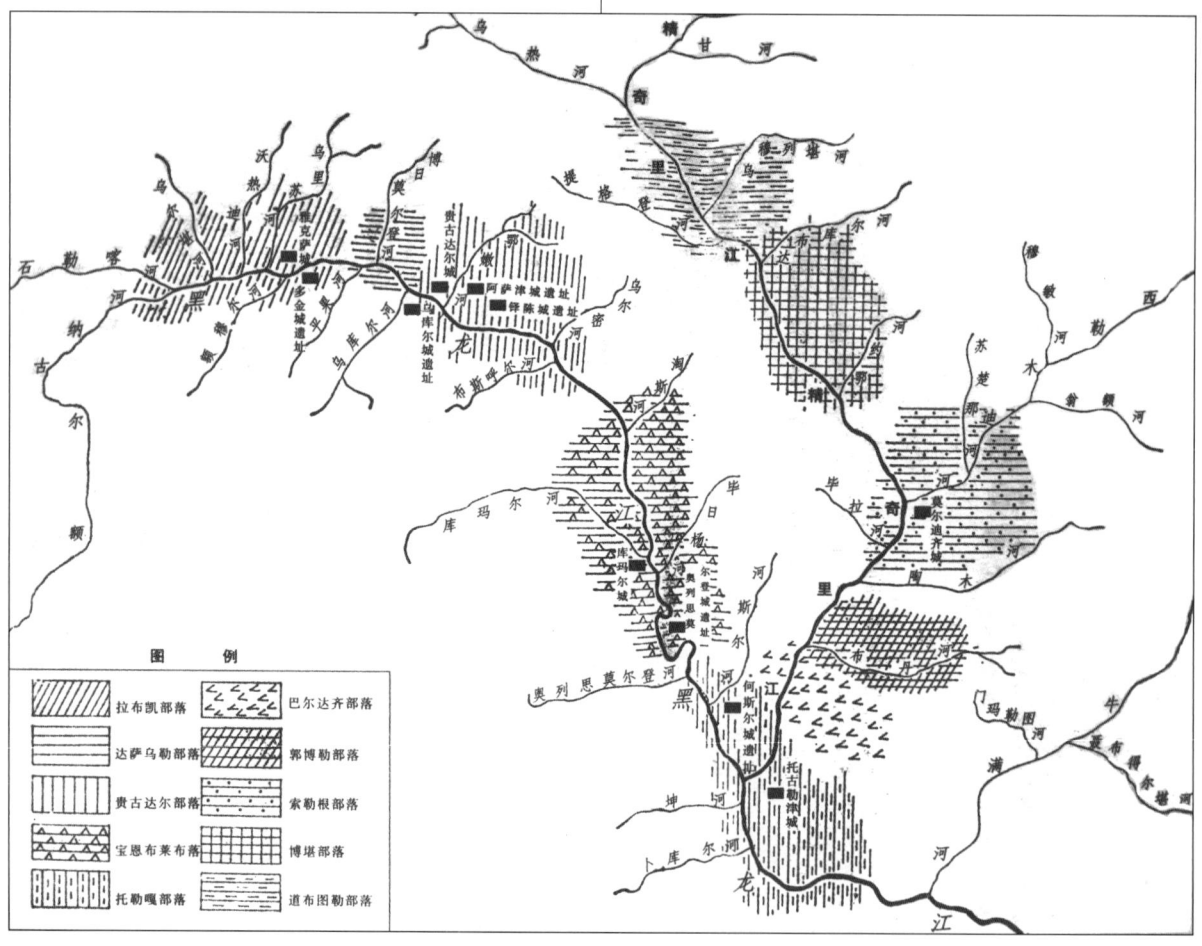

17世纪中叶达斡尔族人在黑龙江原址分布图（绘图/孟志东，供图/苏伟伟）

黑龙江省齐齐哈尔市梅里斯区哈仁浅（图/苏伟伟）
17世纪中叶，鄂尔特哈拉定居后建海伦浅屯，即今雅尔塞哈拉村东南的"哈仁浅"，哈仁浅达斡尔族人多"康、何"哈拉，已被并入哈拉村

相一致。17世纪40年代起，自归附清廷的首领及其家族开始，达斡尔族人相继迁徙至嫩江流域。

崇德年间（1636—1643），达斡尔族敖拉哈拉的呼力尔肯被封为三等男爵后，率领所属族丁迁到嫩江中游，建立了多金等村落。顺治六年（1649），额驸巴尔达齐及其家族迁居北京，后来巴尔达齐在北京病故。到17世纪中叶，达斡尔族部众开始大规模地从黑龙江北岸迁往大兴安岭东麓嫩江流域，各哈拉（父系氏族）和莫昆（氏族分支）沿嫩江、诺敏河、讷谟尔河等流域相邻建立村屯，形成了达斡尔族人在布特哈地区和齐齐哈尔地区的聚居地域。

达斡尔族人在嫩江流域择地建村

达斡尔族各部离开世代居住的故土，远徙千里开辟新家园，过程艰辛。在达斡尔族民间流传着祖先赶着牛车，扶老携幼，长途跋涉，车辆坏在什么地方，便在那里停留下来作为他们新居住地的传说。由于嫩江流域更接近于满族、汉族居住地，对于接受先进农耕技术，促进达斡尔族社会的发展，起了积极作用。

1649—1667年达斡尔族南迁建屯简表

年代	姓氏	首领	建屯名称
1649	敖拉哈拉	呼力尔肯	多金屯（嫩江）
1649	郭布勒哈拉	乌莫迪	满那屯（嫩江）
1649	德都勒哈拉	不详	德都勒屯（讷谟尔）
1649	乌力斯哈拉	不详	讷谟尔河流域
1649	索多尔哈拉	不详	讷谟尔河流域
1651	苏都尔哈拉	阿尔多库	霍尔托辉屯（诺敏）
1651	鄂嫩哈拉	齐帕	凯阔屯（嫩江）
1651	莫日登哈拉	罗布硕迪	大莫丁（嫩江）
此期间	讷迪哈拉	部众	嫩江中游地区
此期间	吴然哈拉	部众	嫩江中游地区
此期间	沃热哈拉	部众	嫩江中游地区
此期间	不详	部众	齐齐哈尔屯
此期间	不详	部众	梅里斯等屯
此期间	不详	部众	巴尔奇格等屯

达斡尔族人迁入嫩江两岸后，为了永记先人们生活过的故乡，便以原居黑龙江地区的江河、城屯、地方之名，为各自的哈拉、莫昆和村落的称呼。例如，现在达斡尔族的鄂、金、郭、德、孟等姓，均来自昔居鄂嫩河、精奇里江、郭博勒阿彦、德都尔屯、莫尔登屯地名；克音、海楞、卡尔特兹、阿协金等莫昆之称，均由当时的克殷屯、海伦屯、噶尔达苏屯、阿撒津城名而得；多金、果尼、雅尔斯屯名，也是来源于多金城、固浓屯、雅克萨城的称呼。

追思祖源,传唱精奇里江的美

文/孟荣涛

达斡尔族女作家昳岚的中篇小说《童年里的童话》中,年迈的古热大伯满腔热忱地向孩子们讲述着达斡尔族人在精奇里的富庶安定生活。从老人的叙述中,听故事的孩子们早把精奇里幻化成世外桃源般美丽的地方。讲到关键处,古热大伯抑制不住内心的激动之情,索性用他那低沉干哑的嗓音唱起精奇里的富饶和美丽,每一句歌词都洋溢着火热滚烫的民族自豪感。孩子们都全身心地融进了古热大伯充满激情的歌声中,情不自禁地跟着他大声唱起达斡尔族人具有代表性的唱词:讷依耶,讷依耶。

在漫长的冬夜,一群孩子围着老人,倾听祖先那遥远的过去,还不时地迸发出激情昂扬的旋律,歌声飘荡在漆黑寒冷的冬夜,相信听到歌声的每一个达斡尔族人都会激动不已:

> 精奇里的流水滚滚的浪,
> 金水甘泉流向黑龙江,
> 田野好像那绒毛毡,
> 青松白桦长满了山冈。
> 花翎的喜鹊不停地唱,
> 赞美我达斡尔美丽的家乡!
> 讷依耶,讷依耶,讷依耶,
> 讷依耶。

古热大伯给孩子们讲的不仅仅是一个个生动的故事,更是民族文化和民族感情的传递和延续。

黑龙江省讷河市境内的讷谟尔河公园。讷谟尔河是嫩江的一条支流,在嫩江东侧,归黑龙江省,二十世纪二三十年代达斡尔族人从嫩江东岸迁到西岸,但写原籍时仍然填"讷河市"

怀念故土(图/苏伟伟)

众志成城，繁荣共存：达斡尔族人与齐齐哈尔城

文/卜林，摘自《达斡尔族与齐齐哈尔城》

清顺治初达斡尔族人南下嫩江，建立了数百个村落定居下来，今齐齐哈尔市所辖的嫩水两岸，成为达斡尔族人南迁后会聚的大本营，号称第二故乡。

在17世纪80年代之前，清廷忙于平定内地，无暇北顾入侵之敌。17世纪80至90年代，康熙皇帝决心加强东北地区的北部防务，先后调遣达斡尔族各部官兵，携带家口，移驻瑷珲（今黑龙江黑河市爱辉区）、墨尔根（今嫩江镇）、卜奎（今齐齐哈尔市）三城。原齐齐哈尔屯布特哈总管孟额德去世后，其族侄玛布岱继任为齐齐哈尔副都统，集合了从黑龙江北迁移来的千余名达斡尔族各部移民，担当起筑城的任务。

达斡尔族各部早在江北就修筑过雅克萨等大的城堡，所以有丰富的筑城经验。第一次筑城是木城，土木工程量十分繁重，每隔数月便从江西岸村落轮换一次达斡尔族各部壮丁，昼夜不停地轮班作业。据清末老人说，当时从齐齐哈尔屯高处向江东望去，夜间灯火一片，打夯号子在江西岸听得清清楚楚，他们还谈到达斡尔族人南迁落脚此地时，齐齐哈尔一带是在一片原始松林包围之中，筑城时发动达斡尔族各部民工砍伐的原木，全用在城的围墙内外，中间再填充上黏土夯实。后来因为用木不足，又命令墨尔根一带的达斡尔族人进山伐木，顺江放木排供应需要。木城修竣后又筑外城，掘出的西泡子黏土不够使用，就从大民屯一带挖运过来。由此可以想见筑城工程量之大，劳役负担之重，施工条件之艰难。另有50多个官屯和守站的汉八旗丁屯，为它的开发建设都做出了贡献。

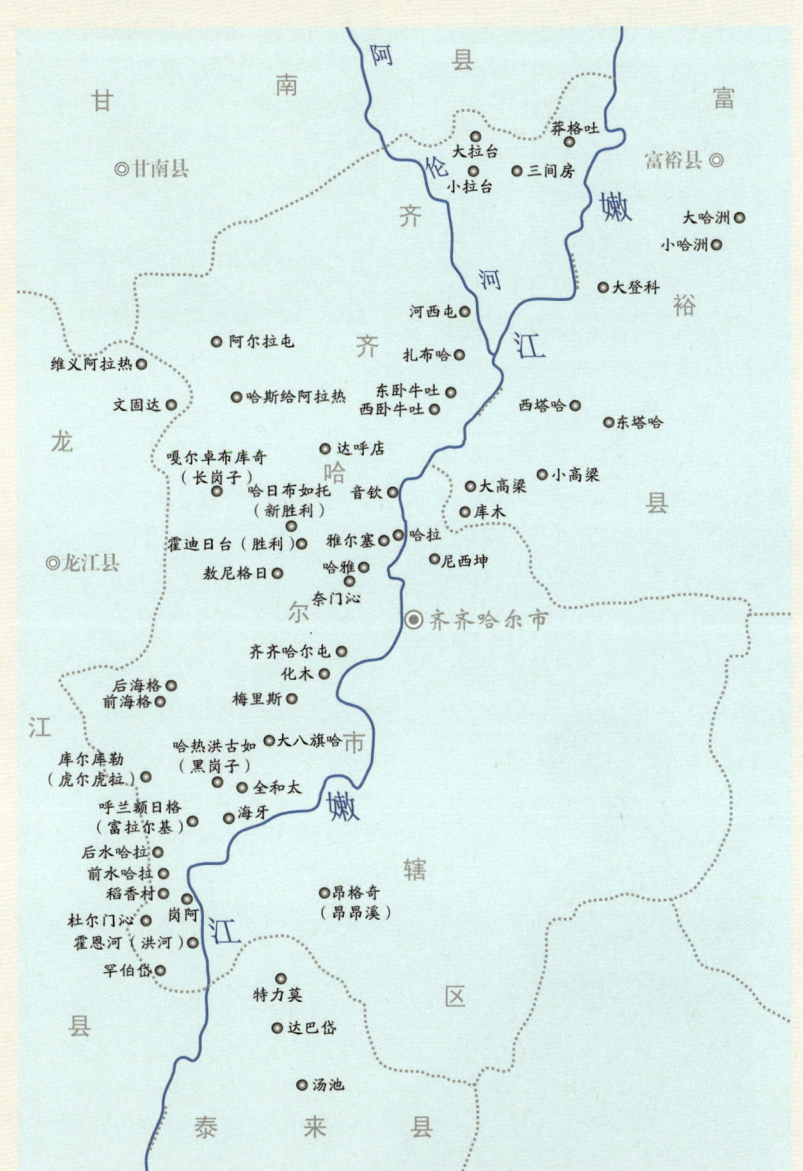

南迁后17世纪齐齐哈尔达斡尔族古老屯落分布示意图（绘图/陈丹正）

木城建成伊始，城内除有卫戍驻丁和准备轮赴疆场的两三千男丁，另有为数不多的军需军械供应和生活服务人口，城中人员总数由8000逐步增至3万，由于不准官员携眷

属，城内几乎没有闲散居民，日消费量微乎其微，又加上当时设有官屯专司种粮养马，所以自给程度很高，达斡尔族人为城市生活承担的副食等都十分有限。道光年后，清八旗官员军纪松弛，生活贪欲膨胀。随着对肉鱼禽蛋野味需要的猛增，给达斡尔族的牧猎副业交易铺开了道路。在此阶段，因沁（今音钦）屯"楚勒罕"和后来的北关集市的定期集市，让齐齐哈尔从一个军事重镇成为我国北疆辐射力量大、繁荣活跃的经济贸易中心。

20世纪初齐齐哈尔城一景（供图/苏伟伟）

"楚勒罕"意为"盟会"，始于康熙二十年代末，止于乾隆末年，有100多年历史。起初是通过向清中央政府贡献貂皮等方物表示臣服的盟会，同时还开展民间交易，每年1次，每次约15天，附近各族如蒙古族、布特哈猎民，从头领到族众都会聚这里，也有千里迢迢赶来的北京、盛京、吉林等地的商人。蒙古族的骆驼和牛马，乌珠穆沁的碱和麝香，布特哈猎民的貂、猞猁、狐、水獭等贵重毛皮，达斡尔族人工艺高超的羔皮及贵重毛皮制成的皮袄、皮衣、鹿茸、熊掌、人参等药材，以及大轱辘车、鞍具、桦木制品、驯马等等，都是集市上畅销不衰的货物，远地来的汉商陈列的绸缎、花布、首饰、漂亮的鞍镫、中药、砖茶、名酒等更是吸引着北方人。

每年一度的楚勒罕，交易量相当巨大，在北方独一无二，给地方财政也带来了收入。后来的北关集市如同楚勒罕一样在每年5月进行，献貂互市仍是主要内容。互市期间，数千达斡尔族猎农牧民以及蒙古族牧民赶来相互交易。这时期由于城内食宿日趋方便，交易额较之楚勒罕毫不逊色，关内商人也进入市场，集市很是活跃。那时达斡尔语和蒙古语几乎成为互市地的官话。

木城毁于嘉庆年间的一次大火之后，直到光绪十二或十三年（1886或1887）重又修筑了砖城。城的北关开辟为官眷住宅区，城内人口增至七八万，随之从各地来了大批经营商业或作坊以及从事服务业的人员，因此城内市场发育，开始形成商业服务体系。砖城内有相当规模的消费要求，使达斡尔族人传统的牲畜、木材、木炭、皮张物产更有了市场，农、副、渔产品也陆续供应城市，达斡尔族人"靠城吃城"，发展了自己的各业生产，也更服务于城市，有相互依存、各得发展的一面。

从建齐齐哈尔城那一刻起，达斡尔族人就和它同呼吸，共命运，一直到今天。这方土地养育了这个民族，这个民族也为它奉献了一切。

玛布岱塑像
齐齐哈尔副都统，齐齐哈尔城的奠基者（图/苏伟伟）

编佐、入旗、巡边、戍边，达斡尔族人的豪情和乡愁

在清代，朝廷为了加强对达斡尔族各部的统治，在达斡尔族各部原有传统氏族组织的基础上，进行编佐。康熙四年（1665），由理藩院把达力胡等达斡尔族首领所辖族众编成佐，又将乌莫岱、奇帕、岳胡达首领所辖的311名壮丁及其他1105名壮丁编佐。

达斡尔族各部南迁后，为了加强对达斡尔族和鄂温克族的管理，清廷按照嫩江两岸布特哈地区分布情况，将达斡尔族分编为都博浅、莫日登、讷莫尔3个扎兰（扎兰，清朝八旗军事单位，连或队之意），将鄂温克人分编为5个阿巴（猎区）。在此基础上，于雍正九年（1731）组建了布特哈八旗。布特哈八旗下设92佐，其中达斡尔各部39佐，鄂温克各部47佐，鄂伦春各部6佐。布特哈八旗总管衙门设于宜卧奇屯（即今莫力达瓦达斡尔族自治旗尼尔基镇北的宜卧奇村）。在齐齐哈尔、墨尔根、瑷珲三座军事重镇的官兵中，达斡尔族占半数以上。八旗制度的建立，对于达斡尔族各部的发展有着深刻的影响。在清朝统治的二百多年间，对布特哈八旗进行了频繁的征调。据不完全统计，前后共达60多次，有的远戍新疆，有的镇守边卡。清朝所采取的措施，一方面使达斡尔族人口增长受到一定影响，另一方面，又在客观上促进了达斡尔族的生产发展和物资交流，密切了达斡尔族人和满族、汉族等各族人民的联系。

达斡尔族八旗官兵以骁勇善战著称，从康熙年间开始，多次受清朝政府征派参战。征准噶尔、平定大小金川、抗击廓尔喀、守卫海防，1894年的中日甲午战争和1900年抗击八国联军等上百次战役，都有达斡尔族官兵的参与，他们为维护祖国统一、保卫祖国领土做出了贡献。

荣耀的背后是达斡尔族青壮年男子大量被征为兵丁，甚至一家兄弟二人必有一人出征，男子年满15岁，身高5尺，便被注册为八旗壮丁，有服兵役等义务。在达斡尔族人的家谱中，名下注有"阵亡""无嗣"的字眼

清朝授予达斡尔族官员的诰命和满文委任书（供图/莫旗达斡尔民族博物馆）

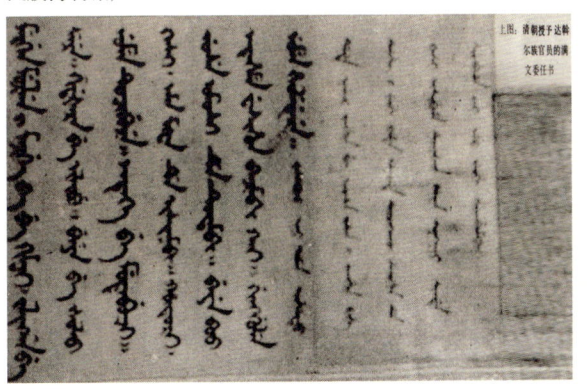

贡貂，沉重的盘剥

清朝政府规定，布特哈地区男丁"身足五尺者，岁纳貂皮一张"。达斡尔族贡貂皮始于清初，止于光绪二十年（1894）。猎貂是一种十分艰苦的猎业活动。为了完成贡貂义务，每年初冬落雪后，布特哈猎民三五结伙，马上驮着行李和粮食，远到讷谟尔河上游的小兴安岭，或千里之外的外兴安岭，在荒无人烟的原始森林里猎貂。翌年初春，才能返回家园，历时三四个月。咸丰八年（1858），中俄签订了不平等的《瑷珲条约》，外兴安岭地区划归俄国，小兴安岭的貂鼠也因长期捕猎日趋减少，猎获貂皮更加困难。为了完成贡貂义务，布特哈地区达斡尔等旗民不得不派人到吉林等地从市场上高价收购貂皮，凑足应贡貂皮数额。

在齐齐哈尔每年一次的楚勒罕集会上，达斡尔族人贡貂皮时，又受到贪官污吏的勒索剥削。他们采取压等级、多收购的手段，把达到标准的貂皮划为等外，然后低价收购，盘剥猎人从中牟利。乾隆六十年（1795），被逼无奈的布特哈八旗副总管达斡尔族奇三和佐领蒙库霍图林嘎到承德，拦御驾向乾隆皇帝告发了黑龙江将军和齐齐哈尔副都统等人的贪污勒索罪行，使他们受到了惩处。

比比皆是。史料记载，乾隆三十四年（1769），1700名达斡尔族、鄂温克族官兵被调出征南方，生还家乡者只有300余人。连年的被征参战，使得当时人口仅达万人的达斡尔族，产生了几十名将军、都统、副都统，并驻守各军事要地；另一方面则是，达斡尔族官兵大量伤亡，人口锐减，生产荒废，家乡的生产生活难以正常进行，严重影响了当地经济和文化的发展。

达斡尔族的八旗官兵主要以弓箭、长矛为兵器，康熙年间朝廷开始发放枪支、火炮等兵器给达斡尔族地区的士兵用于征战。关于所用兵器，《黑龙江外纪》记载："八旗兵每名例弓一张，梅针箭五十枝，腰刀一把，皆官物，而橐鞬自备。外铜釜一口，两人共之，昼可炊，夜击以警，号锣锅，盖刁斗类也，亦有司掌之。从军用梅针箭，行猎用骨披箭。"

自达斡尔、鄂温克等族迁居嫩江流域以后，黑龙江北部广大地区很少有人居住。为确保这些地区的安全，清政府规定定期巡逻黑龙江北部国境线的制度，在北部边境上还设立固定的敖包作为每年或每三年定期巡逻的目标，由八旗官兵每年或每三年巡察一次，以详知边境安全情况。每一位将军在新到任之时，都要亲自前往巡察。此外，每年五六月，由将军派各八旗协领以下官员1名，各领兵80人，分别巡察边境。巡逻者要从总管和副都统衙门领取木牌，到达指定的巡逻敖包后，把木牌挂在敖包处，取回前次出巡者所挂的木牌，回来交到当地衙门。巡边所察情况，要上报将军衙门和理藩院。当时，仅布特哈八旗承担驻守的卡伦（哨所）就有21所。咸丰元年（1851），呼伦贝尔八旗达斡尔族佐领敖拉·昌兴率巡逻队伍，由海拉尔出发，巡察了额尔古纳河、格尔必齐河一带的边境和精奇里江上游、乌第河地区，还创作了著名的诗篇《巡察额尔古纳河、格尔必齐河》。

嘉庆十年（1805）建成的昭武大夫德依贲墓碑，矗立在莫旗兴仁乡博克图山南坡，是达斡尔族保卫边疆的历史见证（图/敖拉·赛林）

布特哈八旗，融入清代军事社会组织的正式标志

布特哈，意为狩猎，故在清代文献中亦将布特哈八旗称为打牲八旗或打牲部，其辖境包括今内蒙古自治区莫力达瓦达斡尔族自治旗、阿荣旗、扎兰屯市全境和鄂伦春自治旗、科尔沁右翼前旗的一部分，以及今黑龙江省讷河市、德都县、克山县、克东县全境和甘南县的一部分。

雍正九年（1731），清朝指示黑龙江将军衙门，规定旗色，在该地区3个扎兰和5个阿巴的基础上，组建了布特哈八旗。达斡尔族人聚居的都博浅扎兰扩编为镶黄旗，莫日登扎兰为正黄旗，讷莫尔扎兰为正白旗；鄂温克族人聚居的阿尔拉阿巴为正红旗等。布特哈八旗下设92佐，其中达斡尔族人39佐，鄂温克族人47佐，鄂伦春族人6佐。布特哈八旗总管衙门设于宜卧奇屯。

不断的文化血脉，西北边陲的达斡尔族人

文/《新疆日报》记者刘枫，摘自《新疆塔城农民鄂·富常在家里建达斡尔博物馆》

1763年，清朝政府派布特哈地区的达斡尔族、鄂温克族官兵各500人携家眷驻防新疆伊犁，永戍边关。被调官兵及其家属从布特哈地区出发，行至今蒙古国中部，然后，分成北路马队和南路牛车队，历经千辛万苦，分别于第二年和第三年抵达伊犁。到达伊犁后，这部分达斡尔族人被编入索伦营右翼四旗，成为西北边疆的守卫者，后来又迁居塔城地区。1889年，为了加强边防，伊犁将军奉旨修建塔尔巴哈台新城，大量达斡尔族人参加了建城劳动，并从事农业生产，促进了当地农业的发展。由此形成了今天达斡尔族分别居住在我国东西两端的局面，如今的新疆塔城，有达斡尔族人近7000人。他们心系故土，与内蒙古和黑龙江的达斡尔族同胞往来密切。

一位达斡尔族非遗传承人和他的家庭博物馆

走进新疆塔城市阿西尔达斡尔民族乡一座绿树环绕的四合院时，身着达斡尔族鲜艳服装的鄂·富常老人，热情地将记者领进了达斡尔博物馆。

这座30多平方米的家庭博物馆里，展台上摆放着许多精美的手工制品。"这都是达斡尔族人用过的工具和乐器，这些手工模型都是我做的，共有150多件。有双马车、旱犁、马爬犁、弓箭和板凳；这是萨满鼓、击鼓棍，这种民间乐器叫'确库尔布日'。"老人说着，拿起确库尔布日边弹边唱了起来。放下手中的乐器，老人一脸凝重地说："250年前，我们祖先泪别故乡亲人，跋山涉水，历经千辛万苦，从黑龙江来到祖国西部守边建疆，到现在已经整整10代人了。我们不能忘记这段历史，要让后代永远记住。"在家里建一座达斡尔博物馆，是老人最大的一个心愿。

鄂·富常的父亲是一位木匠，他从小跟着父亲学了一手木工活，不论是生产用具还是生活用具，只要看上一眼，他就能做出来。博物馆中间的展台上，一个近1平方米的达斡尔族传统房屋模型显得很有气派。老人说，这个用木头做的四合院模型，没用一颗钉子，整整花了两个多月才完成。

一只鹰隼站立在树枝上，栩栩如生，褐花色的羽毛，尖尖的嘴，一双明亮的眼睛正在搜寻目标。"鹰隼是达斡尔族人的吉祥物，它代表美好、勇猛、顽强、进取。做这只鹰，我可花功夫了，先选了一块木头雕刻了鹰，再把芦花鸡的羽毛一根一根

莫旗的戍边广场有一组雕像，展现了当年达斡尔族人远赴新疆戍边的情景（图/吴双泰）

新疆也是好地方,达斡尔族人扎根于此250余年(图/吴双泰)

粘上去,看上去很逼真。这是我最满意的作品,用了整整一个冬天。"鄂·富常一脸自豪。

2013年6月8日,是达斡尔族西征250周年,也是传统的"沃其贝"节。这一天,鄂·富常用全部积蓄建的这座达斡尔博物馆落成开馆,吸引了数千人来参观。如今,鄂·富常的家庭达斡尔博物馆,成为阿西尔达斡尔民族乡的一张"名片"。

一位来自黑龙江的游客在留言簿上这样写道:在这里,我不仅看到了达斡尔族人的勤劳和智慧,更看到了达斡尔族人守边建疆的精神。

鼓角声声,壮士铁骨擎天立;雁群阵阵,西陲烽火耀边关。250多年前,骁勇善战的达斡尔族人奉命西征,远离故土,策马驰骋天山南北,对外抵御入侵,对内维护安定,为戍守边疆做出了艰苦卓绝、悲壮卓越的贡献。达斡尔族人爱国爱疆的精神,令人震撼,令人感动,更令人振奋。

戍边是一种职责(图/吴双泰)

不惧强敌,永不妥协

20世纪上半叶的达斡尔族,为自由的新生活而战斗

1911年辛亥革命后,八旗制被取消,嫩江东岸达斡尔族地区设立了讷河、德都、嫩江等县。嫩江西岸达斡尔族地区,在保留西布特哈总管衙门的同时,设立布西设治局、雅鲁设治局。在讷河县城内,东布特哈总管衙门旧址保留了东布特哈八旗筹办处,管理一些民族内部事务。在齐齐哈尔地区,设立了省署衙门旗务处,并设立齐齐哈尔八旗办事处,管理当地民族事务。

为勇气歌唱:少郎、岱夫农民起义

1916年,在齐齐哈尔地区爆发了少郎和岱夫为首的达斡尔族农民武装起义。他们反军阀、杀官豪、救穷人,在两年时间里,转战龙江县、泰来县、雅鲁县等地,打击封建统治者。

起初,少郎和岱夫被扣上盗窃地主家的马和奸商的罪名判刑入狱。之后,由于地主官吏联名诬告,少郎、岱夫刑期由两年增加到七年。1916年10月,少郎、岱夫与其他犯人被押在野外割苇时,夺枪杀死看守,然后回到罕伯岱村,组织孟三朋、孟全保、单长边等贫苦弟兄举行起义。这支起义队伍转战于龙江县、泰来县和雅鲁县等地,人员扩大到40余人。他们连续袭击多个地主家,缴获枪支、马匹武装自己,并打开粮仓救济贫苦农民,杀死欺压百姓的巡警,抗击围剿官兵,袭击军阀兵营。在嫩江中下游的大地上创出了反压迫、抗军阀、杀官豪、救穷人的壮举。

经两年转战,1918年在上千人的军阀警察队伍围剿下,寡不敌众,起义失败,少郎和岱夫等起义者壮烈牺牲。

> 我们都是堂堂五尺汉,
> 怎么能任人宰割像绵羊?
> 我们活着就应当像人一样,
> 为达斡尔争气手拿枪!
> 既然是受冻挨饿难活命,
> 为何不拼上性命干一场?
> 愿起事的跟少郎哥哥走,
> 胆小鬼不愿走也不勉强!

少郎、岱夫领导的起义本身虽然规模不大,但却是北方地区极有影响力的农民运动之一。《少郎与岱夫》叙事长诗浓墨重彩地塑造了少郎和岱夫这两个农民起义领袖的形象,是"常青的大树""镇山的大王""屹立的高山""七彩的霞光",是"头上罩着七彩光环的英雄",起义军是"达斡尔穷人的希望"。这些夸张的赞美和崇拜之情,甚至将少郎和岱夫神化为能"草上飞""踩波浪""来去无踪影"的神兵天将,并将盼解放、求幸福的美好心愿寄托在了少郎和岱夫起义军身上。

少郎像,达斡尔族近代抗争者的代表人物
(图/苏伟伟)

兴办教育，渴望民主，20世纪初达斡尔族人的先行者

在俄国十月革命胜利的感召下，内蒙古民族民主革命先驱者之一的达斡尔族人郭道甫，积极宣传十月革命的伟大意义和民主革命道理，与蒙古族革命知识分子一道，投身于内蒙古的民族民主革命之中，参与了内蒙古人民革命党的创建。1925年10月内蒙古人民革命党召开的第一次代表大会，制定了打倒帝国主义、军阀专制主义，废除王公封建制度，建立内蒙古民主自治政府的民族民主革命纲领。郭道甫、福明泰等多名达斡尔族革命知识分子参加会议。1928年，郭道甫、福明泰等人领导了呼伦贝尔地区的武装军事暴动，对争得呼伦贝尔民主民治和兴办民族教育，起到了积极作用。

寻访20世纪初达斡尔族代表人物郭道甫

文/姚广，摘自《"蒙古圣人"郭道甫》

在内蒙古呼伦贝尔鄂温克族自治旗境内，有一个叫莫和尔图的小村庄，呼伦贝尔草原上几乎没有人不知道它的名字。我曾请教过一位蒙古人"莫和尔图"是什么意思。他说，这是达斡尔语，与车轮有关系，不是这个地方地形像车轮，就是这里的河流淌得像车轮那样圆。20世纪上半叶，这里诞生了郭道甫、福明泰、通福等达斡尔族杰出人物数十位。莫和尔图是一个极为普通的小小村庄，何以产生如此众多人才？除了民族的基因遗传，恐怕还得益于达斡尔族重视教育的文化传统。

村子里的巴彦嵯岗人物陈列馆坐北朝南，大约有5间房屋，里面有达斡尔族先辈的光辉事迹展览。村西北路边有个院落，门窗已经全部残损，房顶凸凹起伏，几近坍塌。走到跟前细瞧，原来是座牛棚。然而长条青砖垒砌在房子的四角，直贯屋顶，坚固如初；粗大的原木房梁犹在，还可以看出它当年的气势。这让人想起徽州学堂的"瘦柱肥梁"，一种厚重、踏实的书卷气隐隐地散发出来，原来这曾是一座学堂。这个学堂的创办者就是被称为"蒙古圣人"的达斡尔族教育家、革命者郭道甫。

他领导武装暴动，声震当时中、苏、蒙三国。他发轫呼伦贝尔新式教育，桃李满天下。他组建的内蒙古人民革命党、呼伦贝尔青年党，堪称先行的革命军。他与孙中山、冯玉祥、张学良、李大钊数位军政、文化巨擘，交往颇多……当时达斡尔族被视为蒙古族的一支，郭道甫与蒙古族上层社会和外蒙古、苏联的关联，千丝万缕。

郭道甫的达斡尔语名字是莫尔森泰，郭博勒氏，习称莫尔色，字道甫，号浚黄。郭道甫1894年出生，呼伦贝尔索伦左翼镶黄旗扎拉木台村人。先祖和祖父、父亲都是达斡尔族统领一方的军政人物，从小受到了良好的教育。1918年春，郭道甫联合同学福明泰等人，在海拉尔家中腾出房屋，招收学生，以初等国文教科书教授旗人子弟，并自任校长。1920年春，郭道甫创办的私立学校改为蒙旗官立学校，他仍任校长。从此一改过去呼伦贝尔老式学堂单学蒙古文的旧例，全面学习蒙古文、汉文，倡导使用白话文，传授民族解放、民族振兴的进步政治主张。呼伦贝尔现代民族教育从此肇始。1920年夏末秋初，受瘟疫流行影

郭道甫塑像（图/苏伟伟）

响,蒙旗官立学校暂停,郭道甫回到家乡,在其父的资助下(1000块大洋和10头牛),与福明泰创立莫和尔图学校,聘请讲授蒙古文、汉文、俄文的老师授课,主要招收达斡尔族、鄂温克族子弟入校学习。1921年,为了恢复在海拉尔的呼伦贝尔蒙旗官办学校,郭道甫赴京津地区筹款,四处游走,为办学经费殚精竭虑。1928年冬,郭道甫在奉天(现沈阳)组建蒙古文化促进会,并以该会名义在沈阳艾家胡同创建东北蒙旗师范学校。

在郭道甫的建议下,张学良指示黑龙江省督军署在齐齐哈尔市成立蒙旗师范学校初级部,该学校为齐齐哈尔民族中学前身。在郭道甫的影响下,他的学生中有很多人走上革命道路,成为民族解放和建设的栋梁之才。比如人称"小郭道甫"的哈丰阿(原名滕续文)是郭道甫最得意的弟子,在蒙旗师范上学时哈丰阿的才能引起校长郭道甫的注意。在郭道甫亲自引导下,他阅读了大量进步书籍,积极参加社会活动,这为他走上革命道路打下了坚实的基础。后来哈丰阿被发展为内蒙古人民革命党党员,并进入伪满政府从事隐蔽的革命工作,中华人民共和国成立后,成为内蒙古自治区政府副主席。

1929年冬,根据历年对蒙古问题的观察和亲身从事的实践活动,郭道甫发表了《蒙古问题讲演录》。他提出拯救呼伦贝尔的对策:抚慰王公、青年议政、保障民生、实现自由平等。那之前,1924年,他曾南下广州,会见孙中山先生,同他交谈蒙

郭道甫在内蒙古人民革命党成立大会上的合影(图/苏伟伟)
1925年10月,在内蒙古人民革命党成立大会上,该党领导成员与共产国际代表在张家口合影。前排左二为福明泰,左三为郭道甫

古民族的解放问题,郭道甫深受三民主义的影响与鼓舞。1931年郭道甫又出版了《呼伦贝尔问题》一书,极力主张振兴教育,以谋文化上的沟通。

日本发动"九一八"事变的炮声,打破了郭道甫的一切想法。对于郭道甫这个重量级人物,日本特务窥视已久。在排除困难赶回呼伦贝尔途中,他给张学良发电报声明:誓死不做日本人的奴隶,要和日本帝国主义抗战到底。之后与华霖太、奈勒尔图、郭文通、色日古冷等密友商议抗日。11月中旬凌晨独自去了苏联驻满洲里领事馆,却从此失联,成为悬案。直到1989年5月,由苏联国家安全委员会传来郭道甫平反昭雪的通知。当年郭道甫进入苏联领事馆以后,即被苏联有关部门秘密逮捕,以在内蒙古地区煽动民族主义、从事间谍活动、企图挑起武装冲突等罪名

被判处死刑,后于1934年改判10年徒刑,送劳动营改造。在苏联斯大林时期的肃反运动中,一个思想者的生命消失了。

郭道甫曾写下这样一首诗:
呼伦贝尔是一只卧着的老虎,
兴安岭是他的脊梁骨,
呼伦湖、贝尔湖是他的眼睛,
阿尔山是从他嘴里吐出的明珠。
……

具有何等博大胸怀和视野的人,才能写如此雄壮的文字,他将自己的灵魂和生命全都给了这片土地和这个民族。在巴彦嵯岗人物陈列馆里,郭道甫以一尊雕塑的形式,存在于历史与现实之间。《新蒙古》《蒙古问题》《蒙古问题讲演录》《呼伦贝尔问题》等著作静静地摆放在玻璃橱窗里,就像是永不熄灭的思想之火,为那个寒冷的年代取暖,证明郭道甫生命永恒的价值。

抗战烽火岁月中的草原猎鹰

1931年"九一八"事变后,达斡尔族人同各民族人民一道,为反对日本帝国主义压迫剥削,把侵略者赶出中国,进行了艰苦的斗争。各地的达斡尔族人以各种方式投身于抗日斗争,他们或加入抗日义勇军,或为东北抗日联军运送物资、当向导、掩护伤员,或宣传抗日救国理念,或积极支持抗日力量。在中国共产党领导的东北抗日联军深入达斡尔族地区后,达斡尔族人又在其领导下以各种形式参加和支持抗联军的斗争。

1938年冬天,讷河达斡尔族农民郭庄海参加了抗联队伍。他担任向导的三年里,部队打了许多胜仗。后来他被捕了,在被敌人关押审讯中受尽酷刑,也没有说出抗联的一个字。达斡尔族猎民巴嘎布多次划船让抗联三支队领导王钧及部队渡过讷谟尔河,他还掩护解救抗联战士,当向导,送情报。日本宪兵特务三次抓住

绘画:抗日隐秘战线中的达斡尔族人(供图/莫旗达斡尔民族博物馆)

他严刑拷打,他始终没屈服。抗联部队到达斡尔族村屯后,群众烧火做饭,安排住宿,掩护营救伤员,提供粮食、衣袍和马匹,带领部队转移,彼此结下了深厚的革命友谊。1939年冬,冯治纲和王钧带领的抗联队伍,来到北部的小库木尔村,孟哈苏老人和全村的达斡尔族人像欢迎亲人一样欢迎抗联队伍。冯治纲、王钧等还与达斡尔族青年孟德仁结拜兄弟。从此,孟德仁经常给部队带路、筹买给养和战马。1941年夏,抗联三支队在

阿里河畔(图/陶贵水)
阿里河发源于大兴安岭主峰伊勒呼里山脉,河长124千米,在阿里河镇东南汇入甘河

小二沟村受到各族群众的热情款待,并由鄂伦春族盖山、达斡尔族鄂日格苏、常苏等带路,攻打了日本人的义合公司,消灭了守卫的日军,解放了被抓来的劳工,缴获了大量的粮、油、盐等物资。达斡尔族人荣茂、苏和巴特尔、海瑞等从事为抗日斗争搜集情报的工作,英勇献身。在抗日战争胜利前夕,伪兴安陆军军官学校的达斡尔族、蒙古族官兵,举行"八一一"武装起义,杀死日本军官,有力地配合了苏联红军对日进攻。

待硝烟散尽,重整山河

抗日战争胜利后,达斡尔族人在中国共产党的领导下,组织和参加革命武装,建立人民政权。为了消灭国民党"光复军",保卫土地改革运动,进行革命武装斗争。达斡尔族将士还参加辽沈战役,为解放战争的胜利做出了贡献。

1945年12月,莫力达瓦旗的达斡尔族青年知识分子们,在共产党的领导下,成立了布西青年团(亦称布西工作大队)。在达斡尔族青年的拥护下,布西青年团

马背谍影,抗日隐秘战线中的达斡尔族人

从20世纪20年代起,在共产国际的领导下,以达斡尔族人为主体的情报工作者与日本侵略者进行了长达十余年的斗争。达斡尔族情报员就如同草原上的猎鹰,将他们获取的各种日伪情报源源不断地传到共产国际。

情报组中的达斡尔族人有很多共同特点,他们大多是从苏联、日本留学归来,懂2—5种语言。他们当中有潜入敌人要塞执行任务,用最后一颗子弹结束年轻生命的孤胆英雄苏和巴特尔;有在日本屠刀下英勇就义的女英雄海瑞;有视死如归的情报组副组长哈斯巴特尔;还有13岁就打进日伪政府机关担任机要打字员的少年女英雄马茹西……

十多年中,情报组成员逐渐成熟,完成了许多艰巨的使命。他们先后渗透进一些要害部门,如伪满皇宫、伪兴安北省政府等,在中苏边境西段的陈巴尔虎旗、中苏边境东段的三河站等地建立起情报小组,还在中蒙苏之间建立起8条情报交通线。他们的工作,为中国人民抗日战争以及世界反法西斯战争的胜利提供了有力的支持。

莫旗达斡尔民族博物馆，这里有达斡尔族人波澜壮阔的历史记忆和丰富温暖的生活印迹（图/毅松）

很快发展成为拥有一百多名成员的革命组织。该青年团的成员，当时不但集体过军事生活，在乡镇宣传中国共产党的政治主张和民族政策，还着手恢复学校教育。1946年2月至3月，在革命斗争中涌现出来的十余名达斡尔族优秀青年知识分子，加入中国共产党，成为当地革命斗争的核心力量。

1945年10月，齐齐哈尔地区的达斡尔族人，在中共嫩江省委和省军区的直接领导下，于奈门浅屯召开村民大会，建立了齐齐哈尔蒙古自卫大队，报名参军者达180多名，约三分之一的人自己携带武器和马匹，其他群众也献出自家的枪支。在省军区的支持下，队伍很快武装起来，近200名战士编为三个连，进行短期训练和纪律教育，教唱《三大纪律八项注意》歌。在齐齐哈尔蒙古自卫大队扩编为东蒙自治军第五旅后，他们参加了解放齐齐哈尔市的战斗。1946年5月，在中国共产党的领导下，五旅改编为内蒙古人民自卫军骑兵第五师四十二团和教导团，成员约1000人，以达斡尔族人为主。1947年6月到1948年，该团参加了解放东北的战役，并为辽沈战役的胜利，做出了贡献。

1945年成立的以达斡尔族人为主体的莫力达瓦旗阿尔拉大队在1946年1月配合嫩江军区第九支队，解放了尼尔基镇。2月5日，阿尔拉大队被扩编为东蒙人民自治军第八旅。八旅胜利完成了保卫讷河和解放嫩江的战斗任务。1946年6月，八旅被改编为内蒙古人民自卫军骑兵第五师第四十三团，之后在保卫纳文慕仁盟地区的土地改革、消灭土匪、巩固根据地等斗争中，做出了重要贡献。

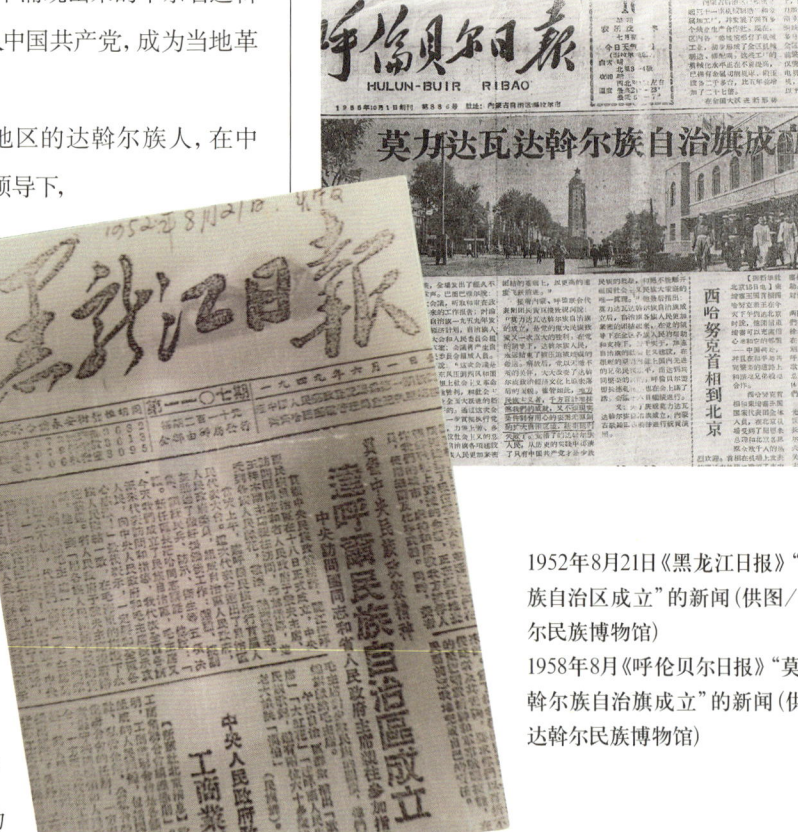

1952年8月21日《黑龙江日报》"达呼尔民族自治区成立"的新闻（供图/莫旗达斡尔民族博物馆）
1958年8月《呼伦贝尔日报》"莫力达瓦达斡尔族自治旗成立"的新闻（供图/莫旗达斡尔民族博物馆）

达斡尔族 —— 208

1963年，庆祝莫力达瓦达斡尔族自治旗成立五周年（供图/莫旗达斡尔民族博物馆）

鄂温克族自治旗巴彦塔拉达斡尔民族乡境内的辉河，达斡尔族人优美的家园是无数仁人志士为之奋斗，甚至奉献出生命的情感源泉（图/张柏青，供图/宝音）

今扎兰屯市达斡尔民族乡的前身是始建于1932年的扎兰屯齐齐哈尔乡，主要居民为自齐齐哈尔地区嫩江流域迁徙而来的达斡尔族人。1945年，在达斡尔族、蒙古族、鄂温克族有识之士的发动下，齐齐哈尔乡成立了自卫大队。10月初，该自卫队与阿荣旗民族自卫大队配合打击了"光复军"和土匪，并解放了阿荣旗。

成立于1945年的内蒙古骑兵第一师，是由蒙古、达斡尔、鄂温克、鄂伦春、回、满、汉各族群众组成的人民军，达斡尔族人王海山任师长，胡昭衡任政委。作为具有光荣历史和革命传统的老部队，第一师在解放战争中，与内蒙古骑兵师各部队一起，参加了辽沈战役、平津战役和绥包战役。建国初期，该师几次奉调参加国庆大典。

解放战争前夕，在新疆西北边陲居住的达斡尔族人中，先后有近200名青年踊跃加入了新疆民族军，参加了伊犁、塔城、阿勒泰三区人民反抗国民党统治的革命斗争。三区革命历时5年，沉重打击了国民党在新疆的统治，有力地支援了西北地区的解放战争。达斡尔族青年还参加了解放塔城、阿尔泰地区布尔津等地的战斗。

这一时期的达斡尔族人同其他兄弟民族一起，在中国共产党领导下，以建立人民政权、进行民主改革、消灭国民党军队等实际行动，积极投身到推翻帝国主义、封建主义、官僚资本主义统治的一系列政治运动和解放战争之中，迎来了伟大的中华人民共和国的诞生。从此，达斡尔族人民实现了长期以来求得民族解放的夙愿，跨进了人民当家作主的社会主义历史时期。

撰稿专家

吴伊娜，达斡尔族，内蒙古呼伦贝尔人，内蒙古自治区社会科学院俄罗斯与蒙古国研究所副研究员，博士研究生，主要研究方向为中俄蒙关系及达斡尔族近代史。

主要论文作品：《郭道甫生平及思想研究》《郭道甫的民族民主革命实践》等。参与《达斡尔族通史》部分章节的写作等。

《郭道甫生平及思想研究》

扫描二维码，阅读专家代表著作的电子版

毅松，达斡尔族，内蒙古自治区社会科学院研究员。

远眺尼尔基水库(图/春雷)

第9章

徜徉山水之间
走进达斡尔族

本章主撰稿人：内蒙古自治区社会科学院研究员　毅松

嫩江两岸生活的达斡尔族从事农业、畜牧业和渔猎，文化程度较高。位于大兴安岭、松嫩平原交接处的莫力达瓦达斡尔族自治旗，有3万多达斡尔族人集居于此。"莫力达瓦"这个词深深地镌刻于达斡尔族人的心中，达斡尔族唯一的自治旗得名于此。

"莫力达瓦"是一座山的名字，达斡尔语的意思是"骏马艰难翻越的山冈"。然而，莫力达瓦山从来没有阻挡达斡尔族人的脚步，在达斡尔族人的心目中，莫力达瓦山是巍峨、壮观的，它锤炼了达斡尔族人的勇气与豪迈，磨砺了达斡尔族人的坚强与执著。

嫩江是达斡尔族人的母亲河。尼尔基水库位于黑龙江省与内蒙古自治区交界的嫩江干流上，右岸为内蒙古自治区莫力达瓦达斡尔族自治旗尼尔基镇，左岸为黑龙江省讷河市二克浅镇。风景区以水库枢纽为核心，特征鲜明。水质清澈透明，水面视野开阔，动中有静，静中有动，有深水区，也有浅水湾，水中有野生鱼群优哉游哉，水面有水鸟翩翩飞舞。每到清晨或黄昏，水面上烟波浩渺，如同仙境，两岸林木葱茏，田野五谷飘香，湖岸半岛穿插形成丰富的泊岸景观，这种"水天一色，水乳交融"的自然景观，令人心旷神怡。

达斡尔族聚居地区的风景有深厚的人文底蕴和悠久的历史积淀。黑龙江省嫩江县临江乡，南靠讷河市，西北隔嫩江与莫力达瓦达斡尔族自治旗为邻。这里是名符其实的文物之乡，现有古遗址18处，历史跨越长，有新石器时代、铜器时代、早期铁器时代遗址，有金代、清代土城址，有清代副都统墓。这里是达斡尔族从黑龙江流域迁来的居住地之一，现在临江沿江村屯有达斡尔族人居住。

山奇水美,颐养心性

上苍是眷顾达斡尔族人的,给予他们优美的环境和丰富的资源,让他们拥有果敢的性情和淳朴的品格

以山为名

莫力达瓦山位于莫力达瓦达斡尔族自治旗西北部库如奇乡境内。它西临湍急的诺敏河,东枕绵延千里的大兴安岭山脉。莫力达瓦山海拔455米,在自治旗境内众多的山岭中是很平常的。过去,达斡尔族人到大兴安岭的深处采集狩猎、伐木放排时,总是要翻越莫力达瓦山,这里冈高坡长,拉着大轱辘车的马会喘着粗气,留下一路艰难跋涉的辙迹。还有不一样的是,1929年到1931年这一带的达斡尔族猎民和从外地回来的青年学生举行了著名的"莫力达瓦起义"。在达斡尔族猎人英登保等人的领导下,起义队伍人数最多时达到二三百人。他们以莫力达瓦山区为活动中心进行武装斗争,反抗官府欺压,打击奸商土匪,几次痛打了反动军阀的围剿部队,震慑了抢掠百姓的土匪,受到了当地人民群众的拥护和支持。这场起义虽然以失败告终,但是,起义的壮举却永远地留在了达斡尔族人的记忆中,像莫力达瓦山一样高高地耸立在天地之间。

莫力达瓦山让达斡尔族人留恋、向往。登上那峻峭的山冈,视野豁然开朗,百里山川尽收眼底,远近山村

莫力达瓦山下蜿蜒的河谷(图/苏伟伟)

上图：山里红（野山楂）熟了（图/陶贵水）
右图：映山红（图/春雷）

炊烟袅袅，错落有致的耕地和游动的畜群，令人感到田园的气息，生活的脚步。那起伏的山上生长着各种花草和茂密的树丛，柞树、白桦、黑桦、杨树、杏树在春天的风中变成清新宜人的绿色，又在秋天的阳光下呈现出绿、红、黄、紫的各种色彩。倘徉林间，让人体验到莫力达瓦山的亲切和蔼、博大雄伟。山下的诺敏河在阳光的照耀下闪着明亮的光纹，河水在浅滩处奏出哗哗的鸣响，在深水的地方不时有鱼儿翻跃，掀起一个个圆形的波浪。河畔有郁郁葱葱的柳树、榆树、山丁子树、稠李子树、山里红树，各种野果酸、甜、面的滋味也会让人流连忘返。人们在路经莫力达瓦山的时候，总要驻足一睹秀丽的景色，很多人更是慕名专程游览莫力达瓦山，享受一番山野赐予的舒畅，感悟那山那水蕴涵着的历史文化。

在莫力达瓦达斡尔族自治旗，像莫力达瓦山这样山水相依、林草并茂、花果飘香的去处有许许多多。似神龟静卧的生态园四方山，耸立在嫩江畔的雷击石，被誉为花果山的博荣山，眺望远方的人崖石，等待人们燃起炊烟的烟囱石，映照着山谷峭壁的永安水库，俯视群山平川的布特哈总管衙门敖包（即斡包）等。这些山水景色中传颂着美妙动人的故事，凝结着民族的期盼与向往，呼唤着人与自然、天地万物的和谐、兴旺。在尼尔基镇坐落着迎宾广场、伊兰广场、达斡尔族音乐家通福广场、达斡尔族赴新疆戍边广场、巴特罕公园、莫尔根公园等主题广场、公园，建设了具有浓郁特色的布西商贸街区。来到尼尔基这座达斡尔族聚居的城镇，能够品尝到独具达斡尔族特色和北方风味的饮食，购买达斡尔族特色的桦树皮和其他木料、皮料的手工艺品作为留念。

莫力达瓦达斡尔族自治旗的自然风光是别具韵味的。它的西部、北部处于大兴安岭东麓支脉形成的浅山区，山峦叠起，连绵千里，南部是松嫩平原的北缘，平坦辽阔，铺向远方。自治旗内有寒温性针叶林、典型落叶阔叶林、山地杨桦林、草甸草原、典型草原、沼泽草甸等多样化的植被类型。在崇山峻岭和江河谷地，生长着各种乔木、灌木，有几百种野生植物和近百种较大的野生动物。自治旗境内有纵横交错的56条河流，这些江河滋润了辽阔的大地，哺育了众多的生灵，为达斡尔族人的放排、捕鱼和运输提供了物质资源和交通便利。嫩江敞开着雄浑、宽阔的胸怀从自治旗的东部向南流去，诺敏河充

新疆达斡尔族人的饮食（图/毅松）

美丽的嫩江江畔（图/苏伟伟）

热闹兴旺的尼尔基

莫力达瓦达斡尔族自治旗旗政府所在地是尼尔基镇。"尼尔基"在达斡尔语里是"热闹""兴旺"的意思。尼尔基曾是达斡尔族莫日登哈拉的先人建立的村子，历经300多年的发展，这里已成为街道宽阔、楼房林立、规划有序、整洁文明的新兴城镇。

在尼尔基的纳文大街上，有一处别致的建筑，它的顶部耸立着象征着达斡尔族精神的"鹰"的雕塑，在宽阔的墙壁上塑有反映达斡尔族放排、鹰猎、制作大轱辘车、缝绣、歌舞等生产生活场景的6幅大型铜制浮雕，这是达斡尔民族博物馆。博物馆占地宽阔，是一座多面展示达斡尔族民族历史、民俗风情和发展成就的专题型博物馆。博物馆建筑面积4306平方米，展厅面

满着洒脱、激昂的力量穿越自治旗西南部。两条江河犹如母亲的两只臂膀，怀抱着莫力达瓦这块可爱的土地。嫩江、诺敏河是达斡尔族人的母亲河。在达斡尔族人创作的一首歌《嫩江，我心中的江》中唱道：

嫩江啊，嫩江，
你这样胸怀宽广。
你无私地滋润着广袤大地，
肥沃田野稻谷飘香。
啊嫩江，我心中的江，
你是养育我们的摇篮，
你是哺育我们的亲娘。

在莫力达瓦达斡尔族自治旗境内有一个十分引人注目的古迹金代边壕，即金长城。据考证，这段金长城修建于12世纪中叶，由金朝安帝五代孙婆卢火都统调用民工挖建。它的东端在嫩江西岸，起自莫力达瓦达斡尔族自治旗后宜卧奇村东北约0.5千米处的嫩江边，向西南方向蜿蜒而去。这段金长城是土垒和版筑的。它的一个显著特点，不仅筑高墙，而且在墙的外侧西、北面挖掘了像护城河一样的壕沟。在重要的地段，还有平行的双层壕、双层墙。这种壕与墙并行的工事，增强了防御的功能，便于防守军队在内侧的隐蔽和行动。自治旗境内的金长城的南侧还有两座古城堡遗址，其建筑年代与金长城一致。

坐落在嫩江畔的中国达斡尔民族园（图/鄂雪峰，供图/宝音）

设立于中国达斡尔民族园的萨吉哈尔迪汗塑像(图/春雷)

积2700平方米。馆内藏品1410件（套），其中一级品18件、二级品2件、三级品19件。2006年，被国家旅游局评为3A级旅游景区。展厅分为历史厅、民俗厅、文化厅、成就厅。博物馆是民族历史文化的浓缩和荟萃，从这些展品中，我们可以领略到达斡尔族人的历史创造，看到自治旗发展的繁荣景象。历史厅以达斡尔族族源及其分布、迁居嫩江流域前的达斡尔族、南迁后的发展、中华民国时期的达斡尔族、民主革命时期的达斡尔族、社会主义时期的达斡尔族六条主线，脉络清晰地展示了达斡尔族悠久的历史和光荣的英雄业绩；并向世人宣告：只有在中国共产党的领导下，达斡尔族人民才能有繁荣昌盛的未来。民俗展厅以狩猎业、渔业、农业及达斡尔族服饰、刺绣等为主线展示达斡尔族生产生活的内容。展厅内缩建有达斡尔族房屋院落，以更直观新颖的方式展示了达斡尔族丰富的民俗文化。成就展厅通过和谐的莫力达瓦、腾飞的莫力达瓦、繁荣的莫力达瓦三个部分展现自治旗60多年来在各行各业取得的辉煌成就。文化厅展出达斡尔族人在文学、绘画、摄影、舞蹈等行业取得的辉煌成就；同时展厅内还展出达斡尔族的曲棍球、鲁日格勒、乌钦、扎恩达勒等国家和自治区级非物质文化遗产。观众通

达斡尔族人新生活的象征（图/吴双泰）

过参观深入了解达斡尔族所创造的丰富的文化艺术。

中国达斡尔民族园。位于尼尔基北9千米处的群山地带，为3A级景点，西邻111国道，交通方便，东面是尼尔基水利枢纽工程蓄水后形成的尼尔基湖。达斡尔民族园规模宏大，占地面积2.5平方千米，植被繁茂，空气清新，自然风光秀美。园内最南端是国家级文物保护单位——金长城起点的标志性建筑。园内的斡包山、雅克萨古城、民族英雄雕塑群、图腾柱、布特哈八旗总管衙门等景观建筑集中体现了达斡尔族的历史民俗文化。这里还是国家曲棍球队的夏季训练中心，建有可举行大型庆典活动和民间曲棍球比赛的多功能广场、标准的曲棍球训练基地。民族园的东南面屹立着一座无名英雄纪念碑，高大肃穆的纪念碑上嵌着钢板雕塑，塑有清初至今数百年来达斡尔族参与抗击沙俄、抗日御敌、解放战争等浴血奋战的英雄群像，碑文介绍了达斡尔族人民为保家卫园、民族解放、中华人民共和国的成立所做出的卓越贡献，寄托了后人对先烈的无限崇敬和追思。中国达斡尔民族园地方特色浓厚，具备举行节日庆典、民族祭祀、文体娱乐、民俗生态旅游、传统教育、休闲度假等多种功能，是莫力达瓦最具代表性的旅游景点。每年在这里举行的节庆活动有6月28日的斡包节（民间祭祀等民族娱乐竞技活动），8月15日的"鲁日格勒"节（自治旗成立纪念日）等。

设在中国达斡尔民族园内的萨满文化博物馆，处在青山碧水之间，集达斡尔、鄂温克、鄂伦春、蒙古、满、朝鲜、锡伯、赫哲8个民族的萨满文化展品于一身，博物

中国达斡尔民族园的大轱辘车雕塑（图/苏伟伟）

中国达斡尔民族园内的萨满文化博物馆开馆仪式（图/鄂雪峰，供图/宝音）

馆共分为6个单元进行展示，展出有萨满服饰及萨满神偶、神鼓等300余件，以丰富的展品、生动的文字说明、大量的图片资料向人们述说着北方少数民族的原生态信仰文化。萨满文化博物馆建筑面积740平方米，馆室上面的萨满铜像高21米。

尼尔基水利枢纽工程。作为西部大开发十大标志性工程之一的尼尔基水利枢纽工程就坐落在尼尔基镇的东面。尼尔基水利枢纽位于黑龙江省与内蒙古自治区交界的嫩江干流上，具有防洪、工农业供水、发电、航运、环境保护、鱼类养殖等综合效益，是嫩江流域水资源开发利用、防治水旱灾害的控制性工程。这项工程总库容量达86.11亿立方米，装机容量25万千瓦，年发电量6.38亿度。尼尔基成为闻名于世的水电明珠城，莫力达瓦达斡尔族自治旗境内出现巨大的平湖，绵延百里，浩瀚的水库

达斡尔民俗博物馆

达斡尔民俗博物馆，位于鄂温克族自治旗巴彦塔拉达斡尔民族乡，建筑面积240平方米，分东西两厅，分别为120平方米。馆藏品共计有实物200余件，图片400余张，动物标本10个。有雕刻、刺绣、剪纸、服饰、生活用品等展品，其中有清代达斡尔族服饰、珊瑚头饰等珍贵文物。馆内的枕头绣片等部分文物被内蒙古自治区博物院文物专家鉴定为一级文物，另有部分绣品实物被鉴定为二级文物。博物馆布展分为四个部分，第一部分为达斡尔族历史简况，展出内容有达斡尔族族源、传统社会组织、历史沿革等；第二部分为达斡尔族民俗文化，展出内容有达斡尔族生产方式、民居、饮食、服饰、婚俗、礼仪、节日、民间体育、宗教信仰、民间艺术、教育等；第三部分为达斡尔族现代文化，展出内容以当代达斡尔族文化名人的成就为主；第四部分为巴彦塔拉达斡尔民族乡成立以来的发展成就。在博物馆展出的每一件文物和图片都从不同的侧面反映着达斡尔族不同历史时期的发展与变化。馆内富有民族特色的展品和精美的文物，受到了前来参观的社会各界人士的广泛好评。达斡尔民俗博物馆每年接待参观团近百个，2006年被鄂温克族自治旗社会主义精神文明建设委员会命名为爱国主义教育基地。

达斡尔族萨满雅德根（图/敖拉·赛林）

与四周的山林辉映,别有一番景致。

目前,尼尔基水利枢纽工程已成为莫旗一个重要旅游景区,每位来莫旗的人都要一睹水利枢纽工程壮观的风采。

亲近自然,悠闲度假

每年的12月下旬至翌年3月末,尼尔基湖的冰面上都会举办中国达斡尔冰钓节。2009年12月27日,首届中国达斡尔冰钓节在莫力达瓦达斡尔族自治旗中国达斡尔民族园开幕。冰钓节是内蒙古冰雪旅游节暨呼伦贝尔冰雪那达慕活动之一。尼尔基湖的巨大冰面为冬日冰钓健身与娱乐提供了一个平台。冰钓节把这项许多人有所闻而未亲历的娱乐活动打造成吸引更多游客的

枕头绣片图(选自《达斡尔族文物图录》)
旧时枕头两面堵头"枕头顶"的绣片,图案为山石牡丹纹,补花技法加平绣

旅游项目,让游人在冰钓中感受大自然的魅力,在冰雪中体会冬日快乐。冰钓活动以"亲近自然,体味休闲"为主题,从突出民族特色、节能环保的角度出发,引导人们树立科学、健康的生活方式,在冰钓中感受大自然的魅力,在冰雪中体会冬日的快乐。在冰钓节上,垂钓的

房屋全部采用太阳能取暖,广大爱好者可钓到鲇鱼、草鱼、鲫鱼、鲤鱼等野生鱼。同时,还建有蒙古包式的冰钓屋20个,属全国首创。具有达斡尔族特色的400平方米可移动大厅,作为接待来宾的主场地。

怪勒哈德民俗度假村。怪勒哈德民俗度假村位于莫旗腾克镇怪勒村黑山崖上,距尼尔基镇55千米,111国道经过此处,是

右图:冬日冰钓是达斡尔族人的传统活动(图/敖拉·赛林)
下图:投资70多亿元的莫旗尼尔基水利枢纽工程,具有防洪、发电、灌溉等多种功能,改善了嫩江两岸各族人民的生产生活条件(图/鄂雪峰,供图/宝音)

欢腾的库木勒节

6月初,在和煦的阳光下,嫩江下游西岸的草原欢腾起来。从太阳升起的时候开始,人们就陆续从四面八方赶来,或乘车,或步行,还有骑马的,都相聚在齐齐哈尔市梅里斯达斡尔族区哈拉村东北面的草原上,举行一年一度的达斡尔族库木勒节。近些年,参加库木勒节的人达到好几万,有时大约十万。到2019年,已经是第32届了。此外,富拉尔基、富裕、龙江、黑河、孙吴等地的达斡尔族人也在举办库木勒节。

"库木勒"在达斡尔语里指的是柳蒿芽。达斡尔族人自古以来就采集野菜柳蒿芽作为饮食。库木勒节的确立,得从1987年说起。那年5月,梅里斯的十几位达斡尔族老同志聚到一起抚今忆昔,倡议举办具有时代意义的库木勒节。于是,首届梅里斯达斡尔族的库木勒节就热闹地拉开了大幕。

我参加过几次库木勒节,领略到了库木勒节的变迁发展。库木勒节起初由民间自发组织,现在是由梅里斯达斡尔族区主办,达斡尔族学会承办;起初是达斡尔族人相聚过节,现在是各地各民族的人们都来参加;起初主场地是以支起节日横幅的地方为中心,现在是建起了弘扬达斡尔族文化特色的几百平方米的永久性舞台;起初是达斡尔族人自发唱歌跳舞,现在是很多文艺团体的演员轮番登台献艺;起初只是梅里斯举办,现在是很多地方都在举办;起初是以人们休闲娱乐为内容,现在已经成为融民间祭祀、休闲旅游、商业贸易、文化展示、学术论坛、体育游艺、民族联谊等多重内容为一体的欢乐节日。

欢腾的库木勒节(图/毅松)

剥桦树皮(图/敖拉·赛林)

典型的达斡尔族民俗生态度假景区。这里有嫩江断裂带形成的垂直40多米高的峭壁悬崖,山崖下是奔流不息的嫩江,岸边的平原上生长着河柳河杨,身姿婀娜的稠李子树、山荆子树、山里红树分布其间,丛生的野玫瑰、灯笼果等灌木果树占领树丛下的空间,开阔坦荡的草地上野花姹紫嫣红,摇曳在绿色的草海中。怪勒哈德民俗村由怪勒村经营,这里有能歌善舞民风淳朴的达斡尔族人民,在这里可品尝到纯正的达斡尔族传统饮食,听到曲调悠扬的达斡尔族山歌,看到热烈欢快的达斡尔族舞蹈,参与达斡尔族生产、生活和娱乐活动。

腾克镇霍日里绰罗达斡尔部落。腾克镇坐落在嫩江流域的西岸,是莫力达瓦达斡尔族自治旗的一个以达斡尔族为主体的乡镇,距自治旗政府所在地尼尔基镇55千米。霍日里绰罗达斡尔部落是2008年3月投入使用的家庭民俗旅游景区。整个霍日里绰罗达斡尔族部落有17户民俗游家庭,一次可接待团体150—200人。新建有5栋达斡尔族传统民居,平均每位农户家有房间3—5间,一次性能接待游客10—20人。农户餐饮以具有达斡尔族原生态特色的野菜——柳蒿芽(库木勒)、山勒混为主食谱。入住每一户农家都有多种民俗活动——欣赏乌钦(达斡尔族叙事诗歌)、进行鹿棋比赛、玩萨克等。在篝火晚会上还会唱起嘹亮的山歌扎恩达勒、听口弦琴木库连演奏、跳起欢快的鲁日格勒舞蹈等。

达斡尔民俗度假村。达斡尔民俗度假村位于呼伦贝尔市扎兰屯东部巴彦塔拉达斡尔民族乡境内,距扎兰屯市22千米,是一处体现达斡尔族风俗的旅游度假区。度假村占地1.8万平方米,这里山林环抱,嫩江支流音河在景区蜿蜒流过。建有达斡尔族民居房屋、撮罗子、树上木屋、鲁日格勒音乐餐厅、斡包、塔尔特庙等。每日可接待600人餐饮,60余人住宿。在度假村内,游客可进行骑马、射箭活动,可开展曲棍球、板棍、颈力、陶力棒等民族传统体育项目,可在音河垂钓,还可饱尝充满民族特色的美味佳肴。

野外炖肉,体验热腾腾的达斡尔族民俗生活(图/刘青林)

撰稿专家

毅松,达斡尔族,内蒙古自治区社会科学院研究员。

雅鲁河在呼伦贝尔扎兰屯市境内,是扎兰屯4000多达斡尔族人的母亲河,雅鲁河也称"秀水",扎兰屯市被众多文人墨客赞誉为"塞北江南"(图/朝鲁巴根,供图/宝音)

编后记

"中华民族文化大系"牢牢把握为祖国各民族做一张历史文化名片的编辑宗旨,以人为本,从细节入手,力争展示每个民族的亮点、特点和发展过程中的关键点。这套"集大成"之作,从撰稿到出版,历经数载,凝聚了众多专家学者的心血,得到诸多领导、同仁、读者的关心与支持,亦参考借鉴了相关研究成果,因体裁所限,未能逐一标注,特此申明,并深表谢意!

需要说明的是,书中部分文字、图片、音乐、视频等,经多方努力,仍未能找到相关作者或著作权人的联系方式。作者或著作权人如发现请随时与我们联系(meimin56@163.com),我们在核实后将奉上稿酬。

民族文化丰富而博大,繁复而琐细,虽已尽全力核查、考证,但挂一漏万,肯定还存有不少谬误,恳请读者批评斧正。

本书编委会
2017年6月

图书在版编目(CIP)数据

开拓之鹰：达斡尔族 / 毅松主编. —— 上海：上海锦绣文章出版社；上海文化出版社，2019.12
（中华民族文化大系）
ISBN 978-7-5452-1928-9

Ⅰ．①开… Ⅱ．①毅… Ⅲ．①达斡尔族-民族历史-中国②达斡尔族-民族文化-中国 Ⅳ．①K282.2

中国版本图书馆CIP数据核字(2019)第219850号

上海文化发展基金会图书出版专项基金资助项目

审图号：GS(2020)1220号

责任编辑　汪冬梅
整体设计　周艳梅
美术编辑　费红莲
督　　印　张　凯

书　　名　开拓之鹰——达斡尔族
主　　编　毅松
出　　版　上海锦绣文章出版社　上海文化出版社
出　　品　上海故事会文化传媒有限公司
　　　　　（200020 上海市绍兴路74号 www.storychina.cn）
发　　行　上海文艺出版社发行中心
　　　　　（上海市绍兴路50号　200020）
印　　刷　上海雅昌艺术印刷有限公司
版　　次　2020年6月第1版　2020年6月第1次印刷
规　　格　787×1092　1/16　印张　16
书　　号　ISBN 978-7-5452-1928-9
定　　价　85.00元

版权所有　翻印必究

上海故事会文化传媒有限公司　出品（00944）　www.storychina.cn

上海故事会文化传媒有限公司所有图书可办理邮购，免收邮费（挂号除外）
汇款地址：上海市南绍兴路74号(200020)
收　款　人：上海故事会文化传媒有限公司出版发行部
联系电话：021-64338113

如发现本书有质量问题。请与印刷厂质量科联系 T：31166232